Educación universal

Educación universal

Por qué el proyecto más exitoso
de la historia genera malestar
y nuevas desigualdades

JUAN MANUEL MORENO
LUCAS GORTAZAR

Papel certificado por el Forest Stewardship Council®

Primera edición: septiembre de 2024
Primera reimpresión: octubre de 2024

Printed in Spain – Impreso en España

ISBN: 978-84-19642-92-9
Depósito legal: B-10.356-2024

Compuesto en Promograff - Promo 2016 Distribucions

Impreso en Liberdúplex
Sant Llorenç d'Hortons (Barcelona)

C 6 4 2 9 2 9

A Martín, Alex y León

*Con la esperanza de que, cuando al final de este siglo
lean este libro, sonrían pensando que sus mayores no
iban tan desencaminados, a pesar de su ingenuidad*

Índice

—¿Cómo van a saber leer —dice Amalia— si nadie les enseña? Y tenemos en contra a la opinión pública. Los que escriben en los periódicos están convencidos de que enseñar a leer y a escribir a las mujeres puede llevar a su perdición. A José y a mí nos critican por dejar leer a Emilia a su antojo.

—¿Te refieres al doctor Pérez Costales? Y esos son amigos, que los otros... Deberías escribir un libro sobre la educación de las mujeres, Concha. Con la excepción de los krausistas, casi nadie entiende su necesidad... o tienen miedo.

[El diálogo se sitúa en La Coruña en 1864. Emilia, la niña a quien sus padres dejaron leer a su antojo, es ni más ni menos que Emilia Pardo Bazán. Concha, la que debería escribir ese libro sobre la educación de las mujeres, es Concepción Arenal. Dos mujeres que cambiaron para mejor la historia de España].

MARILAR ALEIXANDRE, *Las malas mujeres*

Uno nunca se da cuenta de lo que se ha hecho; uno solo puede ver lo que queda por hacer.

MARIE CURIE

Todo lo que era sólido y estable es destruido; todo lo que era sagrado es profanado, y los hombres se ven forzados a considerar sus condiciones de existencia y sus relaciones recíprocas con desilusión.

KARL MARX Y FRIEDRICH ENGELS,
Manifiesto comunista

Presentación

Las dos agendas que han marcado la expansión de los sistemas educativos siguen fijando hoy las reglas del juego: la igualdad —en derechos y oportunidades— y la distinción —en resultados y estatus—. Aunque puedan ser complementarias, están chocando como nunca debido a los cambios económicos, tecnológicos y sociales de nuestro tiempo.

El gran proyecto de la educación universal formulado durante la Ilustración, hace 250 años, ha visto avances extraordinarios, sobre todo en el siglo XX, y ha sufrido importantes derrotas en lo que va del siglo XXI. Hoy sabemos que escolarización y aprendizaje no van de la mano y nos encontramos ante una crisis de aprendizaje en la que más de la mitad de los niños del planeta no son capaces de comprender un texto simple a los diez años. A esta alarmante desigualdad se le suman los efectos de la Gran Recesión (2008-2015) sobre la inversión, la pandemia y el consiguiente cierre de centros escolares en casi todos los países del mundo durante meses (o incluso años), la recesión democrática global y la proliferación de conflictos violentos; todo ello con un efecto devastador sobre la educación y las oportunidades de aprender de millones de personas.

Además, nos enfrentamos a la paradoja de una alta tolerancia pública a la desigualdad, alimentada en buena medida por el imperativo político del reconocimiento de las diferencias identitarias, ya sean las relacionadas con el repliegue nacionalista tras décadas de globalización o con las nuevas minorías y colectivos que buscan enmendar su desventaja por nuevas vías. Así, el reconocimiento de las diferencias

13

hace tolerable la desigualdad y cada vez más grupos parecen dispuestos a sacrificar oportunidades propias y ajenas por apuntalar su identidad diferencial, también en la escuela. De este modo, la identidad habría abandonado la agenda de la igualdad para convertirse en un nuevo motor de distinción educativa.

La desigualdad y la segregación escolar han venido cumpliendo una función muy útil para legitimar y proteger los intereses y privilegios de las élites tradicionales. Sin embargo, al calor de la globalización y la revolución tecnológica, ha emergido una nueva élite global que trabaja (y que no es, por tanto, puramente rentista), para la cual esa desigualdad y segregación no resultan ya tan rentables. De hecho, estos nuevos líderes perciben la desigualdad como una gran amenaza para sus intereses y se han planteado combatirla: aunque algunos multimillonarios ven la educación como un gran mercado para expandir sus negocios, otros están gastando buena parte de su patrimonio en mejorarla y empiezan incluso a reconocer que quizá sea el Estado el que deba asumir la responsabilidad de cómo emplear bien ese dinero.

Este cambio de enfoque también explica la aparición de nuevas y mejor fundadas retóricas de la inclusión y la igualdad, empujadas cada vez con mayor fuerza por una coalición en favor de seguir ampliando el proyecto de la educación universal, en la que se encuentran desde los organismos internacionales hasta las grandes multinacionales del sector privado, pasando por las startups tecnológicas y por los medios de comunicación más influyentes. Para todos ellos, la democratización del aprendizaje es necesaria para que la sociedad y el mercado globales sean sostenibles. Pese a ello, y de ser sinceras, esas nuevas retóricas han de hacer frente a un sistema escolar en cuyo ADN siguen la desigualdad y la segregación, y a una meritocracia desprestigiada que fractura la relación élites-clases medias; deben responder además a una crisis estructural del empleo en los países desarrollados que ha debilitado y amenaza con romper el contrato educativo básico *(si estudias mucho y te gradúas, tendrás un buen empleo),* y a los nuevos sentimientos y resentimientos identitarios que reclaman un menú educativo «a la carta» que podría dificultar un proyecto común para todos.

La nueva izquierda apuesta cada vez más por la agenda de la identidad porque fantasea con que la manera de lograr la igualdad es mediante la afirmación y el reconocimiento de las identidades múltiples ante una desigualdad cada vez más visible e intolerable (reflejada en la pérdida de confianza en el contrato educativo). La derecha, que en su momento negaba la existencia misma de la desigualdad dando por hecho que no era sino justicia, pretende ahora ocupar el espacio político que la izquierda ha abandonado. Con este desplazamiento, la meritocracia —el *esfuerzo*— se ha vuelto de derechas y, del mismo modo en que la derecha negó la desigualdad, la izquierda cuestiona ahora la legitimidad del mérito (y con ello también su existencia). Todo ello conforma una *pinza* entre los que a lo largo del libro llamaremos *descontentos* y *desencantados* que está asediando el proyecto de la educación universal. No es sorprendente que crezca y persista una sensación general de permanente estado de crisis, y que sea de tan amplio espectro que todas las posiciones y sensibilidades políticas se sientan cómodas adscribiéndose a ella.

No obstante, por aguda que pueda ser esa crisis, el mundo vive una carrera educativa global tanto de las personas como de las naciones. Por un lado, la competencia entre individuos se refleja, por ejemplo, en la explosión de la educación en la sombra (las clases particulares y tutorías privadas) y en la competencia a degüello por entrar en las universidades más prestigiosas, que conducen después a los empleos mejor remunerados. Por otro lado, la carrera de los países tiene su epítome en el informe del Programa de Evaluación Internacional de los Estudiantes, o informe PISA (Programme for International Student Assessment): las pruebas internacionales de rendimiento estudiantil relativas a la educación escolar (primaria y secundaria). Pero es una carrera que se aprecia mejor si vemos, por ejemplo, que Reino Unido tuvo ingresos estimados de 150.000 millones de euros en 2022 gracias a los estudiantes extranjeros matriculados en sus universidades. Es una cifra que se puede valorar adecuadamente si la comparamos con los ingresos del turismo en España, que para ese mismo año supusieron casi el 13 por ciento de su PIB, y que fueron 156.000 millones de euros según datos del Instituto Nacional de Estadística (INE). La conclusión es clara: en países como Reino Unido, Australia o Canadá, todos ellos en las posiciones privilegiadas de la carrera de las naciones, el sector educativo está en la categoría económica de *too big to fail*.

El objeto de este libro es identificar y analizar cómo la escuela reproduce e incluso amplifica la desigualdad social y económica en un contexto de sociedades y mercados globalizados. Nuestra tesis de partida es que las reglas de este juego han cambiado y que la definición misma de quiénes son los ganadores y los perdedores está en el aire. Para desarrollarla, nos centramos en preguntas como ¿está fracasando el proyecto ilustrado de la educación universal? Si dicho fracaso es real, ¿por qué tanto los Estados como las familias siguen invirtiendo masivamente en educación? ¿Tal vez por su función identitaria-diferenciadora y no tanto por su supuesta función igualadora y emancipadora? ¿Cómo afecta la carrera educativa global al devenir de este proyecto? ¿Creen de verdad las élites globales y el sector privado en general que la desigualdad educativa es un problema para sus intereses? ¿Qué ocurre cuando los agravios y (re)sentimientos identitarios sustituyen a los hechos en el currículo? ¿Hasta qué punto la recesión democrática en marcha en muchos países puede llevar a un retroceso importante del proyecto ilustrado?

Educación universal comienza con un capítulo introductorio que sirve como presentación del «escenario», los personajes y los hechos y que funciona también como marco de análisis de todo el ensayo. Los demás capítulos tienen una extensión y estructura similares: se comienza con una historia o un relato de un país concreto, basado en hechos reales, como se dice en las películas. Aparecen India, China, España, Sudán, Estados Unidos, Moldavia, Polonia y México, además de otro buen puñado de países como actores de reparto, de modo tal que todas las regiones mundiales están representadas. Esas historias son el punto de partida para analizar un tema específico.

Hemos escrito pues un libro sobre educación universal que ha terminado siendo una suerte de manual de Educación Universal, además de un volumen de viajes especializados en el que se exploran los desafíos que abordan todas las regiones del mundo y se recorren algunos de los problemas concretos a los que se enfrentan. La pregunta de fondo es si sobrevivirá ese proyecto secular de la educación para todos. Su fracaso y los riesgos que lo atenazan son de grandes dimensiones y es necesario valorar si los evidentes signos de agotamiento suponen solo una crisis de crecimiento o es más bien existencial. Nuestro objetivo es explicar las razones que hay detrás de esta crisis y apuntar algunas de las soluciones. Sostenemos que la clave de su supervivencia en lo que nos espera de siglo tiene que ver con que la sociedad crea que la educación está diseñada como una carrera abierta en la que todo el mundo puede ganar y que dicha carrera pase de ser —y de percibirse— como un juego de suma cero a otro de suma positiva ilimitada.

En el día en que cerramos este manuscrito, puede leerse en la prensa española que hay ochenta mil camareros menos en el mercado laboral español que al comienzo de la pandemia.* Considerando que el sector de la hostelería y el turismo vive un momento de expansión extraordinario, con una fuerte demanda de empleo, en un informe recién publicado se trataba de indagar las causas del misterio. Los autores llegaron a la conclusión de que la mayor parte de esos camareros, en lugar de quedarse en un sector de bajos salarios, fuerte estacionalidad y condiciones laborales rígidas, optaron por ponerse a estudiar.

---

* www.elconfidencial.com/economia/2024-02-15/misterio-camareros-perdidos-pandemia_3830898/

1

Introducción a la educación universal: sus descontentos y desencantados

> Para quedarte donde estás tienes que correr lo más rápido que puedas. Si quieres ir a otro sitio, deberás correr, por lo menos, dos veces más rápido.
>
> LEWIS CARROLL, *A través del espejo y lo que Alicia encontró allí*

> Pero es propio de la naturaleza misma del progreso borrar sus huellas, y sus paladines se obsesionan con las injusticias que perduran y olvidan lo lejos que hemos llegado.
>
> STEVEN PINKER, *En defensa de la Ilustración*

> No existe ninguna amenaza externa para Pakistán, créanme. La mayor amenaza para Pakistán hoy en día no es India ni Israel. Son los 25 millones de niños sin escolarizar.
>
> MUHAMMAD AZFAR AHSAN, fundador y director general de Nutshell Group

PROGRESO, ESTANCAMIENTO O RETROCESO

El proyecto de la educación universal, esto es, la idea ilustrada de que la enseñanza no ha de ser un privilegio de algunos, sino un derecho de todos, parece contar con cada vez más descontentos. A estos se suman, por un lado, los desencantados y, por otro, los enemigos que siempre ha tenido y tendrá. Los descontentos entienden que la calidad educativa es por definición un bien escaso y que, por tanto, mantener cierto elitismo más allá de la alfabetización básica es una cuestión de supervivencia: todo intento de democratización requiere rebajar los niveles de exigencia académica y, al hacerlo, la calidad se ve comprometida. Los desencantados, por su parte, han llegado a la conclusión de que el avance del proyecto ilustrado original ha sido más bien lento y que deja fuera a los más débiles, por lo que puede considerarse un fracaso que hay que enmendar por nuevas vías. Los enemigos, para concluir, creen sin más matices que educar a las mujeres es mala idea o que también lo es educar a los pobres. Algunos llegan a asegurar que la educación universal es una idea impuesta por Occidente para mantener sometido al resto del mundo y despojarlo, al mismo tiempo, de su cultura y religión. Son, pues, muchos los descontentos, bastantes los desencantados y no pocos los auténticos enemigos. Este libro pretende, entre otras cosas, explicar por qué.

Cabe pensar que la sanidad universal afecta a la calidad media de la atención sanitaria, pero a nadie se le ocurre defender que ha hecho descender el nivel de la salud pública. Los datos al respecto, empezando por la esperanza media de vida, son abrumadores. Lo mismo ocurre con los de la educación, pero tanto descontentos como desencantados lo niegan. Cabe pensar también que la generalización de las vacaciones pagadas a los trabajadores y el turismo de masas han convertido la otrora exclusiva experiencia de los viajes de placer en un infierno de playas atestadas y aeropuertos colapsados, pero nadie en su sano juicio propondría dejar sin vacaciones a la mayor parte de la población para evitarlo. Sin embargo, del mismo modo que el derecho a la atención sanitaria, al trabajo, al descanso remunerado y a la jubilación no suelen ponerse en duda, el derecho a una educación que vaya más allá de la básica, incluso de la adquisición de las cuatro reglas, sí se cuestiona. En el fondo de ese cuestionamiento está la convicción de que no todo el mundo vale para aprender y, por tanto, no todo el mundo lo «merece». El derecho a la educación secundaria y terciaria no es percibido como tal por los descontentos, sino como algo que hay que ganarse, que hay que merecer. ¿Por qué resulta racional, o incluso aceptable, esta visión de la educación? ¿Cómo se explica que haya tantos conservadores en materia educativa que no lo son respecto a la sanidad o a la democratización del acceso a prácticamente cualquier otra cosa, desde transporte público hasta vacaciones pagadas, pensiones, etc.? ¿Hay buenas respuestas a estas preguntas?

A medida que el mundo se acerca a la escolarización universal y que la educación básica obligatoria ha pasado de cuatro a por lo menos diez cursos o grados en prácticamente todos los países, el desencanto, las expectativas frustradas y la politización del sector educativo aumentan por doquier. Los motivos por los que esto sucede son distintos, dependiendo de la posición ideológica que se adopte o del país en el que uno se encuentre. Ocurre lo mismo con el hecho de que, sea cual sea la sensibilidad política, todo el mundo se apunta a la retórica de que la educación «es el futuro», la inversión —pública y privada— «más estratégica» y la «única esperanza» para el progreso y la supervivencia de personas, comunidades, países y hasta de nuestra especie. Esta compleja combinación de desencanto y retórica futurista sigue ampliando la brecha entre expectativas siempre al alza y resultados tenazmente percibidos como decepcionantes o inaceptables. Con ello, en muchos países, el sector educativo se mantiene relevante en la retórica, pero muy débil en la práctica política y en la opinión pública. Esto último se manifiesta con frecuencia a través de mensajes que enfatizan que la educación está en plena decadencia, en medio de una crisis y en permanente *peligro*. Resumen con bastante eficacia la batalla ideológica en la que nos vemos sumidos: el responsable de todos los males sería el Estado (para unos porque se desentiende de la educación y, para otros, porque quiere monopolizarla), aunque también tendría su cuota de responsabilidad el mercado (para unos por mercantilizar el derecho a la enseñanza y, para otros, por no ser lo suficientemente dinámico para responder a la demanda de servicios educativos). Con independencia de la perspectiva desde la que se mire, se acentúa el aumento de las expectativas sobre la educación y su desconexión de la tozuda realidad que, al cambiar más despacio de lo que muchos quisieran, seguirá defraudando esas expectativas en ascenso. Y así, tanto en los países con los sistemas escolares más desarrollados como, desde luego, en aquellos con los más frágiles, la educación tiende a percibirse como una suerte de catástrofe, como un sector fallido y atrasado casi por definición; un ámbito al que se le reclaman una y otra vez cambios profundos, pero al que casi nadie reconoce sus avances.

EXPANSIÓN DE LA ESCOLARIZACIÓN

Durante las últimas décadas del siglo XX y la primera del XXI, el mundo avanzó hacia la casi completa universalización de la educación primaria, si bien el progreso se frenó a partir de 2008, en parte como consecuencia de la llamada Gran Recesión.[1] El resultado de ese frenazo es que unos sesenta millones de niños en edad de ir a la escuela primaria siguen sin escolarizar (algo menos del 10 por ciento del total).[2] Esa cantidad podría estar aumentando en la tercera década del siglo, especialmente en África, donde asistimos a una carrera épica entre expansión educativa y explosión demográfica. En muchos países africanos —los del Sahel son tal vez el mejor ejemplo—, el sistema educativo está perdiendo esa carrera. Porque, además de no ser capaz de seguir el ritmo del crecimiento poblacional, el incremento de la escolarización en el continente y en otras regiones emergentes ha de hacer frente a factores como el matrimonio prematuro de niñas y adolescentes, los conflictos armados recurrentes, con los consiguientes desplazamientos de población, y el ataque directo de movimientos fundamentalistas a instituciones educativas (sobre todo a las de las mujeres). También se encuentra con un déficit endémico de profesorado que responde a su vez a múltiples causas, todas ellas, dificultades añadidas para que el Estado pueda asegurar la educación básica a la gente. Esos millones de niños de entre seis y diez años que en pleno siglo XXI no pueden ir a la escuela son la mejor muestra de que la educación es la cara oculta de la pobreza, pues nada a simple vista los diferencia mucho de los demás. Se trata de una crisis invisible y silenciosa, sin repercusión mediática, pero de consecuencias incalculables. Mientras en el resto del mundo desarrollado y envejecido las escuelas se van quedando sin niños, en África subsahariana y algunos países de Asia meridional sigue habiendo niños sin escuela.

Pero, si la educación primaria universal ha sido el gran hito del sector educativo en la historia reciente, el crecimiento y la democratización de la secundaria en los últimos cincuenta años se alza como el proceso de mayor calado y con mayores consecuencias sobre las sociedades contemporáneas.[3] De ser un estrecho cuello de botella por el que transitaba una élite para acceder a la universidad, ha pasado a ser el gran objetivo de desarrollo de los sistemas educativos, el nivel mínimo para obtener un empleo cualificado en el mercado laboral, la principal palanca para salir de la pobreza y quizá la mejor y más eficaz fórmula para la igualdad de género. De hecho, la Agenda 2030 de las Naciones Unidas, que adopta los Objetivos de Desarrollo Sostenible, contempla la escolarización secundaria universal como una de sus metas. Sin embargo, mientras que para la primaria se considera un objetivo perfectamente alcanzable a pesar de las dificultades, entre otras razones por la existencia de un consenso político casi perfecto, la expansión y universalización de la secundaria supone un reto mucho mayor, no solo presupuestario o logístico, sino ante todo político y cultural.

La democratización de la secundaria ha propiciado en muchos países el debate sobre los límites de la escolarización, que parte de una visión bastante extendida de que implica un descenso de la calidad y que, por ende, el país se aleja de un supuesto paraíso perdido en el que todos los jóvenes poseían un saber enciclopédico que les permitía resolver integrales mientras recitaban a Virgilio en el latín original. El tránsito de una secundaria elitista a otra masiva es quizá la clave de la problematización política de todo el sector educativo actual, en buena medida porque el sector no está cómodo, por así decir, con su propio crecimiento.[4] La razón es que, mientras que la naturaleza y los objetivos de la educación primaria y superior se muestran bien asentados y estables políticamente, los de la secundaria son siempre objeto de un debate encarnizado. Es justo en este tramo del sistema en el que tiende a concentrarse el malestar social con la educación y, en consecuencia, la devaluación política y mediática del sector.

Parece ya claro que la pandemia iniciada en 2020 y el cierre de escuelas, sumados a los efectos de la Gran Recesión y, recientemente, a los de la guerra en Ucrania sobre la energía y el precio de los alimentos, han frenado la dinámica positiva de crecimiento y democratización de la educación hasta llegar a revertir el progreso logrado durante décadas. Los resultados de aprendizaje de la prueba PISA, en su edición de 2022, dibujaron una caída generalizada de gran parte de los países que participaron y alcanzaron un mínimo histórico en las tres pruebas (lectura, matemáticas y ciencias). Otro indicador inequívoco al respecto está en los datos del NAEP[5] de 2022, la prueba educativa que monitoriza la evolución del aprendizaje estudiantil en Estados Unidos desde 1971: en los resultados se observa una caída tal de los niveles de lectoescritura y matemáticas durante los dos años de pandemia que se ha anulado todo el avance conseguido en las dos décadas anteriores. Se trata de una mala noticia, no cabe duda, porque esta vez sí hay un riesgo objetivo de encontrarse ante la primera generación de estudiantes peor preparada que la de sus padres. Esto ocurriría, paradójicamente, a pesar de haber tenido, de media, más años de escolarización. La buena noticia, no obstante, es que la pandemia ha despejado por la vía de los hechos cualquier duda sobre el valor de la escuela como espacio de socialización: a la silenciosa crisis del aprendizaje que ha provocado se ha sumado otra, más visible, con respecto al impacto que han tenido el cierre de las escuelas y la pandemia sobre el bienestar social y emocional de cientos de millones de estudiantes en todo el mundo. Ahora va a resultar más difícil coquetear con utopías o distopías de la desescolarización, desde la digitalización integral hasta la enseñanza en el hogar generalizada. Todo Gobierno habrá tomado buena nota de lo que pasa cuando se cierran las aulas: como en tantas otras dimensiones del progreso humano, lo construido durante décadas puede perderse en cuestión de semanas.

¿DEMOCRATIZACIÓN O MASIFICACIÓN? LAS DOS CARAS DEL DESARROLLO EDUCATIVO

Una de las acusaciones más recurrentes a la expansión de los sistemas educativos es que, a pesar de que más gente vaya a la escuela (según algunos, tal vez precisamente por eso), la educación como ascensor social, como gran igualadora, funciona cada vez peor. La pregunta de fondo está en los efectos de la expansión educativa sobre, primero, la igualdad de oportunidades y la equidad de resultados y, segundo, la redistribución de la riqueza y, por tanto, la igualdad en general. La evidencia empírica nos dice que, en las fases iniciales de la expansión educativa, aumenta la desigualdad social, para luego disminuir cuando se democratiza no solo la primaria, sino también la secundaria.[6]

Así, la primaria universal pone las bases y crea las condiciones para una mayor igualdad y equidad, pero es en la secundaria cuando las cosas se complican en cuanto a los objetivos y los límites del llamado ascensor social. La razón es que democratizar las oportunidades de aprender implica generalizar certificados y diplomas no ya de estudios básicos, sino de secundaria, que a su vez son la llave para acceder al competitivo mercado laboral y a los estudios superiores. Los descontentos con la educación universal llaman aquí la atención sobre el hecho de que la expansión educativa conduce al credencialismo (una suerte de inflación de los diplomas, que perderían valor a medida que aumentan los diplomados), mientras que los desencantados deploran que genera inequidad (es decir, mayor desigualdad de resultados entre todos los que acceden). El proyecto ilustrado está pues en entredicho tanto para la derecha clásica como para la nueva izquierda y eso explica su mala fama actual.

Aun así, incluso desde la más firme ortodoxia de la educación universal, las diferencias entre primaria y secundaria son una vez más la clave para entender cómo las averías que pueda sufrir el ascensor social tienen que ver con el propio ADN de los sistemas educativos: en el mundo en desarrollo se comprueba que el modelo de expansión que condujo con relativo éxito a la primaria universal no funciona para la secundaria. Asegurar el acceso a esta última no es suficiente para democratizarla y si solo se pone el énfasis en el acceso «físico» —llenar las aulas—, la masificación resultante puede llevar a más desigualdad.

Las razones por las que hace falta otro modelo para la secundaria son contundentes: primero, los costes de oportunidad de cursarla se estiman hasta diez veces mayores que para la primaria,[7] lo que implica que, además de impulsar el aumento de la oferta de escolarización, hay que invertir masivamente en programas que sostengan la demanda (a saber, becas y otras ayudas a las familias). Segundo, es necesario democratizar el currículo escolar para asegurar la inclusión de adolescentes en aulas muy heterogéneas; esto tiene enormes implicaciones presupuestarias, en materia de selección de profesorado y en el gobierno de los centros educativos. Tercero, la expansión debe incluir la formación profesional, lo que abre un nuevo frente de desafíos para la calidad y la igualdad. Cuarto, por todas estas razones, son necesarios servicios de orientación escolar y personal mucho más sofisticados que en primaria, con personal altamente especializado. Quinto, y tal vez lo más importante: la probabilidad de fracaso, abandono temprano y repetición se multiplica en secundaria; de hecho, la transición entre etapas (de primaria a secundaria obligatoria y de esta a la secundaria no obligatoria) es el momento en el que millones de estudiantes caen del sistema. Haciendo un juego de palabras con el título de la famosísima película, la historia de la educación secundaria bien podría titularse *Lost in Transition*. Resumiendo, no se trata de asegurar un pupitre a las masas y luego preocuparse por la calidad: en secundaria, acceso y calidad o van de la mano o se termina sin el uno y sin la otra.

MUCHO ENSEÑAR, PERO ¿CUÁNTO APRENDER?

El último siglo, y en particular los últimos cincuenta años, han supuesto un gigantesco éxito global al incorporar, literalmente, a varios miles de millones de personas a la escolarización formal. Recuperando el clásico adagio de Comenio, hasta hace solo unos años el mundo empezaba a ver posible el milagro de «enseñar todo a todos»; justo en ese momento, y en el contexto de lo que ahora se denomina la «policrisis», se iban acumulando pruebas de que estábamos muy lejos del milagro todavía más difícil de que «todos lo aprendan todo». Las políticas —y las retóricas— comienzan pues a migrar de expandir la enseñanza a garantizar el aprendizaje, al menos de aquel que podría considerarse una renta básica para asegurar la inclusión laboral y social. Y, si tomar decisiones sobre qué se enseña y a quién es políticamente controvertido, tomarlas sobre qué y cuánto se aprende, y cómo se sabe si se ha aprendido, no parece quedarse atrás en la polémica.

Tanto la calidad como la cantidad del aprendizaje de la población mundial crecieron en las últimas décadas, sobre todo en términos de erradicar el analfabetismo y de democratizar esa renta básica de aprendizaje. Es evidente que la escuela ha tenido un efecto positivo sobre las capacidades básicas de los estudiantes cuya familia no había accedido a la escuela primaria y secundaria en las décadas anteriores. De hecho, el aprendizaje de toda la población (medido por las habilidades de lectura y matemáticas) aumentó de forma notable en los países desarrollados que expandieron su educación secundaria durante el final del siglo XX: tres buenos ejemplos son Corea del Sur, España y Finlandia.[8] En distintos estudios se muestra que, en efecto, el mayor acceso a la escuela se traduce en un mayor aprendizaje.[9] El nivel también ha aumentado y mejorado durante el mismo periodo en el mundo en desarrollo, y también gracias a la escolarización universal primaria en casi todos los países, así como al fuerte crecimiento de la secundaria en buena parte de ellos. Esta mejora ha sido especialmente importante en Oriente Próximo y el norte de África, en algunos países de Asia meridional (India, fundamentalmente) y de Asia oriental. Sin embargo, ha sido menos intensa en regiones en las que el nivel de aprendizaje ya era más alto (Europa del Este, Asia central y América Latina) y también en África subsahariana, que, por desgracia, se está quedando relegada.

El hecho de que los efectos de la escolarización sobre el aprendizaje sean desiguales por nivel educativo, región o periodo histórico implica, de entrada, que el acceso a la educación no siempre da como fruto el mismo aprendizaje en todas las escuelas, en todos los países ni a todas las edades. Escolarización y aprendizaje, aunque emparentados, no son equivalentes ni van siempre de la mano y es posible que aumenten los años de escolarización sin que mejoren a la misma velocidad los niveles de competencias y conocimientos adquiridos. Por consiguiente, son estos últimos los que pueden explicar mejor el progreso social y económico de individuos y países; son la medida clave para saber y comprender hasta qué punto avanzan o no los sistemas escolares. No cabe duda de que también deberían serlo otras métricas de «bienestar educativo», cuya evolución depende, al menos en parte, de la oferta escolar y de lo que ocurre en la escuela; son cuestiones que, de manera cada vez más clara, determinan la trayectoria vital de los estudiantes en los ámbitos laboral, social, de salud y bienestar o de integración y participación en la sociedad. Se trata, por ejemplo, del desarrollo de competencias digitales y tecnológicas, sociales y emocionales o idiomas. También estaría en tal lista la capacidad de la escuela para generar redes de apoyo, de aspiraciones y de protección entre compañeros, algo que influye de forma determinante en el desarrollo personal, cognitivo y social de todos los estudiantes a largo plazo, en especial de quienes tienen más dificultades personales o enfrentan riesgos socioeconómicos.

No obstante, el foco de atención del debate público está en lo que se aprende en las escuelas y ya es moneda común que la crisis no es de educación, sino de aprendizaje. En 2019, el 48 por ciento de los estudiantes de diez años en el mundo no era capaz de hacer una lectura comprensiva de un texto breve ajustado a esa edad. En los países de bajo ingreso, los más pobres, la cifra se elevaba hasta el 90 por ciento; era del 55 por ciento en el grupo de los de ingreso medio-bajo, del 29 por ciento en los de medio-alto y del 9 por ciento en el pequeño club de los países ricos.[10] Este indicador fue bautizado «pobreza en el aprendizaje». Su uso se justifica, primero, porque la lectura es la llave que abre las puertas a muy buena parte de los aprendizajes ulteriores y, segundo, porque es fácil de entender y relativamente sencillo de medir. Además, poner nombre a los problemas permite ubicarlos en el mapa del debate público global y, con ello, *ponerles número*, es decir, obtener y presentar evidencia sobre el volumen y las dimensiones de un problema que hasta ahora era invisible. Hay que insistir en que los resultados de la escolarización no pueden medirse ni juzgarse tan solo en función de la capacidad de lectura comprensiva y que lo que llamamos «bienestar educativo» de una sociedad va mucho más allá de las habilidades básicas de lectoescritura o cálculo. Pero no es posible hacer de menos ni relativizar estos datos y las carencias que revelan. La gran pregunta, en definitiva, es si esta crisis de aprendizaje, diagnosticada en un momento en que la educación universal es cuestionada como proyecto, podría ser también la primera crisis existencial de la educación desde el siglo XVIII.

La banalización de las soluciones a la crisis del aprendizaje

La crisis del aprendizaje y la inherente desigualdad educativa vienen de muy atrás y no ha habido para ellas un tratamiento tecnocrático conocido. Ya sea porque los resultados no se dan a la velocidad esperada, porque se estancan o incluso porque (como hemos visto) caen, hay razones para afirmar que la educación universal no es todavía una realidad en la mayor parte del mundo. Así pues, esta crisis persiste no ya por la incompetencia —o la corrupción— de gobiernos y administraciones ni por la insuficiente financiación, sino por la cultura segregacionista que prevalece en los sistemas escolares. Hay una contradicción flagrante entre el espíritu de las leyes educativas, con sus retóricas inclusivas y democratizadoras del aprendizaje, y las prácticas cotidianas que mantienen o incluso refuerzan la desigualdad. Esto sucede especialmente en los países en desarrollo, en los que, a pesar de su reciente crecimiento, los sistemas escolares parecen seguir *diseñados* para una élite y el currículo, los exámenes y la consistencia —o inconsistencia— entre ambos han cambiado poco en las últimas décadas. Muchos esfuerzos renovadores fracasan o no pueden sostener su éxito porque el inmovilismo y los incentivos que crean los exámenes externos (sobre todo los de acceso a la universidad) continúan amparando ese foco en unos pocos privilegiados y mantienen la inercia —una lógica de la selección que prevalece sobre la del aprendizaje universal— de currículos enciclopédicos y modelos de evaluación que producen altas tasas de fracaso, abandono y repetición.

El hecho de que, cuando más cerca se está de la meta, se perciban con mayor claridad los obstáculos para llegar y resulten más peligrosos los riesgos y menos aceptables los posibles retrocesos es el pan de cada día de las políticas públicas. No resulta tan habitual, sin embargo, que el horizonte mismo de un pilar de nuestra sociedad como la educación se pierda de vista en el debate político y hasta en el fuero interno de quienes están en la primera línea en la prestación del servicio. A ello se suma una demanda social que sigue creciendo a pesar de los sentimientos de descontento y desencanto, y, como resultado, la emergencia de un mercado educativo privado, local, nacional y global, de dimensiones extraordinarias.

Es el caldo de cultivo perfecto para que surjan planteamientos, propuestas y promesas que rayan en lo utópico y gracias a los cuales podrían resolverse con eficacia y eficiencia, o sea, de un plumazo y por poco dinero, todos los males que aquejan al sector. No puede negarse que la educación, en especial ese desiderátum clásico de «enseñar todo a todos», siempre ha generado la ilusión de que podrían existir fórmulas mágicas, tratamientos infalibles, hechizos y encantamientos varios, cuyo uso tópico bastaría para hacer crecer el aprendizaje incluso allí donde no había más que calvas recalcitrantes y empecinadas. Las sucesivas innovaciones tecnológicas podrían servir como guion para contar la historia de la educación, o al menos una parte importante de ella. La radio y la televisión se recibieron en los años sesenta como una revolución en potencia dentro de la enseñanza, más que como complemento de la escolarización (que es lo que, en el mejor de los casos, terminaron siendo), como tecnologías que podrían sustituirla. Algo parecido ocurrió más adelante con lo que se bautizó como «nuevas» tecnologías de la información y la comunicación. Hoy se escuchan manifestaciones muy parecidas con respecto a las supuestamente revolucionarias posibilidades de las aplicaciones de inteligencia artificial generativa. Está por ver cuál ha sido, es o será el valor añadido de cada una de ellas en cuanto a incremento del acceso y mejora de los aprendizajes, pero hay al menos dos cosas que todas tienen en común: fueron saludadas como el remedio potencial a todos los problemas de la educación y llevaron a inversiones descomunales cuya rentabilidad ha sido más que dudosa y, en muchos casos, nula.

En las últimas dos décadas, los productos que por fin iban a enderezar la crisis educativa han sido fundamentalmente los ordenadores portátiles y las tabletas. Las historias sobre proyectos millonarios al respecto, repartiendo estas tecnologías entre los estudiantes, de California a Camboya, se cuentan por centenares. Y los fracasos también pueden alcanzar el mismo número.[11] No se trata solo de malas decisiones por parte de Administraciones públicas y políticos mal informados o peor intencionados, sino también de grandes fundaciones (la Fundación Bill y Melinda Gates es una de ellas), ONG y agencias bilaterales y multilaterales de desarrollo a las que es más difícil atribuir interés electoralista. No deja mucho lugar a dudas el hecho de que una buena parte del gran negocio de las empresas tecnológicas en este siglo se haya centrado en hacerse con el mercado educativo, desde la venta de dispositivos hasta la formación de los profesores, pasando por la creación de sus propios campus, certificaciones y diplomas. Ya en la pospandemia, no es exagerado decir que suponen un sistema educativo paralelo (algo a lo que en su día estaba llamada la televisión, pero que nunca consiguió) cuyas consecuencias empiezan a verse en lugares como el mercado de clases particulares online.

El ejemplo más característico y representativo del fracaso de estos programas mágicos de tecnología educativa es One Laptop per Child.[12] Lo anunció en 2005 Nicholas Negroponte, el cofundador del prestigioso MediaLab del Massachusetts Institute of Technology (MIT). Había desarrollado un portátil muy barato que se cargaba con una manivela y que proponía distribuir a todos los escolares del mundo en desarrollo. Este dispositivo y los programas de aprendizaje que iba a poner en las manos de cada niño bastarían para transformar sus vidas y, de paso, los sistemas educativos de los países más pobres. Todos aquellos a quienes se les negaba la oportunidad de aprender verían de repente, y por muy poco dinero, satisfechas sus necesidades educativas y abiertas de par en par las puertas hacia el futuro. Negroponte convenció a políticos, responsables de agencias de cooperación, gobiernos que se beneficiarían del proyecto e incluso a académicos, periodistas y otros líderes de opinión. Al final nunca llegó a nada, y los muchos millones de dólares gastados, amén de las altas expectativas que generó, se añadieron a la larga lista de recursos despilfarrados e ilusiones perdidas que se deben a una concepción equivocada, pero obviamente muy interesada, del papel que la tecnología puede desempeñar en el aprendizaje de los estudiantes.

Lo notable de todas estas historias de fracaso inversor y político a la vez es que no parece haberse extraído una moraleja que se difunda públicamente con cierto éxito. Sigue siendo habitual escuchar a intelectuales de tronío y a líderes de opinión[13] diciendo que con una tableta y una buena conexión se acabarán los problemas de aprendizaje y se controlará además el ingente gasto en sueldos de profesorado e infraestructuras escolares. Se suceden las generaciones de supuestos milagros tecnológicos y se vuelve a caer en la misma trampa. Es comprensible que quienes aumentan de ese modo su cuenta de resultados estén cómodos con esta situación, pero, para los demás actores de la comunidad educativa global, ¿qué sentido tiene seguir creyendo a los vendedores de crecepelo mágico? ¿Cómo se explica tanta necesidad de confiar en soluciones simples a problemas complejos incluso cuando se las ve fracasar una y otra vez? Puede haber dos razones —que se refuerzan la una a la otra— detrás de esta banalización del debate sobre las soluciones a la crisis del aprendizaje: la desconfianza social en la educación, que eleva el valor percibido de los remedios mágicos, y la existencia de niveles no desdeñables de corrupción en los sistemas educativos, que las promocionan. Se juntan pues una demanda irracional de piedras filosofales con un sinfín de ofertas renovables de «revoluciones» tecnológicas por parte de proveedores con capacidad de engrasar este mercado gigantesco de la educación con incentivos tanto legales como ilegales.

¿CAE EL NIVEL EDUCATIVO? UNA PREGUNTA CON TRAMPA

Tras el impresionante desarrollo de la escolarización de los últimos cincuenta años, las sospechas sobre si la calidad de los sistemas educativos se deteriora aumentan a toda velocidad. Es un asunto central de los estudios sobre la materia, pero también del debate social en muchos países. Hablar de decadencia siempre ha estado de moda cuando se trata de los jóvenes y de su educación. Son preguntas que se escuchan por todas partes: ¿Cae el nivel de nuestras escuelas? ¿Se debe esto a cambios sociales más profundos? ¿Podría atribuirse a la tecnología y al déficit de atención que parecen estar causando los dispositivos? ¿Tiene que ver con la mala gestión política o con las llamadas nuevas pedagogías? ¿Podría estar relacionada con la creciente desigualdad que observamos en muchas partes del mundo? No hay respuestas claras, pero sí parece darse por bueno que el nivel académico cae con el tiempo y que ese descenso se ha agudizado en los últimos años. Se trata de un debate muy antiguo:[14] cada generación que llega al sistema escolar ha protagonizado o sido testigo de un debate sobre la caída del nivel y la pérdida de las esencias del modelo anterior. Y, aunque inequívocamente los indicadores de largo plazo de progreso en acceso y calidad de los sistemas escolares no han hecho más que mejorar, la nostalgia de las bondades del pasado sigue pesando. Desde los tiempos de la Grecia clásica hasta el siglo XX, los cambios sociales en general y en educación en particular han provocado la desafección de una parte de la élite, que ve peligrar junto al viejo mundo conocido los privilegios que este le había brindado.

En las últimas décadas, como hemos visto, el descontento viene ligado a la universalización de la educación secundaria en muchos países desarrollados, en general bastante exitosa a la hora de ampliar oportunidades educativas y económicas de la población históricamente excluida.[15] Por ejemplo, a comienzos de los años setenta, en Reino Unido tuvo cierto impacto un grupo de intelectuales y académicos conservadores con la publicación de los llamados «Black Papers». Esos informes, que inspiraron parte del programa educativo del Gobierno de Margaret Thatcher, denunciaban la caída del nivel y el ascenso de la mediocridad en detrimento del mérito, todo ello como consecuencia de las reformas educativas de las décadas anteriores, que habían ampliado el acceso y los años de obligatoriedad de la secundaria.[16] En España también ha habido una amplia tradición ligada a la tesis de la caída del nivel como *precio* de la democratización del aprendizaje. Por ejemplo, la ministra Pilar del Castillo, pocos años después de ser aprobada la ley que ampliaba la obligatoriedad de la educación secundaria a comienzos de este siglo, declaró: «A esta pérdida de calidad puede haber contribuido la masificación del sistema educativo entre los catorce y los dieciséis años, pero es también el resultado de un igualitarismo mal entendido ante el aprendizaje, que amenaza con expulsar la calidad del sistema público de educación».[17] Con la última ley orgánica de educación en España, aprobada en 2020, esta percepción se ha agudizado y es parte de un debate nacional en el que muchos dan por confirmada la hipótesis de la decadencia.

Los movimientos de la nueva derecha populista también han dado una vuelta de tuerca a la idea de la bajada de nivel para incluirla en el centro de su programa educativo. Aunque la razón principal se repite —la «masificación» de los estudios medios y superiores—, en cada país presenta una narrativa específica. En Francia, el candidato a presidente de la República Éric Zemmour argumentaba que el desplome se produjo cuando se permitió a los hijos de inmigrantes continuar y avanzar en la escuela. En Brasil, en el programa de Jair Bolsonaro se hablaba de enfocarse en los saberes centrales del currículo en detrimento de la agenda pedagógica progresista que provocaría una caída de la calidad. En Polonia, con el partido Ley y Justicia, también caló el discurso antiescuela con el argumento de que «la escuela quiere robarnos a nuestros hijos». El Gobierno nacionalista de los Hermanos de Italia, formado en otoño de 2022, cambió el nombre del Ministerio de Educación a «Ministerio de la Instrucción y del Mérito», para recuperar todo aquello que los cambios educativos hacia la universalidad estarían socavando. En resumen: incluir e incorporar población a la escuela se percibe como una amenaza para la calidad educativa, en la medida en que esta descansa sobre la propia naturaleza selectiva de los sistemas escolares. Si todo el mundo entra, la institución se desvirtúa y el número de descontentos continúa creciendo.

Dejando a un lado nostalgia, descontento y melancolía, es necesario responder a la pregunta sobre si el nivel de los sistemas escolares se está viendo afectado. La respuesta depende de cómo se mida la calidad. No es lo mismo una evaluación externa y objetiva de lo que saben los alumnos en todos los países en un momento dado que, por ejemplo, los resultados de los exámenes de graduación o acceso a la universidad de un país concreto. También importa a quiénes reflejan los resultados: si a todos los estudiantes o solo a una parte seleccionada por sus buenos resultados académicos. Y la respuesta puede cambiar si utilizamos determinados indicadores, desde la tasa de fracaso o deserción escolar hasta la tasa de paro juvenil, u otros como la calidad del profesorado o la satisfacción de las familias con la escuela.

En todos los casos, el debate de fondo es si la democratización educativa juega a favor o en contra de la calidad. Y si, en caso de que expansión y calidad fueran inversamente proporcionales, como creen los descontentos, es necesario poner freno y coto a la educación universal. O, como se cuestionan los desencantados, qué otras alternativas hay a lo que ya hacemos, porque el modelo actual no funciona. O, simplemente, comprender hasta qué punto sigue existiendo un potencial real para reducir las desigualdades mejorando el aprendizaje de los alumnos y, como resultado, de la ciudadanía. Toda vez que la escolarización primaria es universal, y en muchos países también lo es la secundaria, el mínimo común denominador entre descontentos, desencantados e incluso optimistas podría encontrarse en el imperativo de mejorar la calidad escolar en las próximas décadas.

Medio llena o medio vacía

Los datos disponibles invitan al optimismo y al pesimismo a partes iguales, esto es, a pensar en que es posible el avance de la agenda de la igualdad entre alumnos de un mismo sistema educativo, o entre países pobres y países ricos, pero también a que la desigualdad es inherente a la educación: que en todos los sistemas escolares la segregación, la repetición de curso o la separación temprana de alumnos van a seguir perjudicando de forma desproporcionada a los más vulnerables. Incluso veremos que, tal y como señalan los descontentos, no toda expansión educativa puede llevarse a cabo manteniendo la calidad.

Los datos siempre pueden interpretarse de varias maneras. En la figura 1 se relaciona escolarización y aprendizaje a escala mundial —para la población femenina— agrupados en regiones de países de renta media y baja (esto es, excluyendo a los ricos). Vemos que el aumento del acceso a la educación ha supuesto un fuerte crecimiento de los niveles de aprendizaje: tiene sentido, pues si más personas acceden a la escuela durante más tiempo, el aprendizaje de todos aumenta. Es una consecuencia positiva y obvia de la expansión educativa de las últimas décadas y así ocurre en todas las regiones del mundo incluidas en la figura.

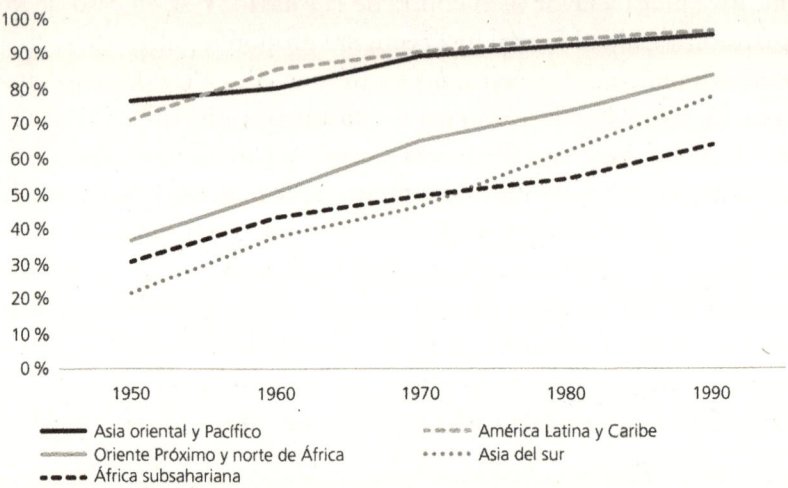

Nivel de lectoescritura de la población general

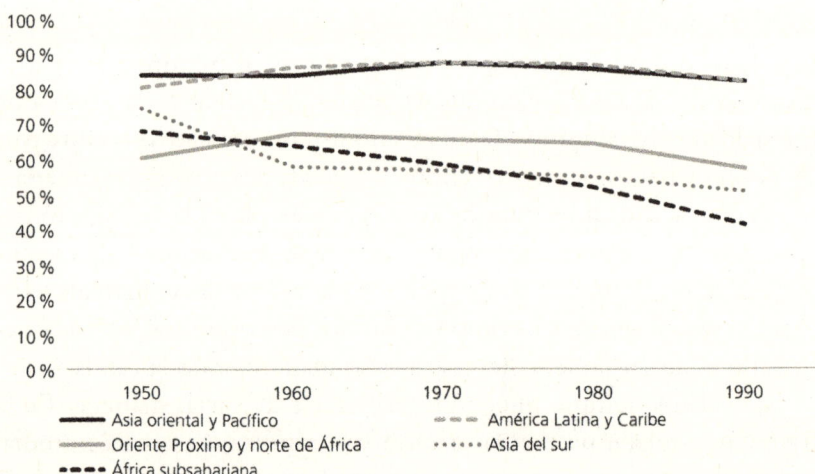

Nivel de lectoescritura tras 5 años de escolarización

FIGURA 1. Tendencias de largo plazo del rendimiento en lectoescritura *(literacy)*

Fuente: Le Nestour, Moscoviz y Sandefur (2022), a partir de datos de Demographic and Health Survey (DHS) y Multiple Indicator Cluster Surveys (MICS).[18]

Nota: Los niveles de lectoescritura (o *literacy rates*) son los de las mujeres de treinta años, nacidas en el año que aparece en el eje horizontal. Se asume que las mujeres que llegan a la educación secundaria tienen un nivel de lectoescritura adecuado.

Pero ¿qué pasa si solo nos fijamos en el aprendizaje de la población escolarizada, esto es, excluyendo a quienes no salen en la foto porque están fuera del sistema? La cosa obviamente cambia. En el gráfico inferior de la Figura 1 vemos los niveles de lectoescritura de la población escolarizada, o lo que es lo mismo, el indicador básico de la calidad de la escuela. Al haber incorporado a quienes antes no iban a la escuela, el aprendizaje medio de los escolarizados o bien se mantiene constante (por ejemplo, en Asia oriental o América Latina), o bien se reduce ligeramente (Oriente Próximo) o incluso se reduce de manera considerable (África subsahariana y Asia meridional, con India, Pakistán y Bangladés). Hasta cierto punto es normal: la población escolarizada es mucho mayor, hay más alumnado en desventaja al que educar, la tarea de las escuelas y los docentes se vuelve más compleja y los resultados pueden resentirse. Desde el punto de vista de la agenda global, los datos muestran que es perfectamente compatible expandir el acceso y mantener los niveles de aprendizaje, pero que en el caso de África y Asia meridional esto no ha sido así. Si la calidad media de la educación ha decaído en los países que más camino tienen por delante y más rápido tienen que correr, aunque solo sea para seguir en el mismo sitio, en palabras de Alicia, la conclusión sería que el progreso de la educación es inviable y que la crisis consiguiente es irresoluble, en el sentido de que la desigualdad es el punto de llegada y no de partida. Cabe poca duda de que la educación universal exige no solo docentes muy cualificados, sino también una enorme cantidad de ellos, sobre todo en África. Reclutar suficientes profesores motivados y bien preparados es el principal cuello de botella en ese continente (donde se calcula que, en algunos países, hasta el 16 por ciento[19] de toda la fuerza laboral tendría que dedicarse a la docencia para asegurar la plena escolarización), mientras que en el resto del mundo retener en el sistema a la cantidad —y calidad— necesaria de maestros es ya uno de los mayores retos educativos.

En otros países, los datos permiten ser más optimistas: muchos extendieron su cobertura escolar (y, en consecuencia, el número de alumnos que sale en la foto) a la vez que aumentó el nivel medio de aprendizaje de quienes participaron en las pruebas internacionales. Por ejemplo, entre 2006 y 2015, varios países dispares en ubicación, desarrollo y tamaño como Israel, Portugal, Brasil, Indonesia, Colombia, Rusia o Turquía mejoraron mucho sus resultados entre los alumnos de quince años a pesar de incorporar a más personas a la escuela (cuyo nivel de partida, se asume, era más bajo).[20] Esto solo puede significar que la calidad mejoró mientras la educación secundaria se expandía. Es todavía más llamativo que, en algunos de esos lugares, los buenos estudiantes siguieron mejorando a medida que más compañeros se sumaban a la escuela y participaban en las pruebas. No hubo igualación por abajo, sino que la llegada de los de abajo fue de la mano con la mejora de los de arriba… y de todos los demás.

¿Decadencia educativa en el Norte rico?

A pesar de que las noticias positivas son mayoría, algunos datos en los países desarrollados resultan inquietantes. Según los datos de PISA (la prueba trienal de aprendizaje para alumnos de quince años que se realiza en más de ochenta países y que, como analizaremos en el capítulo 4, se ha convertido en el barómetro de la carrera educativa global de los sistemas escolares), el nivel de aprendizaje se redujo ligeramente en algunas regiones durante las dos primeras décadas de este siglo; tras la pandemia, la caída se ha generalizado a todo el Norte rico según se desprende de las pruebas de 2022. Se trata de países en los que la educación secundaria ya era casi universal a finales del siglo XX y, por consiguiente, la bajada no podría atribuirse fácilmente a los efectos de la expansión educativa. Hablamos de Finlandia, Alemania, Bélgica, Canadá, Corea del Sur, Dinamarca, Holanda, Suecia o Nueva Zelanda, casi todos ellos países «estrella» en el universo PISA. Esto se explica en parte por una mayor presencia de estudiantes provenientes de familia inmigrante en los sistemas escolares a comienzos del siglo XXI,[21] cuyo origen sociocultural y capacidad de adaptación lingüística puede repercutir en el rendimiento estudiantil medio en los lugares de destino. Es un factor cuya influencia irá en aumento, dada la entrada de estos países en el invierno demográfico y el previsible incremento de los flujos migratorios. Además, la población migrante tiene una mayor tasa de fertilidad y la integración de las segundas y terceras generaciones está lejos de ser perfecta o satisfactoria, lo que pone las cosas aún más difíciles no ya para mejorar, sino para mantener los niveles de aprendizaje. El argumento del tipo de alumnos que se incorporan al sistema es una hipótesis que, por cierto, no tiene por qué convertirse en una losa para el progreso de la educación. Sin embargo, hay otras preguntas relevantes, dentro y fuera de la escuela, respecto a lo que está ocurriendo en muchos de esos países ricos: ¿Qué otras razones pueden dar cuenta de tal declive? ¿A qué se debe este freno o descenso en algunos países desarrollados en pruebas como PISA? Hay tres hipótesis que podrían explicarlo.[22]

- Calidad de los sistemas escolares: podría ser que lo que baja es la calidad del profesorado o que el envejecimiento poblacional en sociedades más desarrolladas implica falta de conexión con los alumnos. En buena parte de los países ricos es ya común el creciente abandono de la docencia y existen dificultades cada vez mayores para atraer a buenos graduados a la profesión, todo lo cual trae como consecuencia déficits de personal en áreas estratégicas del currículo escolar y, en más de un caso, un posible descenso del capital profesional del profesorado. Los países que se mantienen en lo más alto del ranking PISA —Singapur, Corea del Sur, Japón— se caracterizan por no tener ninguno de esos problemas. Quizá, simplemente, la naturaleza del trabajo docente, al tener que tratar con el conjunto de la población, exige una formación mucho más sofisticada (al margen del conocimiento de la materia, por ejemplo, en secundaria) que la que ofrece cualquier sistema inicial. Y que la motivación y el compromiso del profesorado actual no consigue responder a los retos que plantea su alumnado, en especial el de secundaria.

- Cultura: en sociedades altamente desarrolladas y acomodadas, ¿podría estar reduciéndose el interés, la presión y el compromiso familiar respecto a la educación de los hijos? No hay evidencia de que eso esté ocurriendo, por más que las expectativas y los valores dominantes en esos países sean menos estoicos que hace una o dos generaciones. O, saliendo del ámbito de la familia, ¿quizá el declive tiene que ver con la disputa de la hegemonía de la escuela por parte de la tecnología (uso de dispositivos a gran escala) o de otros referentes sociales? Si los alumnos, especialmente los de secundaria, pasan varias horas al día frente a las pantallas y lo hacen con un nivel de atención muy superior al que logran sus docentes en la escuela, es posible que su motivación intrínseca por aprender esté reduciéndose.

- El barómetro: otra hipótesis razonable es que no contamos con un instrumento de medida que haga justicia a lo que llamamos «calidad de la educación». O incluso que, como no tenemos claro lo que es la calidad, no sabemos cómo medirla. Usamos métricas imperfectas, que se aplican en un momento concreto y que arrojan cifras muy específicas y detalladas, pero también muy condicionadas por factores contextuales y por los incentivos de alumnos y escuelas para tomárselas en serio. De hecho, sabemos por varias investigaciones que no todos los países tratan con el mismo rigor pruebas como PISA y que esas diferencias se deben a aspectos culturales y normas sociales no escritas.[23]

La igualdad de oportunidades trae desigualdad de resultados: la paradoja de la educación universal

Cuanto más se expanden y desarrollan los sistemas escolares modernos, más expectativas generan en la sociedad. Entre los recién llegados a la educación secundaria y a la superior, las aspiraciones se disparan: ahora es posible igualarse, incluso llegar a lo más alto. Pero para quienes ya estaban en el sistema, los hijos e incluso nietos de titulados universitarios, el riesgo de perder puestos en la competición meritocrática puede generar lo que se conoce por «ansiedad de estatus», sobre la cual volveremos en el capítulo siguiente. La universalización de la educación primaria y secundaria es una gran noticia, pero altera por completo el mapa y las percepciones de quienes participan en ella. Por la gradualidad de los cambios, por su fuerte confianza social en la educación o por un sólido liderazgo político, algunos países han atravesado esa transición sin mayores sobresaltos. Otros, como España, Reino Unido o buena parte de los países del sur global, no tanto.

El problema que distorsiona la percepción y las expectativas de manera más importante es el siguiente: si muchos competidores se presentan a una carrera, todos tendrán oportunidad de terminarla y hasta de ganarla, pero la diferencia entre el primero y el último siempre será mayor que si los que corren son solo unos pocos. Esta es la gran paradoja de la educación universal. Podemos estar más que satisfechos con los increíbles progresos logrados hasta ahora: si hubiéramos preguntado hace setenta años a los abuelos de los jóvenes de Seúl, Barcelona, Oporto o Helsinki, o hace cuarenta años a los padres de los estudiantes de Bogotá, Yakarta, Estambul o Río de Janeiro, si imaginaban un futuro educativo como el que han tenido las generaciones siguientes, seguramente reconocerían que no. Pero, cuando miramos al presente de muchos países, observamos enormes diferencias entre alumnos de una misma escuela. Por eso existe una tensión tan fuerte entre igualarse y diferenciarse, entre salir en la foto o quedarse fuera de ella, entre oportunidades y resultados, entre inclusividad y competición.[24] La percepción de que se accede al sistema educativo para competir está muy relacionada con el hecho de que son los exámenes o las pruebas con las que evaluamos la calidad los que marcan las reglas del juego. Y, precisamente por eso, es relevante saber quiénes se presentan a ellas y se ven reflejados por los resultados. Los exámenes nacionales (de acceso a la universidad, reválidas) o las pruebas internacionales como PISA tienen la capacidad de atraer el interés público (del sector, de las familias, de los medios, de la sociedad) porque representan el patrón oro de la calidad educativa, la forma más certera de medir el «ideal meritocrático».

Ocurre algo semejante cuando un reputado catedrático habla de lo mal preparados que llegan a su clase los alumnos de hoy respecto a las generaciones anteriores. Que la universidad se haya vuelto un espacio de oportunidades ampliando masivamente el número de matriculados ha supuesto la entrada de una mayor diversidad de capacidades, vocaciones, intereses o clases sociales y culturales. Es entonces razonable que quienes ahora salen en la foto sean no solo diferentes, sino más desiguales y también que, en promedio, muestren un peor desempeño. Si hace cuatro o cinco décadas entraba una de cada diez personas, seleccionada por criterios académicos (y sobre todo gracias a su ventaja de partida), y ahora lo hacen cuatro o cinco de cada diez, por mucho que la calidad media de la educación secundaria haya mejorado, es fácil que los peores en competencias académicas de esos cuatro de cada diez que llegan ahora tengan de media un menor calibre académico para los estudios de derecho, medicina o ingeniería que los peores entre ese uno de cada diez que llegaban hace décadas. Y es también razonable que quienes ya estaban allí hace tiempo y ocupan una posición social de ventaja (en la universidad, en los medios de comunicación, en el Gobierno, en la empresa privada) hagan notar su pesimismo y descontento con el aterrizaje de ese nuevo alumnado que ha transformado la universidad como institución.

La importancia de saber quién sale en la foto

La clave de la desigualdad y del progreso educativo es que quienes no salen (ni salían) en la foto son (y fueron) parte de la ciudadanía y que, cuando entonces hablábamos de igualdad de resultados, tomábamos una instantánea parcial que *escondía* a quienes no estaban en la escuela: se veía mucha menos desigualdad de la que en realidad había. No salir en la foto es la máxima desigualdad que puede concebirse, igual que lo es estar fuera de la cobertura sanitaria universal, del mercado de trabajo o del sistema de pensiones. Por eso la consideración de la desigualdad que es ahora visible no puede ignorar la que ha habido durante siglos y que, aun siendo invisible dentro de las instituciones educativas (y para los sofisticados instrumentos que la identifican, miden y evalúan), era muy superior a la de ahora, tanto en términos de acceso como de aprendizaje.

La tabla 1, inspirada en una idea muy acertada de Rafael Feito,[25] es un buen ejemplo. Tenemos tres alumnos: Alberto, Belén y Carmen. En un mundo en el que Carmen no accedía a la secundaria, Alberto obtenía un 10 y Belén un 8 en las pruebas finales de este nivel educativo. La nota media de los alumnos se deduciría de las de Alberto y Belén, y quedaría en un 9. Pero la nota media en toda la sociedad era inferior, porque, al no aparecer Carmen, se desconocía su nivel de aprendizaje, que asumimos sería cercano a cero. Después de que Carmen se escolarizara y presentase a la prueba, incluso habiéndola aprobado, la nota media del sistema educativo baja (asumimos que Alberto y Belén se mantienen más o menos igual, aunque el argumento es igual de válido si su desempeño se hubiera reducido). No obstante, el aprendizaje medio en toda la sociedad crece. Ese progreso, sin embargo, es invisible a ojos de los exámenes nacionales y no se registra en las pruebas de aprendizaje internacionales, donde lo que se contabiliza es una caída.

Tabla 1. La paradoja de la igualdad de oportunidades y la desigualdad de resultados

	Sin escolarización universal		Con escolarización universal	
	Escolarizado	Resultados examen	Escolarizado	Resultados examen
Alberto	Sí	10	Sí	10
Belén	Sí	8	Sí	8
Carmen	No	–	Sí	5
Porcentaje de escolarización	66		100	
Nota media del sistema educativo (baja el nivel escolar)	9		7,6	
Nota media de toda la sociedad (sube el nivel educativo)	6		7,6	

Fuente: Elaboración de los autores a partir de Feito (2006).

La paradoja del desarrollo de la educación, de manera especial en las últimas dos décadas, es que cuanto mayor es la igualdad en el acceso a la escolarización, mayor es la desigualdad en los resultados de aprendizaje de los estudiantes. También puede ser menor la calidad media del aprendizaje, una sospecha que contribuye a activar las proverbiales quejas sobre la caída del nivel educativo.

Identidad como (des)igualdad

La desigualdad educativa y su corolario práctico, la segregación escolar, se han explicado hasta ahora por el carácter de *bien escaso* tanto de la educación como del empleo de calidad. Sin que dicho argumento deje de ser válido, a pesar del empuje de una educación universal, surge con fuerza un nuevo desafío para la igualdad educativa, esta vez desde las políticas identitarias. La tensión actual entre identidad e igualdad conduce a que la segregación pudiera adoptar nuevas formas a medida que todo tipo de colectivos se muestran dispuestos a sacrificar igualdad por identidad, es decir, a autosegregarse para distinguirse. Hay cada vez más oportunidades de salir en la foto, pero también más perspectivas distintas para tomar las fotografías. Se trata de las múltiples identidades que, casi siempre, se expresan en términos de conflicto y se convierten en motivo de reivindicación de supuestos derechos colectivos: etnia, orientación sexual, lengua materna, religión, dieta alimenticia, ideología, adscripción partidista, etc. Esto puede conducir a las políticas de cuotas en el acceso a la universidad o en el currículo escolar. Son políticas que, en su versión avanzada, pueden convertirse en otro motor de desigualdad y segregación. Combinar la agenda de la igualdad con las nuevas agendas identitarias es un medio legítimo y loable para lograr la no discriminación, pero puede suponer también el desvío del proyecto de una educación de calidad para todos.

Los que hemos llamado descontentos con la educación universal tienen una visión que, aun asumiendo la importancia de seguir ampliando oportunidades (nunca de forma unánime), dice preocuparse más por la supuesta caída, o al menos estancamiento, de los niveles académicos. Es una visión asociada a posiciones que defienden intereses y privilegios de quienes parten con ventaja en la carrera escolar, de ahí que no les importe mucho si los datos apoyan o desmienten su diagnóstico. Mientras los empleos muy bien remunerados sigan siendo escasos, la concepción de la educación como juego de suma cero tendrá sentido para los descontentos. Esto es así porque la calidad educativa seguirá siendo un bien escaso y, en la medida en que Estado y familias invierten más en educación, el retorno de la inversión se reduce, el sistema escolar se vuelve más igualitario y, con ello, para algunos pareciera estar devaluándose. Conforme avanza la globalización, algunos de esos empleos están cada vez mejor pagados en términos relativos, por lo que la competición por llegar a lo más alto, así como la percepción general de una educación en declive, seguirán siendo inevitables.

Por otro lado, la desafección con la educación también ha derivado en el desencanto de quienes sostenían visiones históricamente optimistas y progresistas. Ahora consideran que la capacidad igualadora de la escuela ha llegado a su fin, si es que alguna vez la tuvo, y anuncian a viva voz «el fin de la meritocracia»: si el ascensor social no puede depender ya de la educación, la justicia social ha de llegar por vías más directas como el igualitarismo de resultados a través, por ejemplo, de la asignación de cuotas. De la pinza que han creado los descontentos y los desencantados contra los herederos de los ilustrados, y de sus consecuencias actuales y posibles, se tratará a lo largo del libro.

El progreso de la educación universal de calidad para todos durante los últimos dos siglos ha sido tan extraordinario como innegable. Permite aspirar a objetivos aún más ambiciosos y lograrlos en menos tiempo, lo que a su vez da lugar a mayores expectativas personales, familiares y sociales sobre el sistema educativo. Así pues, es justo ese progreso el que hace parecer cada vez menos aceptable que no se consiga lo que sigue pendiente, y más inaceptable aún cualquier vuelta atrás que se pueda producir. No cabe duda de que atravesamos un cierto retroceso (agravado por las consecuencias de una pandemia) y que resulta necesario hacer frente a los nuevos problemas y revisar los viejos contratos en educación. Los resultados de PISA 2022 lo han puesto de manifiesto de modo contundente. ¿Logrará sobrevivir el proyecto ilustrado de la educación universal a sus descontentos, desencantados y enemigos?

PRIMERA PARTE

La gran carrera educativa global

2

La ansiedad de estatus como pandemia

> Hay dos clases de personas, las que quieren ser alguien
> y las que quieren hacer algo. Yo quiero pertenecer a la
> segunda categoría. Hay menos competencia.
>
> JEAN MONNET

KOTA, RAJASTÁN, INDIA

A comienzos de los años ochenta, la histórica ciudad de Kota, en Rajastán, atravesaba una profunda crisis económica. La falta de materias primas y las huelgas masivas la estaban convirtiendo en una suerte de Detroit de la India. El cierre de empresas, las cifras galopantes de desempleo y el creciente conflicto social hacían presagiar la decadencia tal vez irreversible de lo que hasta entonces había sido uno de los principales centros industriales del país. En 1985, Vinod Kumar Bansal, un ingeniero local a quien se le había diagnosticado distrofia muscular unos años antes y cuya empresa química acababa de quebrar, comenzó a dar clases particulares en el comedor de su casa a un pequeño grupo de estudiantes que aspiraban a aprobar el exigente examen de acceso a los prestigiosos Institutos Indios de Tecnología (IIT). Pocos años después, en 1991, dado su éxito arrollador, creó Bansal Classes, un negocio de tutorías privadas para preparar los exámenes de ingreso a la universidad.

A partir de ese momento, los acontecimientos se sucedieron como si se tratara de una de tantas películas de Hollywood sobre el sueño americano y los hombres «hechos a sí mismos». Fueron tantos en Kota los que vieron futuro a este negocio que, a comienzos de este siglo, las academias y empresas privadas dedicadas a la preparación de estos exámenes —sobre todo a los IIT, aunque también a los de las facultades de Medicina y otros estudios universitarios de élite— se contaban por decenas, lo que lo convirtió en el sector económico que crecía más rápido y que más contribuía al empleo y a la renta de la ciudad. En la literatura especializada se conoce a este sector como «educación en la sombra». Se distingue, entre otras cosas, por su opacidad fiscal, lo que hace difícil obtener información fiable sobre su tamaño y volumen de negocio. Los datos disponibles en Kota varían mucho dependiendo de la fuente, y van de los 15.000 millones a los 40.000 millones de rupias (entre 170 y 455 millones de euros al cambio de 2023). Estas cantidades han de ponerse en el contexto de las cifras macro de la economía india: por ejemplo, la renta per cápita en 2000 era de 450 dólares y en 2021 alcanzó los 2.200 dólares. En Kota, una ciudad de poco más de un millón de habitantes, podría estimarse entonces que el volumen de este mercado supone entre el 10 y el 25 por ciento de su economía.

Cada año el número de estudiantes que llega a Kota ha ido aumentando, desde los 70.000 a comienzos de este siglo hasta los actuales 150.000. La cifra de «forasteros» que llega cada curso académico para estudiar en las academias coincide con la de los estudiantes locales de bachillerato. Casi una tercera parte de la población se dedica pues en cuerpo y alma a entrenarse para acceder a la universidad; y a esa cifra habría que sumar el nada despreciable porcentaje de quienes trabajan en la red de academias privadas. Lo que fuera polo industrial terminó convirtiéndose en una macroacademia urbana dedicada a preparar candidatos para triunfar en exámenes competitivos. El resultado es que, en India, a Kota se la conoce popularmente como «la capital del coaching». Su ejemplo ha ido cundiendo en otras regiones del país. En el sur, la ciudad de Hyderabad se perfila ya como la Kota meridional. Y el negocio también florece en ciudades prósperas como Bangalore o la propia Deli. La competencia dentro y fuera de cada ciudad lleva, entre otras cosas, a que se ofrezca dinero a los estudiantes que obtienen las puntuaciones más altas para que declaren a los medios de comunicación que estudiaron en tal o cual academia.

Hasta aquí una crónica de cómo lo que se ha dado en llamar «educación en la sombra» —las clases particulares o tutorías privadas— se extiende hasta convertirse en la principal actividad económica de una ciudad con la mayor parte de su población implicada ya sea como proveedor o como consumidor. Pero la historia de Kota, que es la de todo el país, llega todavía un paso más allá, pues incluso en lugares donde las clases particulares han pasado de negocio floreciente a bien de primera necesidad, a juzgar por la proporción de familias que gastan cantidades cada vez mayores en ellas, estas tienen lugar después y a la sombra de la escolarización formal, y son consideradas, por tanto, un complemento o añadido a esta. En Kota, sin embargo, han sustituido o, mejor dicho, parasitado al sistema educativo. Los estudiantes que acuden a esta meca para aprendices de opositor no asisten a clases en ningún instituto de educación secundaria; solo van a las academias. Por supuesto, la ley exige que estén matriculados en centros oficiales para que puedan presentarse a los exámenes de acceso a la universidad, a lo que el mercado ha respondido creando establecimientos fantasma —allí se llaman *dummy schools*— con los que se cubre el expediente y se ahorra tiempo y dinero. Así es como la llamada «educación en la sombra» ha absorbido a la escolarización formal, reduciéndola a una cáscara vacía. En el universo educativo que representa Kota se da ya por sentado que el sistema público se reduce a la administración de los exámenes (en los países que fueron colonia británica y cuyo sistema educativo «desciende» de esa tradición, se habla de «exámenes públicos» para denominar a estos exigentes ritos de paso) y que los estudiantes pueden optar por prepararse para esas pruebas como les parezca, esto es, hasta donde llegue su presupuesto familiar.

Expansión y apoteosis de la educación en la sombra

El caso de Kota es sin duda muy extremo. Con todo, no son pocos los países, especialmente en el sur global, donde pueden verse aulas vacías en los últimos años de la secundaria mientras los profesores particulares y los centros de preparación de exámenes trabajan a destajo y con grandes beneficios.[1] También en muchos países ricos, especialmente en Asia, aunque la escolarización formal resiste, el número de horas de clases particulares empieza a aproximarse al de esta, y el gasto familiar dedicado a la educación en la sombra compite con el público destinado a educación formal. En China, el gasto educativo de las familias se aproxima al 2,5 por ciento del PIB y los hogares destinan entre el 12 y el 14 por ciento de su presupuesto disponible.[2]

En esta tesitura se encontraba China hasta 2021, con una industria más que floreciente de clases particulares, promovidas incluso desde dentro de los propios centros escolares e impartidas habitualmente por el mismo profesorado, y en competencia con academias y tutores estrella que generan una demanda inusitada. El fortísimo clima competitivo alrededor del célebre Gaokao, el examen de acceso a la universidad, unido a la política de hijo único en el país, condujo a que las familias invirtieran cantidades estratosféricas en clases particulares, creando así una espiral cada vez más intensa. Hasta tal punto ha llegado esta obsesión, que han surgido «profesionales del examen», jóvenes (y no tan jóvenes) que, contratados por academias privadas, se presentan cada año al Gaokao con el único propósito de elevar la tasa de éxito de la academia en cuestión. Los medios de comunicación hablan de remuneraciones más que considerables —hasta trescientos mil dólares al año— para estos examinandos que han hecho del Gaokao su profesión.[3] En 2021 el Gobierno chino impuso la llamada «política de doble reducción», que prohíbe las tutorías y clases particulares, consideradas ya oficialmente la mayor amenaza para la equidad educativa y el bienestar de la infancia. Las razones de fondo de semejante decisión, que supuso el hundimiento en bolsa de las multinacionales chinas de tutorías online y el despido de decenas de miles de trabajadores, son fundamentalmente dos: la primera, el cambio radical en las políticas de natalidad, en vista de la fuerte caída demográfica,[4] para las que la actual inversión desmedida en clases particulares supone un obstáculo más que considerable, pues desincentiva tener más hijos; la segunda, el recelo acumulado por los líderes del Partido Comunista hacia esas grandes empresas tecnológicas, que siguen cotizando en Wall Street y que, de hecho, controlan cada vez más el tiempo, la mente y el desarrollo tanto social como personal de las nuevas generaciones. En un entorno político de mayor centralización y control desde la cúpula del partido y el Gobierno, el sector tecnológico se veía —y se ve— como una amenaza que era necesario desactivar, siquiera parcialmente, aunque el coste económico para el país no fuera ni mucho menos despreciable.

No ha pasado mucho tiempo desde que se empezó a aplicar la política de doble reducción. A pesar de que el músculo implementador de políticas en China es muy potente, el enorme mercado de las clases particulares se ha mantenido incólume en su versión tradicional, esto es, mediante academias presenciales y tutorías privadas en el hogar de los propios maestros y profesores. Muchos de estos negocios se han reciclado como «centros de atención al estudiante». Por su parte, las empresas tecnológicas ya no dicen ofertar tutorías online, sino que proponen un amplio catálogo de «materiales educativos». Ha cambiado el nombre de los platos del menú, pero los productos que se siguen ofreciendo y consumiendo son los mismos que antes de la prohibición. La razón es que tanto familias como escuelas, por un lado, y administradores locales e inspectores, por otro, tienen un fuerte incentivo para que el negocio de la educación en la sombra permanezca: para todos ellos lo más importante son los resultados en el examen y ese mercado se percibe como el factor que marca la diferencia, como la mayor fuente de ventaja comparativa en un entorno competitivo hasta el paroxismo.

Con 1.420 y 1.410 millones de habitantes respectivamente, India y China suponen algo más de una tercera parte de la población mundial. Además del tamaño demográfico, su economía y su importancia geoestratégica los colocan ya como los dos países hegemónicos del futuro (China ya lo es en el presente). A pesar de encontrarse en fases muy distintas, ambos han ido construyendo sus sistemas educativos con el software de la contienda despiadada o *cut throat competition* (que literalmente significa «competición a degüello») para distribuir oportunidades escasas y muy exclusivas de educación superior. Es cierto que la cantidad y calidad de sus universidades se ha incrementado de un modo espectacular en tan solo unas décadas (mucho más en China que en India), lo que ha permitido una incipiente democratización de la educación superior; además, sus estudiantes más brillantes —y sobre todo más pudientes— optan cada vez más por graduarse en su país en lugar de irse a Estados Unidos o a Europa. Son muestras de su destino hegemónico y, con ello, de su capacidad de competir con Occidente. En esta otra parte del mundo, el Occidente rico, también se ha expandido con fuerza la educación en la sombra. Sin embargo, los datos disponibles revelan que no solo está lejos de haber parasitado al sistema escolar, sino que la mayor parte del gasto no va tanto destinado a preparar exámenes —que también— como a ampliar las oportunidades de adquirir conocimientos y habilidades que las familias perciben como importantes: idiomas, informática y artes, principalmente.[5]

El nivel de competitividad educativa en China e India, que no ha dejado de crecer a pesar de políticas como la doble reducción o esa incipiente democratización de la educación superior, tiene implicaciones que van más allá del estado y estatus de la escolarización formal. En China empiezan a publicarse estudios acerca de las consecuencias de esa rivalidad extrema en el avance de las psicopatologías o en la reducción de las horas de sueño de los adolescentes.[6] Esto tiene lugar, además, en el contexto más amplio de la crisis global de salud mental provocada por la pandemia de 2019-2022 (en especial por el cierre de escuelas) y por la todavía casi desconocida —en cuanto a su alcance— adicción a las pantallas y a las redes sociales.

Volviendo a Kota, los medios de comunicación indios han empezado a dar cuenta de la creciente tasa de suicidios entre los clientes de las reputadas academias de la ciudad. Se habla incluso de que la «capital del coaching ha pasado a ser más bien la capital del suicidio en India».[7] El deterioro de la salud mental de los miles de estudiantes que se instalan en Kota es preocupante. Al fin y al cabo, su vida social se nutre de las relaciones con compañeros que no dejan de ser competidores por los mismos —y muy escasos— puestos en disputa, con lo que el aislamiento emocional es inevitable. De hecho, existen programas televisivos que explotan este fenómeno, con nombres tan reveladores como *Kota Factory* o *Super 30*. La creciente presión mediática y social llevó al Gobierno indio a regular, en enero de 2024, un sector asilvestrado, imponiendo mayores controles al funcionamiento de estos establecimientos para proteger a los alumnos y su familia.[8] Así, se prohíbe a los centros de preparación admitir estudiantes menores de dieciséis años y que no hayan completado los exámenes escolares oficiales, se pone coto a las tasas que pueden cobrar y al número de horas diarias de clase, y se castiga la publicidad engañosa.

Por otro lado, este grado de competitividad enfermiza, incluso tóxica, que muchos identifican con la versión más ortodoxa y genuina de la meritocracia, ha forjado un negocio paralelo de la educación de dimensiones alarmantes y aun así desregulado y opaco —no solo fiscalmente— que se ha convertido en el mejor caldo de cultivo para que crezca la corrupción, en algunos casos bien organizada y hasta estructural, asociada a los incentivos que generan los exámenes académicos. La novedad en este siglo es que dicho fenómeno ha creado toda una cultura en muchos países que se ha convertido en sistémica en tantos otros. Está, por tanto, institucionalizada como sector de actividad económica, a veces con etiquetas de lo más sugerente: en Nigeria, por ejemplo, existen los Miracle Education Centers,[9] nombre que se ha autoasignado un conjunto de escuelas privadas que, como centros oficiales de administración del examen de graduación de la secundaria, ofrecen también servicios literalmente «milagrosos» que garantizan a los estudiantes las mejores calificaciones y, con ello, el acceso a los estudios universitarios de su elección. En Egipto, la enorme demanda de clases particulares se une a los bajos salarios del profesorado y del personal de la Administración educativa para crear un mercado inmenso, centrado en la preparación del legendario examen de graduación de la secundaria y de ingreso a la universidad. Los profesores del sistema público ofrecen tutorías privadas a sus propios alumnos, para las que es habitual que reserven el material más útil y su mejor desempeño, lo que lleva a que, en esos dos o tres últimos cursos de secundaria, las aulas estén casi vacías porque los estudiantes prefieren asistir a las clases particulares. Además, los miembros de los comités que diseñan las preguntas obtienen sobresueldos considerables ofreciendo «ejercicios especializados» para preparar las pruebas. Muchos autores de libros de texto publican dos versiones, una para la distribución generalizada y otra de mayor calidad y orientada al examen, que venden y distribuyen a través de editoriales privadas.[10]

EL TRIÁNGULO ASPIRACIONES–EXPECTATIVAS–CONFIANZA Y LA CARRERA EDUCATIVA GLOBAL

Aunque el incontenible ascenso de la educación en la sombra, tanto en el norte rico como en el sur global, se debe sin duda a muchos factores, hay una explicación fundamental: las aspiraciones individuales y las expectativas sociales sobre la educación se han multiplicado en las últimas décadas. Si bien es cierto que el proyecto de la educación universal es el responsable de ello (sobre todo en lo que tiene que ver con la secundaria y con las universidades), parece haberse producido un cambio estructural que está alterando tanto aspiraciones como expectativas, a saber: el énfasis creciente sobre su dimensión competitiva. No es coincidencia que los dos rubros de gasto en educación que más crecen globalmente desde hace al menos una década sean el de las tecnologías de e-learning y materiales digitales de enseñanza en general y el de las clases particulares, online y presenciales, específicamente para la preparación de exámenes. Según el informe más reciente de Report Linker,[11] el mercado global de las clases particulares mueve 147.000 millones de dólares y se estima que alcanzará 287.000 millones en 2030.

La aceleración competitiva se está dando sobre todo en dos segmentos de población que tienen cada vez más poder y renta —valga la redundancia— y cuyo tamaño también crece con rapidez: la clase media china e india, y la clase global cosmopolita; en otras palabras, los privilegiados de Oriente y Occidente, y los centenares de millones de personas que forman hoy las nuevas clases medias aspiracionales en los dos grandes países asiáticos. Ambos grupos han impulsado una suerte de carrera educativa global, en la que la digitalización y la globalización de la oferta —dos caras de un mismo fenómeno— están llevando a un desarrollo sin precedentes tanto de los sistemas públicos como del mercado privado, en el que destaca la educación en la sombra. En esta competición planetaria importa el aprendizaje y el conocimiento, pero aún más el diploma, la credencial y, con ellos, el efecto señalador generado por el prestigio y la imagen pública de las instituciones que los sellan y rubrican. Los dos grupos en cuestión incorporan al resto del mundo a la carrera, en la que pareciera que todos los participantes, tanto los más veteranos como los recién sumados, demandan y consumen educación con auténtica ansiedad de estatus. Este fenómeno, al que puso nombre Alain de Botton en 2004,[12] se refiere a la tensión permanente causada por la aceleración competitiva de la que venimos hablando en sociedades en las que la carrera hacia la cumbre se percibe abierta para todos y donde habría terminado imperando una meritocracia salvaje.

La evolución y la geometría de aspiraciones y expectativas sobre la educación están relacionadas con un tercer factor que completa un triángulo crucial: la confianza pública en el sistema educativo como creador de igualdad de oportunidades de acceso al aprendizaje y como poseedor del monopolio de la evaluación del mérito individual. La confianza pública es el capital más preciado que ha de acumular y mantener cualquier institución o servicio. Es la confianza depositada en centros educativos y en el profesorado, así como en la transparencia con que la administración —o la gobernanza— del sistema escolar y académico ofrece, asigna y distribuye oportunidades educativas en cada uno de sus niveles, y la justicia con que maneja el paso de los estudiantes de uno a otro, sobre todo en esa transición crítica de la secundaria a la superior en la que los exámenes suelen desempeñar un papel central. No son pocos los países en los que a los ministerios de Educación se les llama coloquialmente «Ministerio de Exámenes».

Si bien es cierto que la explosión de aspiraciones y expectativas refleja la existencia de una mayor confianza en el principio de igualdad de oportunidades como eje del sistema educativo, la evidencia de que pueda existir corrupción sistémica en los exámenes competitivos o, simplemente, la toma de conciencia por parte de la sociedad de que es imprescindible invertir masivamente en clases particulares para albergar esperanzas de éxito, tienen un efecto devastador sobre dicha confianza. Las aspiraciones y expectativas al alza, por un lado, y una confianza pública menguante, por otro, son hoy en día dos tendencias en plena confrontación, podría decirse incluso que en riesgo de *choque de trenes*. Al menos por el momento parece llevar bastante ventaja la primera; sin embargo, son precisamente los incentivos perversos y los efectos secundarios causados por la explosión de aspiraciones y expectativas —entre otros, competitividad a degüello en todas partes y corrupción sistémica en muchas— los que podrían reducir y devaluar de tal manera la confianza en la educación que las tornas se estarían volviendo.

Los síntomas han empezado a aparecer y son más visibles desde la *policrisis* que causó la pandemia de COVID-19: en el mundo rico, tal vez el más evidente sea la caída de la demanda de educación superior en Estados Unidos, que indica una pérdida de confianza de las familias en que la desorbitada inversión que requiere esté justificada por los cada vez más inciertos retornos esperados.[13] Relacionado con este, estaría la evidencia palmaria de que las empresas en el sector privado, especialmente las que ofrecen esa ambigua especie llamada «empleos decentes», han dejado de mirar los diplomas y títulos a la hora de reclutar talento y llevan a cabo sus procesos de selección usando criterios y dando prioridad a aspectos que poco o nada tienen que ver con las credenciales académicas de los candidatos y sí con las competencias que hayan adquirido en el trabajo o por sí mismos fuera del sistema educativo formal. Además, la transformación digital, y en especial la llegada de la inteligencia artificial generativa, vuelve a cuestionar —como ya hicieron revoluciones tecnológicas anteriores— la necesidad de seguir invirtiendo en sistemas escolares y, en todo caso, hacen que se ponga en tela de juicio su *modus operandi* tradicional. En el mundo en desarrollo, el principal síntoma de la creciente desconfianza pública es precisamente la desaparición progresiva de la enseñanza secundaria superior, parasitada y hasta reemplazada por un mercado privado de clases particulares, plataformas online y otros servicios a veces de dudosa legalidad.

Para los millones de familias de todo el mundo que invierten cantidades enormes en tutorías privadas, la medida del éxito escolar de sus hijos no está tanto en el aprendizaje adquirido como en las calificaciones obtenidas en los exámenes competitivos y en los certificados, diplomas y oportunidades en las que se traducen. Las familias generan confianza en la educación por su retorno privado —el diferencial entre lo que podrían ganar sus hijos sin educación y con ella o, si se prefiere, con diploma, credencial y título o sin ellos— y no tanto por el retorno público —cohesión social, salud pública, crecimiento económico, resolución pacífica de los conflictos, participación ciudadana y calidad democrática—. Por tanto, aunque pudiera estar creciendo la desconfianza general en que la educación sea útil para igualar, no parece ocurrir lo mismo con la expectativa de que sirva para distinguirse, es decir, para tener una ventaja en un mercado laboral y una sociedad cada vez más competitivos que, si no garantiza el ascenso social de los hijos, asegure al menos que no sufran un descenso.

La aparente incongruencia entre confianza en el retorno privado y escepticismo sobre el retorno público está en la raíz de los resultados de tantas encuestas a las familias acerca de sus expectativas sobre la educación. Los datos suelen evidenciar una prevalencia muy negativa o incluso catastrófica sobre el estado de la educación nacional que contrasta con otra favorable sobre la escuela a la que van los hijos y aún más positiva sobre el profesorado que en ese momento tienen. Aparte de otros factores clave relacionados con cómo se construye y se configura la opinión pública sobre la educación, las familias estarían mostrando un optimismo militante al hacer suya esa incoherencia, que quizá ya no lo sería tanto, entre decir que la educación en el país es desastrosa y creer que la de sus hijos es muy buena: exhiben una confianza sólida en la ventaja comparativa y competitiva que sus hijos están adquiriendo gracias a la escuela a la que asisten.

Nuevas formas de desigualdad educativa y confianza pública en la educación

El ascenso descomunal de la educación en la sombra, sobre todo de sus versiones online, llega cuando se había alcanzado la universalización de la educación primaria y cuando la de la secundaria destaca como objetivo en la Agenda 2030. Esa industria global de las clases particulares, que ha crecido a la sombra —nunca mejor dicho— de la propia democratización de la escuela formal, podría convertirse en un instrumento que reproduzca la desigualdad educativa en el siglo XXI, al menos en la misma medida en que lo son ya, en tantos países, la segregación escolar o el crecimiento del sector privado en la educación básica formal. Los efectos sobre la calidad, la igualdad y la equidad están todavía por investigarse a fondo. En los países ricos del este asiático, entre ellos Corea del Sur y Japón, y partes de China que ya pueden considerarse ricas, participan en ese mercado extraescolar la mayoría de los estudiantes, lo que tal vez sea una de las razones por las cuales los niveles de equidad en el rendimiento sean comparativamente altos. Allí los problemas tienen que ver más con la aceleración competitiva y, desde luego, con la crisis de salud mental. En el mundo árabe, en India y en el continente africano, al problema de la aceleración competitiva se añaden también los efectos negativos sobre calidad y equidad, así como los igualmente graves de corrupción sistémica. En Estados Unidos, Canadá y la Europa rica, la intensidad competitiva tiene que ver menos con la preparación de exámenes (en esencia porque, con tan solo algunas excepciones, su peso no es tan determinante como en las demás regiones del mundo) y más con la demanda de aumentar las oportunidades de aprendizaje que las escuelas no ofrecen, o no con la cantidad y calidad que están demandando las familias. En España, por ejemplo, se sabe que las dos terceras partes de la inversión en clases particulares se dirigen a «ampliar y perfeccionar» los idiomas, las enseñanzas artísticas, la informática y otras habilidades y experiencias que los centros educativos no ofertan, pero que las familias perciben como útiles para incrementar la ventaja comparativa del alumno o, simplemente, para contribuir a su bienestar personal.[14] Los efectos sobre la desigualdad e inequidad han de ser considerables en este caso, de modo que el reto de las políticas educativas en estos países, sobre todo después de la pandemia, es proporcionar todas esas experiencias y oportunidades dentro y fuera de las escuelas a quien no las puede pagar.

Al margen de estas importantes diferencias regionales, la conclusión prospectiva es que el estancamiento de las clases medias de los países avanzados y el rápido crecimiento de las clases medias aspiracionales en los países en desarrollo trasladarán una presión sin precedentes sobre los sistemas educativos, de tal forma que persistirá y se acentuará una percepción de crisis permanente de la educación que recaerá en los docentes —y en las escuelas— en cuanto proveedores de servicios cuya calidad estará cada vez más sometida al escrutinio público e incluso amenazada de ser sustituida por alternativas de la educación en la sombra. El choque de trenes entre aspiraciones al alza —pero frustradas—, expectativas desorbitadas —aunque incumplidas— y decreciente confianza pública en los sistemas escolares tendrá consecuencias impredecibles. Porque, a menos que un nuevo liderazgo político en materia de educación fuera capaz de cambiar radicalmente las cosas, seguirá siendo cierto que la confianza de la sociedad civil descansa cada vez más sobre la naturaleza competitiva y diferenciadora del sistema que sobre su potencial igualador. Las familias seguirán más preocupadas por el retorno privado de la educación de sus hijos que por el retorno público medido en términos de igualdad, inclusión y cohesión social.

Si las clases medias emergentes y la élite educativa global ven la educación como billete y pasaporte para mantener su estatus, y el resto del mundo percibe que la meritocracia no es sino la continuación del privilegio por otros medios, la competición a degüello y el alto riesgo de corrupción sistémica parecen ser la clave del juego educativo global en el futuro inmediato. No obstante, como complemento corrector y hasta distractor de esos males que tanto minan la confianza pública, están surgiendo con fuerza las retóricas de la desglobalización y el repliegue identitario, en un intento de modificar por completo la agenda educativa llevándola de lleno a la construcción de identidades nacionales, religiosas y lingüísticas.

3

El apogeo de la nueva élite educativa global

> Entre nobles no me encojo,
> Que según dice una ley,
> Si es de buena sangre el Rey,
> De tan buena es su piojo.
>
> FRANCISCO DE QUEVEDO,
> *Letrillas satíricas*, III

HONG KONG, CHINA

Desde al menos la década de 2010, las familias más ricas de Hong Kong han incorporado en sus reuniones un nuevo tema de conversación. Cuando se encuentran en clubes privados, cenas con compañeros de trabajo o celebraciones de cumpleaños infantiles, las charlas se centran en los profesores particulares que llevan a su casa a plena disposición de los más pequeños. No solo se trata de tutores que les ayudan a preparar exámenes de acceso a la universidad, como hemos visto en el capítulo anterior, sino de una suerte de preceptores académicos y acompañantes vitales que los preparan desde edades cada vez más tempranas para la carrera global por entrar en las mejores universidades y conseguir después los mejores empleos. El objetivo es, pues, distinguirlos, un poco más si cabe, del resto.

Mientras estas conversaciones se producían en las pequeñas burbujas de la élite, a finales de 2015 en las puertas de las escuelas públicas de secundaria de la metrópoli, los padres de clase media estaban

63

totalmente absorbidos por una noticia que ocupó las portadas de los periódicos y los noticieros de las televisiones locales. La empresa Modern Education, especializada en la preparación de exámenes de secundaria en modo presencial y online, cuya compañía matriz cotizaba en la bolsa de Hong Kong, estaba tratando de contratar a Lam Yat-Yan, tutor estrella de veintiocho años y en nómina de su principal competidor, Beacon College. Como si del fichaje de un galáctico deportivo se tratara, los pretendientes ofrecieron, de acuerdo con sus propias filtraciones a los medios, un salario anual equivalente a once millones de dólares, además de una *prima de fichaje* de casi treinta millones.[1] Los jóvenes aspirantes a las mejores universidades lo veneraban como a una especie de dios de las clases particulares, con anécdotas que iban de los llantos de emoción después de sus charlas inspiracionales a la admiración colectiva por su trayectoria vital y sus orígenes de clase trabajadora.

Siguiendo la misma lógica de tantos otros mercados en los que el ganador se lleva un trozo más grande del pastel (el 40 por ciento de los ingresos de Beacon College provenía de Yat-Yan), el joven atraía la atención de una parte cada vez mayor del mercado; uno de los estudiantes lo resumía así: «Un amigo tuvo mejores notas después de ir a sus clases y por eso me apunté». La oferta astronómica de Modern Education era una respuesta lógica a un sector en profunda transformación. Nadie dudaba que Yat-Yan fuera un gran preparador de exámenes, pero sus clientes valoraban muchas más cosas: su historia, su apariencia física, su forma de vestir o su manera de comunicar lo habían transformado en un *superinfluencer educativo* para miles de estudiantes de la ciudad.

Las compañías como Modern Education o Beacon College no son sino la cúspide de una industria de la educación en la sombra muy asentada en Hong Kong desde finales del siglo anterior.[2] La novedad que captó la atención de las familias de clase media, y también la de las élites económicas de la metrópoli china, es que, como en otros sectores, el de las clases particulares estaba creando superricos. Unas pocas empresas (en este caso, unos pocos tutores) acumulan buena parte de los beneficios; la investigación ya hace patente que este fenómeno está redundando en una mayor productividad, además de en una mayor desigualdad en los salarios (en favor de quienes trabajan en las empresas «ganadoras») y un mayor poder de mercado por parte de unas pocas compañías, especialmente en los sectores de alto valor añadido relacionados con tecnología, como el de las clases particulares.[3] Todos luchan por ser el Yat-Yan de su sector, porque el premio por conseguirlo —no solo el monetario, sino también el de estatus y celebridad— se ha disparado como nunca antes se había visto.

La historia del joven Lam Yat-Yan es la del campeón de una carrera más, pero no de una cualquiera, sino precisamente la del mercado que prepara a los jóvenes para los exámenes del final de secundaria en uno de los sistemas más exigentes del mundo, esto es, para la competición meritocrática por excelencia. Meritocracia dentro de la meritocracia. Por eso su historia representa como ninguna otra el mismo éxito que muchos niños talentosos deseaban para su vida adulta. Tenía muy poco en común con los millones de profesores de las escuelas públicas, cuyos salarios no llegan ni al 1 por ciento de sus ingresos. La enormidad del premio que se lleva el ganador está generando nuevas dinámicas de desigualdad económica y, de forma indirecta, elevando los incentivos para invertir masivamente en la gran carrera educativa global.

De la misma manera que Modern Education y Beacon College desataban la fiebre en las clases medias de Hong Kong por agendar clases particulares con el superprofesor, las familias más ricas de la ciudad llevaban años reclutando, a su manera, sus propios superprofesores. Como si se tratara de preceptores domésticos de la nobleza y realeza de hace trescientos años, la nueva élite económica de las grandes metrópolis globales busca a los jóvenes más talentosos del mundo para transmitir de manera personalizada conocimientos y valores a sus hijos. La diferencia es clara: mientras la mayoría se conforma con compartir a un tutor brillante durante unas contadas horas al mes, unos pocos preparan a sus hijos a domicilio con graduados en las mejores universidades estadounidenses y británicas. Hace algo más de diez años emergió un mercado internacional que respondía a las aspiraciones de los megarricos chinos de formar parte de la élite educativa global. Fue en aquel momento cuando empezaron a aparecer agencias de intermediación que buscaban recién graduados en Oxford o Cambridge para ir a trabajar como profesor a tiempo completo para niños y niñas en Hong Kong, con sueldos que doblaban los de un docente de escuela pública en Londres; en algunos casos, los salarios han triplicado esa cantidad cuando el perfil de las familias y de sus hijos se hace más exigente (llegando incluso a lidiar con situaciones de violencia).[4]

Jerome Barty-Taylor fue uno de esos jóvenes que viajó a Hong Kong en 2013. Diez años más tarde, era el dueño de BartyED, una empresa de once trabajadores que atendía a ochenta de los clanes más ricos de la ciudad. El negocio era muy simple y a la vez muy antiguo: las familias, obsesionadas con la educación de sus hijos, pagaban más de 250 dólares por cada hora de clase particular en cualquier momento del día y en cualquier lugar, ya fuera un sábado por la noche o en un yate durante un viaje por el Mediterráneo. La disponibilidad debía ser total.[5] Y el servicio a prestar por estos mitad tutores, mitad asistentes personales, era mucho más que académico, como el de Yat-Yan. Según las propias compañías intermediarias, los candidatos debían dominar al menos tres idiomas, tener una amplia cultura general, un buen conocimiento de técnicas pedagógicas para alumnado con dificultades, estar preparados para resolver problemas diarios, hacer de nexo con sus padres y la realidad exterior a su burbuja, y, más importante todavía, transmitir los valores y códigos sociales de la élite educativa global. Estos eran los requisitos que tenían que cumplir aquellos que prepararían a los hijos de los clanes de Hong Kong para que encajaran socialmente y sobresalieran académicamente en las universidades anglosajonas, hegemónicas en la educación superior de las aristocracias del mundo. En esta nueva clase cosmopolita, algunas reglas están cambiando: las dinámicas coloniales y de riqueza de los países que dominaron en el siglo XX pueden invertirse y dejar paso a un nuevo mercado educativo posnacional en el que riqueza y trabajo se conectan desde cualquier parte del mundo, sin importar origen ni destino. Es una élite que, en términos educativos, lucha como nunca por distinguirse y lograr que sus hijos ganen en una competición meritocrática cada día más exigente.

LA GRAN CARRERA ENTRE EDUCACIÓN Y TECNOLOGÍA

¿Por qué los ultrarricos de la economía global, es decir, el 0,1 o incluso el 0,01 por ciento que más ingresos tiene (con sueldos anuales de cinco, diez o veinte millones de dólares) en las economías occidentales o asiáticas, se están tomando así de en serio la educación y preparación de sus hijos cuando podrían limitarse a transmitirles su riqueza? ¿Es este un fenómeno similar al de otras épocas desde la primera revolución industrial hace 250 años o hay algo esencialmente distinto? La respuesta se halla en la transformación tecnológica que experimentó la economía hace 50 años, diferente a las revoluciones tecnológicas anteriores precisamente por globalizarse más rápido y con un mayor alcance: cambió por completo el mapa de la riqueza global, multiplicó los ingresos de las profesiones más demandadas, creó una nueva aristocracia basada en el mérito y generó una carrera educativa global por llegar a lo más alto.

Empecemos por la historia de la educación de los últimos 150 años en Estados Unidos. Desde finales del siglo XIX, ese país había apostado por acompañar los cambios tecnológicos y las mejoras de la productividad con un desarrollo de la educación secundaria y superior sin precedentes.[6] Fueron pioneros en universalizar la educación secundaria (más del 90 por ciento de la matriculación en 1960) —por delante de la Unión Soviética y décadas antes que muchos países europeos— y edificaron rápidamente una educación superior masiva y diversificada. Claudia Goldin, premio Nobel de Economía de 2023, y Lawrence Katz popularizaron la idea de la «carrera entre educación y tecnología».[7] Según ellos, cuando la educación se expande más rápido que la tecnología, el exceso de oferta permite una redistribución de los ingresos a la población y una reducción de la desigualdad: el retorno público del proyecto de la educación universal se impone sobre el retorno privado. Sin embargo, cuando es el cambio tecnológico el que lleva la delantera, ocurre lo contrario. A finales de los años setenta, la economía estadounidense (y muchas otras tras ella) experimentó una profunda transformación en ese sentido. Debido a la caída de los precios de ordenadores y maquinaria, muchas empresas comenzaron a introducir numerosas formas de automatización de ocupaciones y procesos rutinarios que sustituían a la mano de obra, especialmente en aquellos trabajos que requerían estudios medios. A la vez, la revolución precisaba de manera mucho más intensa una mano de obra cualificada que complementara la automatización y la digitalización, demandando habilidades no rutinarias (y no realizables por ordenadores), como el pensamiento algorítmico, el razonamiento crítico, las habilidades sociales, la capacidad de resolución de problemas o la de trabajo en equipo. La combinación de ambos provocó una fuerte polarización del mercado de trabajo en las economías desarrolladas, con un aumento del empleo en las partes alta y, en menor medida, baja de la distribución, y con una reducción en la media.[8] Esto, como argumentan Goldin y Katz, unido a la desaceleración de la expansión de la educación superior a partir de 1980 (especialmente para los hombres), la caída del sindicalismo obrero desde los años sesenta y las políticas de relajación fiscal y liberalización económica llevadas a cabo por la administración Reagan, explica el aumento de la desigualdad económica de finales del siglo XX en Estados Unidos hasta al menos el comienzo de la Gran Recesión de 2008. El fenómeno se vivió de manera similar en muchos países occidentales, sobre todo en los anglosajones, Alemania y el norte de Europa.[9]

La transformación tecnológica ocurrió en paralelo a un proceso sin precedentes de globalización de la economía que, mediante la deslocalización de buena parte de la producción de los países occidentales, sacó de la pobreza extrema a centenares de millones de personas, especialmente en China e India, a partir de 1980. A la vez, destruyó empleo industrial en muchos países desarrollados, lo cual acrecentó la brecha entre ganadores y perdedores. Es lo que Branko Milanović ha llamado la «curva del elefante», al analizar la evolución global de los ingresos entre 1988 y 2008. En la figura 2 se muestra que ha habido un crecimiento menor en la cola del elefante (el 10 por ciento más pobre del mundo, por ejemplo: los más pobres de Malaui), un fuerte crecimiento en el torso (entre el 10 y el 60 por ciento de la distribución, fundamentalmente la nueva clase media de China e India, pero también la de países de América Latina), un crecimiento mucho más bajo a la altura de la cabeza (toda la clase media occidental cuya renta se ha estancado, entre el 70 y el 90 por ciento de la distribución, por ejemplo: obreros ya no sindicalizados en zonas de Estados Unidos y Europa que han perdido peso industrial), y por último una trompa en subida libre en el último decil, que se dispara en el percentil 99 (por ejemplo: los ingenieros de las tecnológicas o los químicos y biólogos de las grandes farmacéuticas) y que hace alusión a los padres de la nueva élite educativa global. El mensaje principal de la curva del elefante es que la desigualdad se ha reducido con fuerza a escala global y, al mismo tiempo, se ha incrementado en los países desarrollados.

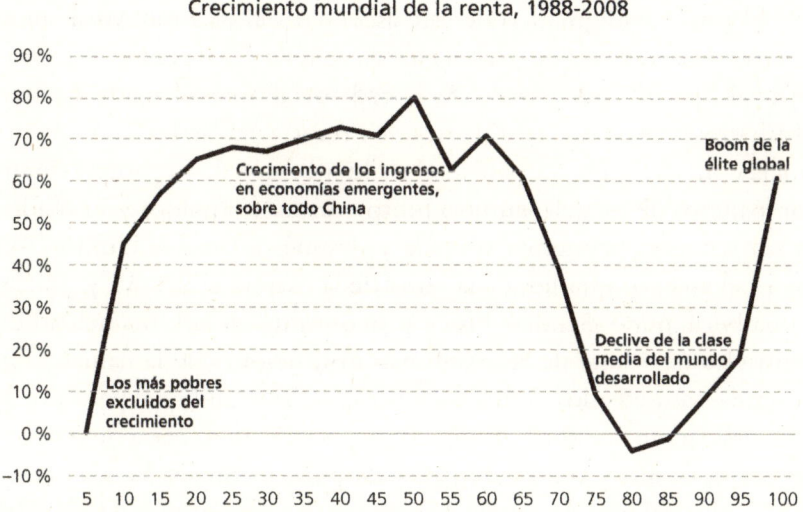

FIGURA 2. La curva del elefante del crecimiento global entre 1988 y 2008

Fuente: Milanović (2016).[10]

La desigualdad de ingresos creció de manera considerable en los países desarrollados, beneficiando a la parte más alta de la distribución, esto es, el 1 por ciento que más gana. Esto configuró una masa de nuevos ricos cuyos ingresos provenían fundamentalmente de su trabajo o de haber creado empresas exitosas. Mientras que en 1916 el 1 por ciento que más facturaba en Estados Unidos recibía solo el 20 por ciento de sus ingresos del trabajo remunerado, casi 90 años después, en 2004, esa cifra se había triplicado hasta el 64 por ciento. Si consideramos solo el 0,001 por ciento que más gana, observamos algo similar: según la lista de *Forbes*, que agrupa a los 400 multimillonarios de Estados Unidos, la proporción de los que no heredaron un negocio familiar pasó del 40 por ciento en 1982 al 69 por ciento en 2011.[11] Hay, pues, una respuesta tentativa a la pregunta de por qué los ultrarricos del siglo XXI se toman tan en serio la educación de sus hijos: quizá sea el surgimiento de esta nueva élite —más meritocrática— y su creencia firme en la importancia de la educación lo que explique la obsesión por invertir masivamente en el futuro de sus hijos, lo que a su vez provoca su propio apogeo como nueva élite educativa global.

El caso paradigmático de este ascenso es el de Elon Musk, propietario de la empresa de coches eléctricos Tesla y de la compañía aeroespacial SpaceX, además de X, la red social antes llamada Twitter. Musk proviene de una familia rica de Pretoria, Sudáfrica. Tras una infancia convulsa en la que sufrió el maltrato físico de su padre y de sus compañeros de escuela, emigró junto con sus hermanos y su madre, ya sin recursos, primero a Canadá y después a Estados Unidos. Allí inició el ascenso que lleva a la cima de la carrera educativa y, gracias a una beca, pudo estudiar Física y Economía en la Universidad de Pennsylvania —una de las exclusivas instituciones de la llamada Ivy League— a mediados de los años noventa. Tras un breve paso por la Universidad de Stanford, comenzó una carrera meteórica de proyectos empresariales y veinticinco años después se convirtió en la persona más rica del mundo (según *Forbes*), con un patrimonio de 220.000 millones de dólares en 2022 (equivalente al PIB de Grecia ese mismo año). Su caso es la mejor prueba de cómo la transformación de la economía auspiciada por el cambio tecnológico y la globalización ha cambiado la lista de los hombres (y unas pocas mujeres) más ricos del planeta: de élites con grandes herencias a principios del siglo XX a un grupo de nuevos ricos que triunfaron en la nueva economía global con la llegada del nuevo milenio. Muchos de ellos tienen en común haber pasado por las universidades más elitistas de Estados Unidos y buena parte han sido competidores vocacionales en la carrera educativa global.

Si los sistemas escolares públicos no son capaces de responder con rapidez y eficacia a las disparadas aspiraciones de las familias, es esperable que estas doblen la apuesta buscando en el sector privado obtener una ventaja comparativa para la educación de sus hijos: si la carrera tecnológica premia a los trabajadores mejor cualificados, la educativa sube de revoluciones, tanto en países desarrollados como en China o India. También es esperable que esta pugna se traslade a las clases medias occidentales, que han perdido poder adquisitivo en comparación con casi todo el resto del mundo en las últimas décadas. Y si hay un premio aún mayor para quien acceda a las universidades más exclusivas y a los trabajos de las empresas ganadoras en la economía global, la pendiente de la carrera educativa global se hará todavía más empinada. Igual que la clase media de los países asiáticos disparó sus aspiraciones al calor del crecimiento de sus sistemas escolares mientras millones de personas salían de la pobreza, la transformación económica global explica el viaje de los *coaches* y preceptores personales desde Occidente hasta el hogar las familias más ricas de Asia y, por supuesto, las inversiones cada vez más abultadas para no quedar fuera de esa pugna. No hay duda de que la carrera entre la tecnología y la educación de los últimos cincuenta años ha provocado el apogeo de una nueva élite educativa global.

Asuntos de familia

La transformación de la economía mundial y el progreso económico están cambiando las expectativas y las decisiones de inversión privada de las familias con respecto a la formación de sus vástagos. Pero esos cambios no solo alcanzan a las decisiones económicas de inversión en educación; también influyen en cómo los padres educan y preparan (también en casa) a sus hijos para que tengan éxito en esa gran carrera educativa global. Es, de hecho, una carrera en la que quienes juegan con ventaja están yendo todavía más rápido.

A finales de los años sesenta, el célebre psicólogo y exprofesor de educación primaria en Israel, Haim Ginott, publicó *Entre padres e hijos*, un ensayo en el que abordaba de forma novedosa el tema de la educación, que necesitaba mezclar disciplina y exigencia con cariño y cuidado. Ginott popularizó el concepto de «padres helicóptero», definidos como aquellos que giran alrededor de sus hijos supervisando al milímetro cada movimiento.[12] Es una expresión que se ha generalizado en las últimas décadas: los profesores no tardaron en ver una proliferación de este tipo de padres a comienzo de siglo, con la llegada a la escuela secundaria de la generación milenial, los nacidos a partir de mediados de los años ochenta.

La investigación ha mostrado que los estilos parentales (más permisivos, implicados, hiperpadres o simplemente autoritarios de toda la vida) son respuestas a normas sociales, pero también a las transformaciones económicas.[13] En sociedades más igualitarias (como las nórdicas), los padres son más permisivos y promueven valores como la independencia o la imaginación, porque confían en que sus hijos tendrán un futuro razonablemente bueno y no corren riesgo de exclusión social; en cambio, en las más desiguales (como Estados Unidos, pero también China o Rusia), el valor del trabajo duro está más extendido y los progenitores intentan influir en las decisiones y hábitos de sus hijos, ya sea por la vía de la persuasión y el control (padres helicóptero) o por formas más autoritarias. En el periodo en que ha crecido la desigualdad en muchos países occidentales, ha aumentado la proporción de padres helicóptero y también el número de horas de dedicación semanal de las madres a la crianza. En Estados Unidos, de once a dieciocho horas entre 1975 y 2005; en España, de doce a dieciocho horas entre 1992 y 2010; en Holanda o Italia la tendencia es semejante y no es una cuestión de género, pues se da también en los padres. Pero sí es socialmente dispar, pues ha sido mayor en los hogares de mayor nivel educativo.[14] Los efectos de la gran carrera educativa global son, pues, distintos y se manifiestan de manera desigual.

Los cambios en la estructura de las familias occidentales también son importantes: benefician a quienes ya partían con ventaja y a la vez reflejan la ansiedad de aquellos que quieren mantener el estatus adquirido o aspiran a mejorarlo. Por un lado, es un hecho que el número de niños se está reduciendo en muchos países, un fenómeno cuyos efectos sobre las políticas escolares se analizarán más adelante. Una de las consecuencias obvias es que la inversión por alumno y atención del hogar están aumentando. De la misma manera, ha crecido la cantidad de familias con un solo progenitor (habitualmente la madre), que roza el 20 por ciento en muchos casos y se concentra sobre todo en personas de menor nivel educativo. También los divorcios evolucionan de manera desigual. Se habla del «privilegio de los dos padres» y aunque el debate es controvertido en el plano normativo, que ambos progenitores estén juntos implica ventajas evidentes desde el punto de vista económico, afectivo, social y cultural.[15] Por último, a pesar de la expansión educativa, existe evidencia de que la unión de personas con salarios muy altos ha ido en aumento durante las últimas décadas, lo cual podría estar teniendo consecuencias importantes en la inversión educativa. Si una pareja de médicos o abogados con ingresos altos tienen, en promedio, menos hijos, lo normal es que haya una mayor inversión de recursos y tiempo por niño tanto en su educación formal como no formal con respecto a las demás familias.

La inversión acumulada en educación para la formación de los niños del 1 por ciento más rico en Estados Unidos se ha disparado en los últimos años: a mediados de la década de 2010 representaba el 6 por ciento del presupuesto familiar, frente al 1 por ciento que gastaba la clase media.[16] El desembolso en escuelas privadas, cuidados y actividades fuera de la escuela supone a largo plazo mucho más que una herencia: para este pequeño segmento de la población, la alternativa de haber invertido en bolsa todos esos recursos durante los primeros veinticinco años de la vida de sus hijos hubiera supuesto un retorno financiero por cada hijo equivalente a unos diez millones de euros.[17] Aun así, las familias más ricas del país más rico del mundo prefieren invertir ese dinero en el capital cultural y educativo de su descendencia en vez de en activos financieros. De entrada, es obvio que lo hacen porque están convencidos de que el retorno será todavía mayor. Pero también hay una parte menos racional en la decisión y es que el elemento distintivo de esta nueva élite es la preocupación por el estatus, el reconocimiento social y la pertenencia a un grupo ganador en la carrera educativa global. Quieren hacer de eso su legado para la siguiente generación, incluso renunciando a dinero si fuera necesario.

Fuera de la escuela se están abriendo importantes brechas relacionadas con habilidades y conexiones sociales, ambas muy premiadas en la carrera educativa global. Se trata, por ejemplo, de la participación en clubes deportivos y no deportivos, actividades comunitarias, de voluntariado e incluso religiosas. La tendencia es proverbial: mientras que la participación en estas actividades crece entre las familias más ricas, decrece entre las de menor renta.[18] De los datos de un estudio reciente se desprende que, a igualdad de habilidades académicas, los hijos del 0,1 por ciento con mayores ingresos tienen probabilidades mucho más altas de acceder a una de las ocho universidades de mayor prestigio de Estados Unidos: esto se debe a políticas de admisión por «legado» (que dan prioridad a hijos de antiguos alumnos), pero también, y especialmente, a la mayor acumulación de méritos y experiencias no académicas, es decir, el punto en el que las brechas entre los adinerados y los demás se están agrandando.

UN NUEVO SISTEMA EDUCATIVO PARA LA NUEVA ÉLITE EDUCATIVA GLOBAL

El apogeo de la élite educativa global ha venido acompañado del surgimiento de un sistema educativo global. Son las llamadas «escuelas internacionales», que habitualmente comparten como *lingua franca* el inglés y que han emergido en las últimas décadas. En su mayoría localizadas en Asia, 13.000 de estas escuelas escolarizaron en 2023 a 6,5 millones de niños entre 3 y 18, más o menos 1 de cada 300 a escala mundial. Para hacernos mejor idea de su tamaño, la cifra de alumnos es algo inferior a la del sistema educativo español (público y privado), que tiene ocho millones de estudiantes matriculados en esas edades. Este grupo de escuelas constituye un sistema educativo diferenciado en la medida en que comparten oferta pedagógica, tipo de alumnado, currículo y exámenes de secundaria globales que prácticamente garantizan el acceso al entramado universitario de élite en Estados Unidos y Europa. El caso del bachillerato internacional, surgido de forma experimental en dos colegios privados de Ginebra, Suiza, a finales de los años sesenta, es paradigmático, pues su éxito no solo se circunscribe a las escuelas internacionales que han incorporado su modelo curricular y de exámenes de acceso a la universidad, sino que ha logrado permear en buena parte de los sistemas públicos nacionales, ya sea implantándose en escuelas secundarias públicas de muchos países,[19] ya inspirando reformas curriculares y logrando homologaciones de calificaciones para acceder a sistemas universitarios públicos.

El sector era todavía pequeño al principio de los años noventa, pero en las últimas tres décadas su desarrollo ha sido exponencial. Al calor del crecimiento económico de los países emergentes y del aumento del número de trabajadores expatriados, las élites locales (en esencia asiáticas) han comenzado a migrar a este tipo de escuelas, que comparten con una minoría (los datos hablan del 20 por ciento de media)[20] de hijos de trabajadores extranjeros, habitualmente diplomáticos, miembros de organismos internacionales y empresas multinacionales. Las profesiones de los padres de los alumnos de estas escuelas les exigen habilidades sociales y emocionales para desenvolverse en este nuevo entorno, capacidades analíticas y matemáticas para relacionarse con la tecnología y, por supuesto, el dominio de lenguas globales (inglés, aunque también español, árabe, chino o incluso ruso). Si los expatriados, con carreras que acumulan varios destinos internacionales, buscan continuidad en el nuevo sistema, los locales tratan de mantenerse o, si es posible, entrar en la élite global. Es comprensible que la expansión de este nuevo sistema educativo se esté produciendo a imagen y semejanza del mercado de trabajo de sus clientes. Su oferta pedagógica promueve metodologías educativas apoyadas en currículos basados en competencias, con una vocación globalista, y que pretenden desarrollar para los alumnos las habilidades más premiadas por la carrera tecnológica global.[21]

Así, de algo menos de 1.000 colegios en todo el mundo a principios de los noventa, se pasó a 2.500 en 2000, a 8.000 en 2013, para llegar a 13.000 en 2023, con una aceleración notable tras la pandemia, fruto probablemente de la emergencia de los nómadas digitales.[22] Se estima que, al final de esta década, este sistema alcance las 19.000 escuelas y más de 10 millones de alumnos, pese a que la población escolar total va a caer en casi todos estos países. Como decimos, la mayor parte de las escuelas internacionales se encuentra en Asia (57 por ciento del total), con China, India y Emiratos Árabes Unidos a la cabeza (la ciudad-emirato de Dubái es sin duda la capital de este sistema educativo), con fuerte presencia de países del sudeste asiático y del golfo Pérsico. Se refleja así la aceleración competitiva que predomina en esa región del mundo, si bien en algunos países (Indonesia podría ser el ejemplo más claro) también indica preocupación de las familias con más recursos por que su sistema educativo nacional no tenga la capacidad de responder a las nuevas expectativas y aspiraciones. Europa concentra el 18 por ciento de estas escuelas, seguida por el continente americano entero, con el 12 por ciento. Llama la atención que el 11 por ciento de ellas estén ya en el continente africano, lo que apunta a un crecimiento notable en los próximos años.

El coste de estas escuelas es también distintivo. En ciudades de Estados Unidos como Washington o Nueva York, o la zona de Palo Alto en California, puede alcanzar los 55.000 dólares al año: en el mismo país el gasto público por alumno en escuelas públicas, aun siendo alto y tras haber crecido en los últimos años, es entre cuatro y cinco veces inferior. En Europa y Asia, los precios en las escuelas privadas más caras (muchas internacionales) de París, Londres, Pekín o Tokio superan ya los 30.000 euros anuales. Los datos para el sur de Europa o América Latina muestran precios más moderados; por ejemplo, en Madrid o Barcelona, algunas se acercan a los 10.000 euros anuales.

Tras la escolarización obligatoria en primaria y secundaria, la élite educativa global coge el avión para acceder a estudios universitarios en Estados Unidos, Reino Unido y, en menor medida, otros países europeos. Los grados y posgrados que dan acceso a la cúspide del mercado laboral global siguen ubicándose en Estados Unidos y Europa. Es el caso de los prestigiosos másteres en Administración de Empresas, o MBA por sus siglas en inglés, cuyos rankings, calculados en función de los salarios de salida para sus graduados (entre 150.000 y 200.000 dólares anuales), siguen encabezados por escuelas de negocios estadounidenses (casi la mitad) y europeas (un tercio), aunque ya es habitual encontrar entre los cien primeros al menos una docena de India, China, Hong Kong y Singapur.

Más allá del sector de escuelas internacionales, que aunque con un tamaño considerable sigue siendo minoritario respecto a los sistemas escolares nacionales, se está produciendo un crecimiento generalizado de la educación formal en colegios privados, ya sean financiados con fondos públicos (pero de gestión privada), ya mediante matrículas pagadas por familias. En estos últimos casos los datos indican que, en educación primaria y en países que concentran más de la mitad de la población infantil mundial, incluidos China, India, varios del sudeste asiático, buena parte del golfo Pérsico, América Latina y otros de Oriente Próximo, el sector privado ha crecido de modo imparable. Solo Europa y África subsahariana se mantienen en niveles de matriculación similares a los de los años noventa, con cerca del 10 por ciento de la tasa de matrícula en escuelas privadas en primaria.[23]

La fijación de la filantropía contemporánea

Muchas de las nuevas fortunas han puesto sus ojos en la educación. Es el caso de Mark Zuckerberg, dueño de Meta (originalmente la red social Facebook), y su mujer, Priscilla Chan, médica y antigua profesora de escuela pública. A finales de 2015, tras el nacimiento de su primera hija, Max, escribieron una carta abierta con la que daban la bienvenida a la pequeña y anunciaban su compromiso de donar el 99 por ciento de su riqueza en vida para mejorar la educación global y promover una mayor igualdad de oportunidades para los niños más vulnerables de los países en desarrollo. Ese patrimonio suponía, en aquel momento, unos 45.000 millones de dólares, una cantidad semejante a la inversión pública en educación que realizó España ese mismo año. Los Zuckerberg-Chan estaban diciendo a sus colegas del ranking de *Forbes*, a la sociedad estadounidense y al mundo que su hija no iba a recibir en herencia todo su capital. Cierto que con ese 1 por ciento que se quedaban podían mantener una vida de lujos, sin ningún tipo de riesgos y, sobre todo, asegurarse de que sus hijas pudieran competir en la carrera educativa global.

El caso de los Zuckerberg-Chan muestra que, a la par que crece la inversión en educación privada para el subsector de élite, también se ha disparado el gasto que los hombres más ricos del mundo destinan a filantropía educativa: junto con la salud, la educación es la gran prioridad de las fundaciones de estos billonarios, por delante de programas sociales, arte o incluso lucha contra la pobreza. Las razones siempre apelan a las oportunidades, la meritocracia y el progreso económico y social.[24] El objetivo declarado de la conocida International Education Funders Group (que engloba a muchas de esas grandes corporaciones) es precisamente contribuir a la consecución del Objetivo de Desarrollo Sostenible (ODS) 4 de la Agenda 2030 de Naciones Unidas: una educación universal en primaria y secundaria, equitativa y de calidad. El ODS 4 es la meta que se ha marcado el proyecto de la educación universal para esta década. Que el sector filantrópico privado global se ha convertido en un aliado al servicio de esa agenda es un hecho. Y el que parte de los descontentos hablen de una conspiración progresista entre Naciones Unidas y las empresas tecnológicas multinacionales para imponer una ideología a la que tachan de *woke*, al tiempo que los desencantados digan que es en efecto una conspiración, pero neoliberal y con el único propósito de crear nuevos mercados y ampliar su influencia, es una buena prueba de que esta coalición y «comunidad de interés», por lo demás no rubricada formalmente, es prometedora.

Los datos son difíciles de agrupar, pero los estudios más recientes, basados en técnicas de extracción automática de información de webs, evidencian que las fundaciones filantrópicas han crecido a partir de los años noventa en todos los continentes. Son sobre todo instituciones independientes e iniciativas familiares, y mueven al año 150.000 millones de dólares. Si nos centramos en las que se encargan de dar ayuda al desarrollo complementando lo que ya hacen los organismos internacionales (cuyas inversiones han aumentado en muy menor medida), el crecimiento de los últimos años es evidente y supera los 10.000 millones de dólares anuales. Está liderado fundamentalmente por la Fundación Bill y Melinda Gates, que en la década de 2010 supuso entre el 40 y el 50 por ciento de toda la ayuda al desarrollo filantrópica en salud y educación, con inversiones anuales de entre 4.000 y 5.000 millones de dólares. Los Gates han sido muy hábiles canalizando hacia su proyecto fondos de otros billonarios, como Warren Buffett, con la lógica de financiar no solo donaciones y ayudas a países en desarrollo, sino también grandes programas de investigación que produjeran bienes públicos globales.[25]

En educación quizá el más conocido es el Intensive Partnerships for Effective Teaching, un programa pionero de evaluación y formación de profesores en Estados Unidos que supuso una inversión de 575 millones de dólares entre 2009 y 2016. El programa produjo resultados extraordinarios en términos de investigación sobre la calidad docente, y esto no hizo sino alimentar las expectativas de lo que podía lograrse después, una vez se pusieron en marcha programas de formación y evaluación docente basados en la propia investigación.[26] Sin embargo, el impacto de la enorme inversión de los Gates, y también de las Administraciones públicas (en tiempo de dedicación de directores y profesores), apenas produjo mejoras en los resultados de aprendizaje, tasas de graduación y calidad del profesorado. Se generó, además, una importante desafección entre los propios maestros y los sindicatos, que veían que mientras que las expectativas sobre su propio desempeño se elevaban por la intervención de una fundación privada, la mejora de las condiciones laborales se negociaba en una mesa distinta, con los Gobiernos de los estados y en un periodo marcado por recortes salariales tras la Gran Recesión.[27] No bastó, por tanto, la buena voluntad y los recursos de los Gates, sino que era también necesaria la suma de otros elementos como el contexto político, la inversión pública y la participación real de los docentes en la elaboración de los programas.

LA NUEVA ÉLITE EDUCATIVA GLOBAL: ¿ENEMIGA O ALIADA DE LA EDUCACIÓN UNIVERSAL?

El apogeo de lo que hemos llamado la «nueva élite educativa global» es un fenómeno de los últimos treinta años que ha venido para quedarse. La duda es si continuará creciendo o irá frenándose y, sobre todo, qué consecuencias tendrá sobre el proyecto de la educación universal. Por un lado, es evidente que el tema parece ser una prioridad inequívoca para la nueva élite educativa global, pero hemos visto que la mayoría invierte en ella por su interés personal (por ejemplo, los nuevos ricos en Hong Kong) y no hay muchos Gates apostando por el retorno público de la enseñanza. Dicho lo cual, si se mantiene firme el compromiso de la educación como prioridad, el papel de las nuevas fortunas podría resultar importante en los próximos años como contrapeso a situaciones de recesión democrática, con inversiones para apoyar programas públicos de educación e investigación, pero también como agentes a favor de dicha recesión democrática,[28] como serios candidatos a frustrar expectativas o a ser causa de fracasos estrepitosos al servicio de estrategias de marketing. Por poner un ejemplo de cada caso, recordemos que al comienzo de la pandemia de COVID-19, tras la amenaza de Donald Trump de retirar los fondos estadounidenses a la Organización Mundial de la Salud, los Gates, junto con los demás donantes principales de la organización, ampliaron sus aportaciones a los programas de vacunas coordinados por ella. Al lado contrario, podemos situar las experiencias de financiación filantrópica de educación digital en países en desarrollo, cuyos resultados han sido decepcionantes o simplemente vergonzosos.

No hay duda de que la élite educativa global, en buena parte como resultado de la victoria de la tecnología sobre la educación en la carrera que ambas han protagonizado en las últimas décadas, va a seguir apostando por la naturaleza competitiva de esta última mediante una mayor inversión en educación formal y no formal o en tutores privados y actividades extraescolares que proporcionen ventajas a sus hijos. Que esa carrera en la cima se esté extendiendo a toda la sociedad es quizá el principal riesgo para el proyecto de la educación universal, ya que la competición en igualdad de condiciones dependerá progresivamente de la posición económica de partida. Si los retornos a dicha competencia siguen creciendo, este modelo podría estar cavando su propia tumba: la lucha es real, los jueces no están comprados (al menos la mayoría), pero los resultados cada vez más desiguales aumentan la lista de los desencantados y socavan la credibilidad del sector. Si bien es cierto que los sistemas escolares públicos de Hong Kong y buena parte de China, Corea del Sur, Japón o Singapur gozan de un enorme prestigio y logran los mejores resultados en las pruebas internacionales, también lo es que su naturaleza competitiva extrema está muy extendida, incluidas las escuelas públicas.

El riesgo sobre los sistemas públicos es menor, porque estos ya responden a las expectativas crecientes de una parte amplia de la población. Eso sí, lo hacen dejando un elevado coste social y emocional en los alumnos. Cabe preguntarse si en otras regiones del mundo con peores resultados en las escuelas públicas esa mayor brecha entre grupos sociales puede acabar provocando un desequilibrio que agudice la lógica de la competición y la desconfianza creciente en la educación.[29]

Que los modelos nacionales de educación secundaria y superior, especialmente los de élite, sean capaces de mantener normas de acceso transparentes, igualitarias y difíciles de trucar mediante la sobreinversión de recursos, y los sistemas de redistribución fiscal y económica nacionales y globales sean capaces de compensar las desigualdades económicas que, como en el caso del joven Yat-Yan con las clases particulares, permitieron a unos pocos acumular fortunas desproporcionadas, son los dos factores que pueden acabar decantando la balanza de un lado o de otro. También desempeñarán un papel esencial las políticas que los gobiernos lleven a cabo con las escuelas y universidades privadas, los subsidios regresivos que estas han estado recibiendo y, en general, el acceso en condiciones equilibradas a las oportunidades educativas de mayor prestigio social, concentración de redes de contactos y, en muchos casos, calidad escolar. Finalmente, no puede olvidarse que el apogeo de esta nueva élite educativa global está también creando contraélites que practican una corrupción industrial a escala planetaria (por ejemplo, con la venta de criptomonedas o con estafas piramidales de dimensiones gigantescas).

El balance es preocupante, en especial por la promoción de un sector privado que puede estar generando importantes desigualdades. No obstante, hay que reconocerle algunos aspectos positivos. Sin ir más lejos, en materia fiscal. La escasa contribución de los grandes patrimonios a las arcas públicas parece estar entrando en una nueva fase: en la cumbre de Davos de enero de 2024, más de 250 multimillonarios se pronunciaron públicamente pidiendo a los Estados pagar más impuestos: «Nuestra petición es simple: les pedimos que nos graven a nosotros, los más ricos de la sociedad. Esto no alterará fundamentalmente nuestro nivel de vida ni privará a nuestros hijos ni perjudicará el crecimiento económico de nuestras naciones. Pero convertirá la extrema e improductiva riqueza privada en una inversión para nuestro futuro democrático común».[30] No hay duda de que el lavado de imagen explicaría su voluntad de pagar y donar más, empezando por el propio Zuckerberg, toda vez que se va conociendo el impacto de sus redes sociales —Facebook, Instagram o WhatsApp— en el abuso sexual y el maltrato infantil.[31] Pero quizá algunos de ellos hayan llegado a la conclusión de que apostar por la educación es bueno para su negocio: los ganadores de la carrera educativa global parecen estar comprendiendo las consecuencias de su victoria sobre las siguientes generaciones y podrían estar convenciéndose de que invertir en educación es algo necesario y que son los Estados los que tienen que llevar a cabo esas inversiones, incluso las suyas propias.

Por otro lado, en cuanto a la agenda de la modernización pedagógica, las élites están apostando de forma casi unánime por currículos basados en un aprendizaje por competencias que sea relevante para la vida adulta: esto da buena cuenta de que, pese a las batallas políticas y guerras culturales que se están produciendo en torno a las reformas curriculares, la relevancia de lo que se enseña y lo que se aprende en las escuelas públicas va a seguir siendo prioritario en las políticas educativas de las próximas décadas. La otra posible aportación de las nuevas élites educativas globales es precisamente la producción de bienes públicos y programas que priorizan la vulnerabilidad económica (y no las nuevas identidades) o de programas de investigación y movilización de recursos para iniciativas globales de financiación de la educación secundaria en África subsahariana. Los Gates, y quizá las nuevas fortunas asiáticas, deberían terminar devolviendo como retorno a la educación pública lo que la tecnología les trajo como retorno privado. Tal vez así habría alguna posibilidad, por remota que fuera, de que la educación terminara ganándole la carrera a la tecnología.

4

El misterio de los niños que no amaban la lectura

> Es un error capital teorizar antes de tener datos. Sin darse cuenta, uno empieza a deformar los hechos para que se ajusten a las teorías, en lugar de ajustar las teorías a los hechos.
>
> SIR ARTHUR CONAN DOYLE, *Escándalo en Bohemia*

MADRID, ESPAÑA, JULIO DE 2019

Calle Alcalá, 34, sede del Ministerio de Educación y Formación Profesional. Suena el teléfono y comienza una conversación que imaginamos como sigue:

—Buenos días, ¿dígame?

—Hola, buenos días, Consuelo, soy Miyako Ikeda, de la OCDE, una de las responsables de las evaluaciones PISA.

—Buenos días, Miyako, justo estaba pensando en llamarte porque acabo de hablar con la directora del Instituto Nacional de Evaluación Educativa. Gracias por mandarnos las bases de datos y el informe preliminar de PISA 2018; estamos deseando profundizar en los datos que nos enviasteis el año pasado. Cuéntame, porque estamos preocupados con lo que vemos —responde Consuelo Vélaz de Medrano, directora de Evaluación y Cooperación Territorial del ministerio.

—Como verás en el informe que os acabamos de enviar, los resultados nos han sorprendido mucho: hay un descenso muy importante en los resultados de Lectura. España ha caído casi veinte puntos. Sabes perfectamente lo que eso significa.

—¿Veinte puntos? ¿Cómo es posible? Ahora mismo lo vamos a mirar, gracias por advertirme. ¿Tenéis alguna explicación, alguna hipótesis al respecto?

—Estamos tratando de averiguar si ha habido algún error en la aplicación de la prueba que pueda explicar semejante caída, pero de momento no encontramos nada. Parece que todos los protocolos de muestreo estadístico y recogida de datos se siguieron correctamente, y de momento descartamos que se deba a las propias pruebas.

—Mi información es que efectivamente los datos y la muestra de España cumplían con los estándares técnicos exigidos en PISA y no se observaron problemas técnicos ni incidencias sistemáticas en la aplicación de las pruebas. Entonces ¿qué ha pasado?

—Bueno, al revisar las respuestas de los estudiantes, hemos visto que algunos alumnos no se tomaron demasiado en serio parte de la prueba de Lectura. Respondieron rápido y al parecer sin prestar mucha atención a algunas de las preguntas. Con toda prudencia, da la impresión de ser un boicot.

—¿Algunos alumnos? Tienen que ser muchos para que el promedio sea una bajada de veinte puntos.

—Por lo visto, estos resultados se observan en alumnado de algunos centros de cinco regiones. Disculpa, de cinco comunidades autónomas.

—¿De cuáles?

—De Madrid, La Rioja, Navarra, Cantabria y el País Vasco.

—No doy crédito, Miyako. ¿Ha ocurrido solo en esas cinco y no en las demás? Es increíble. Lo que os pido es que, antes de publicar el informe, investiguemos a fondo qué pudo causar esta bajada.

—Comprendo la perplejidad y, de hecho, la comparto. Es una situación incómoda para todos.

—Para todos, sí, por eso necesito ofrecer a mi secretario de Estado y a la ministra una explicación clara que acompañe a los datos. Ya sabes cómo se toma este país el rendimiento en las pruebas PISA cuando las noticias no son buenas. Os ruego discreción y apoyo.

—Cuenta con ello. Estamos trabajando a toda velocidad para

dar una respuesta convincente. Intentaremos deciros algo pronto. Y esperamos cualquier sugerencia de tus técnicos una vez que analicen el informe.

—Así lo haremos. Muchas gracias otra vez por llamarme, Miyako. Hasta pronto.

Consuelo, que dirigía la unidad del ministerio responsable de las pruebas PISA en España, colgó el teléfono y miró por la ventana con preocupación. Era evidente que esa llamada podía añadir escollos a un otoño que ya se anunciaba movido en el Gobierno. Las elecciones generales celebradas en abril de ese año no parecían haber aclarado la situación política del país y ya empezaba a darse por sentada la repetición electoral en otoño. No cabía peor perspectiva para un responsable del Ministerio de Educación que un resultado catastrófico en PISA en medio de una previsible campaña. Se comunicó con su jefe Alejandro Tiana, secretario de Estado de Educación y número dos del ministerio.

—Buenos días, Chelo, ¿cómo estás?

—Hola, Alejandro, pues podría estar mejor. Me acaba de llamar Miyako, de la OCDE. Hay un problema gordo con nuestros resultados de PISA 2018 en Lectura. Nos la hemos pegado. Veinte puntos de caída. Siento darte esta noticia.

—Son malas noticias, ciertamente. ¿Qué explicación te ha dado? Al menos tendrán alguna hipótesis…

—Mi impresión es que están tan confundidos como tú y yo ahora mismo. Lo que me dicen es que «parece» que algunos alumnos de cinco comunidades autónomas no se tomaron en serio el test, como si lo hubieran boicoteado. Que han revisado las respuestas y esa es la única explicación que se les ocurre. Descartan el efecto del nuevo tipo de preguntas, cosa que nosotros no debemos hacer. Nos han enviado el informe y los datos ya procesados, y nos piden que los miremos nosotros también, aunque siguen analizando.

—¿Y qué comunidades autónomas son?

—Madrid, La Rioja, Navarra, Cantabria y el País Vasco. Han detectado un comportamiento anómalo en las respuestas del alumnado de algunas escuelas de la muestra en esas regiones, especialmente en Lectura.

—Es raro, pero no me gustan las historias de conspiraciones. De entrada, no me creo ninguna. En cualquier caso, debo informar a la ministra. Si hubo irregularidades o boicots en la aplicación de la prueba fue en mayo de 2018, con el Gobierno anterior. En fin, nos toca explicar una bajada de rendimiento que no va a entender nadie. ¿Qué ha podido ocurrir en esas cinco comunidades para que la media nacional caiga veinte puntos? Chelo, es que es casi el equivalente a un curso entero de escolarización, tú lo sabes bien, es un desastre sin precedentes en PISA. Con el dineral que invierte España en estas pruebas y el impacto que tienen…

—Con el promedio nacional se nos va a echar encima todo el mundo. Me estoy imaginando los titulares: «Batacazo de España en PISA», «Los alumnos españoles no se esfuerzan», «La educación española retrocede»… Por no hablar del desaliento para el conjunto del sistema educativo y, sobre todo, para esas comunidades. Pero encontraremos una explicación, imposible que se deba al rendimiento real de nuestros estudiantes. La OCDE dice que lo están mirando y esperan decirnos algo pronto. El Instituto de Evaluación ya está en ello.

—Eso es, debemos hacer nuestros propios análisis. Será más fácil planear el control de daños cuando sepamos a ciencia cierta qué ha pasado.

Los últimos meses de 2019 fueron frenéticos en el Ministerio de Educación y Formación Profesional. Se estaba avanzando en los trámites de una nueva ley que iba a derogar la anterior y estaba ya generando mucho ruido mediático. Las críticas se volvían cada vez más duras. Las noticias que llegaron desde París complicaban aún más las cosas: en las evaluaciones internacionales de PISA, que miden el rendimiento de los alumnos de quince años y que son las más importantes y mediáticas, España había experimentado una caída sin precedentes. A ello se sumaba la explicación, sin duda desconcertante, que proporcionaba la Organización para la Cooperación y el Desarrollo Económicos (OCDE), el centro de pensamiento y análisis promovido por el club de los países más ricos del mundo y que tanto influye en materia educativa desde que en el año 2000 lanzó su programa estrella.

El fin del efecto Lake Wobegon

A finales de los años noventa, muchos países avanzados habían finalizado hacía tiempo sus reformas de expansión educativa tras universalizar la escolarización hasta los dieciséis años. Las escuelas estaban en pie, los sueldos de los profesores se pagaban el primer día del mes y la educación a edades tempranas empezaba a crecer con fuerza. En la mayor parte de estos países, todos los niños ya iban a la escuela, como mínimo, durante diez años. Aunque algunos habían empezado antes, en la década de 1990 muchos comenzaron a impulsar programas de evaluación externa, tanto para diagnosticar el estado de su sistema escolar como para tomar decisiones que afectaran a escuelas, docentes y alumnos. En ese contexto, la OCDE y los ministros de Educación de sus integrantes acordaron poner en marcha un sistema de evaluación al final de la edad obligatoria que, en general, coincidía con el final de la primera etapa de secundaria, para comparar el desempeño de los sistemas educativos nacionales y tratar de entender sus diferencias. Desde el año 2000, PISA, un potente y sofisticado instrumento de evaluación escolar basado en la investigación más sólida y reciente, se ha aplicado regularmente cada tres años, cada vez con un mayor impacto mediático. Al igual que ocurriera con las familias de clase media en India y China, y con la nueva élite educativa mundial, comenzó entonces una carrera global entre países por llegar a la cima. La última edición data de la primavera de 2022 —al final de la pandemia de COVID-19, con una participación récord de ochenta y tres países— y los resultados se publicaron en diciembre de 2023.

Desde finales de 2001, cuando vio la luz el informe de la primera edición de 2000, PISA se ha convertido en la referencia global en la materia; es el tótem de la globalización educativa, la vara de medir y valorar la calidad de la educación, con una influencia difícil de cuantificar probablemente porque, a pesar de sus imperfecciones, es un instrumento creíble para casi todo el mundo. PISA ha logrado imponerse de manera incontestable como árbitro en la carrera educativa global entre naciones en este nuevo siglo. Se ha escrito y discutido mucho acerca de su influencia y son muchas las razones; para empezar,

PISA es hoy un área de investigación en sí mismo. Algunos la cuestionan precisamente por su dimensión global y por su hegemonía en organismos internacionales, foros mundiales y, fuera del sector, en los propios ministerios de Economía y Hacienda: desde quienes, a la izquierda, la presentan —y con ella a la OCDE— como un instrumento de dominación global y pensamiento único controlado por un ente que no ha sido elegido democráticamente, hasta quienes opinan, crecientemente desde la derecha, aunque no solo, que pisotea los nuevos proyectos educativos nacionales de corte identitario. Por su parte, muchos economistas y sociólogos, sin dejar de reconocer sus limitaciones, lo alaban por haber aportado algo de luz y datos (muy potentes y bien recogidos) a un sector opaco, y porque gracias a sus pruebas han podido llevar a cabo investigaciones valoradas por los estándares académicos internacionales y, a la vez, atraer la atención del público y de los medios de comunicación.

La ciudadanía ha descubierto PISA a través de estos últimos, que en la era de los datos y los rankings han explotado todo lo que la audiencia y los clics han podido absorber, es decir, mucho. PISA es ahora mismo parte del paisaje mediático en muchos países, algo así como el patrón oro de la calidad educativa para organismos y agencias multilaterales, y todo ello a pesar de que para la mayoría todavía no están muy claros su uso, su aportación y sus límites. En el sector privado hay quien habla de que las multinacionales revisan el informe PISA antes de tomar decisiones sobre en qué país abrir una nueva planta o centro de producción, pues es la mejor manera de saber dónde se encuentra el capital humano mejor formado.

En cuanto a los gobiernos, PISA ha tenido cierta influencia, directa o indirecta, en muchos de ellos. Uno de los casos más sonados es el de Alemania después de la primera edición, en el año 2000, cuando descubrió que, a pesar de saberse la potencia económica e industrial de Europa, estaba muy lejos de serlo en materia educativa. La sacudida fue de tal magnitud que sirvió como faro para iluminar, en medio del proyecto de reunificación nacional, una enorme ambición reformista y un aumento de la inversión pública.[1] Sin que esté del todo claro cuáles de esas medidas funcionaron y cuáles no, el país mejoró de manera considerable en las siguientes ediciones y se situó a la cabeza de Europa en poco más de una década, algo que muy pocos países han logrado desde que se instituyeron estas evaluaciones. Casos semejantes de lo que ha dado en llamarse «shock PISA» se han producido en otros lugares: cada tres años es habitual que los gobiernos miren con tanta o más avidez y atención los resultados de sus vecinos y competidores directos que los suyos propios. Bulgaria se fija en los datos de Rumanía, Canadá no pierde de vista a Estados Unidos, Marruecos a Argelia y Estonia a Finlandia. Y, bueno, hasta hace poco todo el mundo miraba a Finlandia.

A principios de siglo un programa de la NPR, la radio pública estadounidense, gozaba de una audiencia enorme. Garrison Keillor fue el creador y presentador de *A Prairie Home Companion*, en el que contaba las peripecias de Lake Wobegon, un municipio imaginario situado en Minnesota poblado por descendientes de inmigrantes escandinavos. En cada episodio, Keillor lo presentaba como el «pueblo donde todas las mujeres son fuertes, todos los hombres son guapos y todos los niños están por encima de la media». Esa creencia era la misma que muchos ministros de Educación mantenían, oficialmente, sobre el sistema escolar de su país: lo consideraban tan bueno que todos sus estudiantes eran sobresalientes. La llegada de PISA y su enorme impacto mediático hizo que ese pensamiento mágico se fuera esfumando poco a poco. Esta es quizá la mayor y menos discutible contribución de estas pruebas: el contrapeso a la autocomplacencia educativa oficialista y el impulso reformista; en otras palabras, haber provocado que cada Lake Wobegon del mundo se chocara con su propia imagen en el espejo. Mientras algunos países ignoraron, por distintas razones, los resultados de PISA, otros, como Alemania en 2001, decidieron cambiar el rumbo.

Madrid, España, septiembre de 2019

Calle Alcalá, 34, sede del Ministerio de Educación y Formación Profesional. De nuevo suena el teléfono y de nuevo la llamada es desde París, pero esta vez es para Alejandro Tiana, secretario de Estado de Educación.

—Buenos días, Alejandro, soy Andreas [Schleicher, director de PISA en la OCDE desde los orígenes].

—¡Hombre, Andreas!, ¿cómo estás? Gracias por llamar.

—Ocupado, ya sabes, igual que tú. Y, bueno, falta poco para publicar los datos y el caso es que seguimos dándole vueltas al enigma español. No entendemos qué ha podido pasar en esas cinco comunidades autónomas. ¿Vosotros tenéis alguna novedad? La gente de vuestro Instituto de Evaluación es muy buena y, te lo digo en serio, aquí estamos confiando en ellos.

—Cierto lo del enigma, es rarísimo lo ocurrido en esas escuelas de la muestra y la opción del boicot no me convence, por más que parezca lo más evidente. El equipo del Instituto de Evaluación está en el tema, como sabes por las reuniones que mantienen con tu equipo y con la empresa que gestiona PISA, y también hemos pedido a tres investigadores independientes que analicen el asunto, pero nos está costando dar con una explicación convincente. El crimen está claro, por así decir, aunque ignoramos cuál ha sido el móvil y no hemos encontrado el arma. Hay insinuaciones y teorías de todo tipo. Además, son lugares cuyo Gobierno tiene distinta orientación política. La situación es un poco tensa, entre otras cosas porque estamos en plena campaña electoral. Menos mal, por cierto, que las elecciones van a ser previsiblemente un mes antes de que salga PISA. ¿Vosotros seguís sin nada entonces?

—Nada, aún no tenemos ni idea. Continuamos mirando los datos. De lo que estamos seguros es que no ha sido un problema del examen en sí, ni de los nuevos cambios de la prueba de Lectura en esa edición, como se ha dicho por ahí. Hay algo que tiene que ver con el comportamiento de los alumnos en el momento de la evaluación.

—No descartamos nada, Andreas. Sé que eres consciente de lo que hemos invertido en PISA desde el principio. Este año es el primero en que todas las comunidades autónomas españolas participan con muestra propia. Somos el país con la muestra más grande de alumnos de todo el mundo. No es solo que se haya invertido mucho dinero, también hay mucho prestigio en juego y me refiero al de PISA.

—Lo entiendo y me preocupa tanto como a ti. La credibilidad de PISA depende de que situaciones como esta no se produzcan. Pero me temo que la mejor opción que tenemos es emitir un comunicado antes de sacar el informe en diciembre diciendo que se aplaza la publicación de los resultados de Lectura de España por problemas metodológicos con los datos.

—Ese es el último recurso. Te pido que esperemos un poco más a ver si alguien le encuentra sentido a esta situación y podemos contar una historia que no sea que el alumnado español retrocede en Lectura, o que huela a que estamos tratando de ocultar algo. Compréndelo, Andreas, esto nos hace polvo. Y lo que más me preocupa en el fondo es cuánto desmoralizaría a nuestra comunidad educativa unos resultados que no consiguen explicarse.

—Lo sé y lo lamento. Es todo muy incómodo. La decisión habrá que tomarla como muy tarde a comienzos de noviembre. Por supuesto, nos pondremos de acuerdo en los términos del comunicado. Ánimo con todo, nos vemos en mi próxima visita a Madrid.

El Ministerio de Educación y la OCDE ya habían dado por hecho que la situación no se iba a aclarar antes de la fecha oficial de publicación del informe. Por tanto, España tendría un asterisco en sus resultados de Lectura, que no se publicarían. No era la primera vez que esto ocurría: desde el escándalo en Holanda en 2000 hasta los problemas con la muestra de escuelas que tuvieron Reino Unido en 2003 y Estados Unidos en 2006, pasando por situaciones mucho más delicadas en Argentina, Malasia, Kazajistán o Albania. Sin embargo, en todas ellas las razones estaban asociadas sobre todo a muestras mal diseñadas o a fallos en los protocolos de los ministerios de Educación o de las empresas responsables de recoger los datos. Por primera vez la supuesta anomalía apuntaba al comportamiento de los propios alumnos ante la prueba y eso planteaba un escenario mucho más complejo, misterioso y peligroso a partes iguales.

Además de ser el país con mayor muestra de todos los que participan en PISA, en España la influencia de la prueba en el debate público y en los medios de comunicación es muy alta.[2] Una de las razones más relevantes es que, por falta de consenso político, no se ha logrado poner en marcha un sistema de evaluación nacional que permita hacer un seguimiento de los niveles de aprendizaje de los alumnos. Por eso, en ese año fatídico de 2019, todos los actores implicados, desde el Ministerio de Educación hasta los consejeros de las comunidades autónomas, pasando por los responsables de la OCDE, esperaban con inquietud la reacción al informe. Una gran inversión de recursos para dar muy malas noticias sin motivo aparente y, por si eso fuera poco, con la sospecha puesta en parte del alumnado o de las escuelas participantes, solo podía llevar a una desastrosa caída de la reputación de todos los implicados. La muestra de 2018 fue de casi 36.000 adolescentes y más de 1.000 escuelas: España fue, de todos los países que formaron parte del informe, el que más invirtió ese año en la prueba.

La culpa es de PISA

El 15 de noviembre de 2019, cinco días después de las elecciones generales, y a poco más de dos semanas de la publicación del *Informe PISA 2018*, la OCDE sacudió a España anunciando el aplazamiento de los resultados de la prueba de Lectura tras detectar un «comportamiento de respuesta inverosímil» en algunas escuelas en España.[3] El comunicado explicaba que «un número relevante de estudiantes españoles respondió a una sección nueva de la prueba de Lectura (la sección de fluidez lectora) de una forma que no representaba su competencia lectora real». En particular, «emplearon menos de veinticinco segundos en total para responder más de veinte preguntas», cuando lo normal sería hacerlo en entre uno y dos minutos; además, las respuestas fueron «sí» o «no» a todo el bloque de preguntas, que consistían en identificar si frases cortas y simples como «El coche rojo tiene una rueda pinchada» o «Los aviones están hechos de perros» tenían lógica.

Miyako Ikeda, la especialista de la OCDE en la materia, declaró a los principales medios de comunicación que el problema afectaba «al menos a un 5 por ciento de los alumnos, pero esto podría ser la punta del iceberg. Estamos investigando más en detalle». Como si de una pesquisa policial se tratara, esas declaraciones significaron el pistoletazo de salida a la caza del entuerto por parte de la opinión pública.[4] Pronto comenzaron a circular hipótesis de todo tipo para explicar lo sucedido. La opción del boicot fue una de las primeras, lo cual no era una sorpresa para quienes conocían el caso desde el principio. Un boicot a las pruebas PISA por parte de escuelas, docentes y alumnos ya había ocurrido en Austria en la edición de 2009.[5] Y España era un candidato natural para reproducirlo. En el País Vasco, el sindicato mayoritario de profesores emitió a principios de 2018, justo antes de que se realizaran las pruebas, un duro comunicado que promovía la no participación de las escuelas en una prueba «descontextualizada», «no consensuada con familias y alumnos», y que pretendía «uniformizar los sistemas educativos al servicio del mercado y de las políticas neoliberales».[6]

En España, como en muchos otros sistemas educativos, la evaluación externa tiene adeptos, pero también detractores, tanto en la academia como entre el profesorado. En 2019, en la región de Andalucía, el nuevo Gobierno conservador —tras casi cuarenta años en la oposición— decidió, con el pretexto de adelgazar el gasto público, eliminar la Agencia de Evaluación de Andalucía, una medida muy aplaudida por un aliado poco habitual de los partidos conservadores: los sindicatos docentes. Había, pues, varios candidatos con un móvil claro para el boicot. Era una hipótesis realista, aunque imposible de comprobar y demostrar, que resultaba atractiva para la imaginación de muchos: era posible que docentes y alumnos de ciertas escuelas en algunas regiones hubieran actuado de manera coordinada. Sin embargo, la OCDE la descartó arguyendo que tal comportamiento se debería haber manifestado también en otras partes del examen, pues pocos conocían su estructura y las novedades de la edición de 2018.[7] Además, el boicot a una sola parte de la prueba estaría respondiendo a una estrategia demasiado sofisticada y a un conocimiento muy profundo de la *cocina* de PISA, algo que difícilmente podía atribuirse a los supuestos conjurados. Con todo, la duda ya estaba sembrada.

Otro de los supuestos, que apuntaba directamente al Ministerio de Educación y a la propia OCDE, tenía que ver con la empresa subcontratada para administrar las pruebas en las escuelas.[8] Los protocolos de PISA son tan exigentes que ni la OCDE (cuyo equipo para gestionar el informe en ochenta países no supera las veinticinco personas) ni los gobiernos tienen la capacidad para llevarlos a cabo, pues implican movilizar una gran cantidad de recursos humanos y técnicos en un plazo de tiempo muy limitado; por eso, lo habitual es que esa gestión se delegue en empresas especializadas. Son ellas las que van a las escuelas, se aseguran de que la prueba se desarrolla en un contexto adecuado, que los requisitos legales de protección de datos de menores se cumplen y que la calidad de la información que la OCDE recibe cumple con los estándares preestablecidos. Según esta suposición, las empresas contratadas en esas cinco comunidades habrían incumplido los protocolos y con ello condicionado los resultados.

La víspera de la publicación del *Informe PISA 2018*, el máximo responsable educativo de la Comunidad de Madrid solicitó a la OCDE que retirase los resultados regionales, porque consideraba que las anomalías en la prueba de Lectura contaminaban también las de Ciencias y Matemáticas.[9] Después del anuncio, su homólogo de Cataluña se sumó a las críticas.[10] Ambas comunidades habían experimentado fuertes caídas en ciencias y matemáticas, lo que de entrada explicaba bien las quejas. Para entonces eran muchos los que empezaban a hacerse la pregunta incómoda pero justificada: ¿de verdad nos merece la pena todo este ruido?

Cuando el informe vio la luz, el 2 de diciembre de 2019, ya había entrado de lleno en el debate nacional. Los motivos del aplazamiento de los resultados de Lectura copaban editoriales y artículos de opinión. España había caído cinco puntos en matemáticas y diez en ciencias (esta última, una cifra estadísticamente significativa). La propia Miyako Ikeda viajó a Madrid para comparecer junto con el secretario de Estado, Alejandro Tiana, en la presentación de resultados, algo poco habitual y que daba cuenta de la preocupación del organismo que representaba. En la rueda de prensa, Ikeda negó ante los medios el posible contagio de los resultados de Lectura sobre los de Matemáticas y Ciencias, afirmando que, de existir, sería insignificante. Pese a ello, no pudo desvelar el resultado de la investigación llevada a cabo por la OCDE con respecto a las irregularidades en la prueba de Lectura. «Es probable que tardemos varios meses en obtener una respuesta a las anomalías en España», había afirmado Andreas Schleicher, el director de PISA, unos días antes. En el ministerio español sabían esto mejor que nadie, pues no en vano eran parte sustancial de la investigación. Y la palabra «anomalía» asociada a España tenía un enorme coste político, en este caso centrado en la educación.

Durante esos días la educación estuvo en primera plana. Uno de los periodistas más importantes del país, de orientación progresista, afirmaba sin despeinarse que «España se rezaga con gran claridad».[11] Otros ponían el énfasis en el puesto que ocupaba el país en el ranking de PISA al equipararlo con los vecinos —el famoso «otros lo hacen mejor»—, en comparaciones entre comunidades autónomas (por primera vez cada una tenía su propia muestra, como si fuera un país aparte) y, por supuesto, en comentar con tono más o menos apocalíptico la caída de diez puntos en matemáticas.

Las semejanzas o diferencias entre regiones son un clásico del análisis de datos educativos en países descentralizados como España. También son fuente de conflicto y agravio cuando las noticias no son buenas. En algunas de las comunidades autónomas en las que se habían detectado las anomalías, los resultados cayeron con mucha más fuerza. Tal y como se intuía, el caso de la Comunidad de Madrid, precisamente la que había solicitado a la OCDE no publicar los de la prueba de Lectura, era el más claro. Sus registros siempre habían sido buenos, a la altura de países como Polonia, Alemania o Irlanda. En esta ocasión, sin embargo, había experimentado la caída más grande de todas, con 29 puntos en matemáticas y 17 en ciencias. Más tarde se supo que el desplome en Lectura fue de 46 puntos. En PISA se estima estadísticamente significativa cualquier diferencia de más de 8 o 9 puntos, poco frecuente entre una edición y otra. Para hacer estos números más intuitivos, la OCDE considera que en los países avanzados 30 puntos equivalen a lo que se aprende en un curso escolar. La debacle de Madrid era, pues, de dimensiones inéditas en los veinte años de pruebas, por lo que parecía razonable pensar que un cambio tan drástico no podía tener que ver solo con la evolución de la calidad de las escuelas.

La falta de explicaciones no hizo sino minar la credibilidad de PISA en particular y de la evaluación educativa en general. Quienes no obtuvieron buenos resultados usaron las irregularidades detectadas y las dudas sobre las nuevas pruebas como la excusa perfecta para eludir responsabilidades. Quienes no creían en el valor de la prueba hallaron un argumento que les daba la razón en todas sus críticas. Y quienes, en las escuelas, veían esa evaluación externa como una amenaza a su trabajo y a su autonomía, además de un elemento más de saturación de tareas, encontraron la coyuntura perfecta para pedir su retirada. Por último, los llamados «descontentos de la educación universal» identificaron en lo ocurrido una nueva prueba del declive y la decadencia de la educación: «España suspende en PISA con la peor nota posible, porque más negativo que sacar un cuatro en un examen es que el profesor te lo retire, sin evaluarlo», decía una tribuna de opinión.[12] Cada uno pudo escoger las razones que más le convenían para argumentar la supuesta decadencia.

París, Francia, 18 de mayo de 2020

Han pasado cinco meses desde la publicación del *Informe PISA 2018*. La pandemia de COVID-19 ha obligado a todos los sistemas educativos del mundo a cerrar sus escuelas y cientos de millones de personas trabajan confinadas desde su casa, entre ellas, los analistas y burócratas de la OCDE. Varios miembros del equipo de PISA se reúnen por videoconferencia; Miyako Ikeda y Andreas Schleicher son los primeros en conectarse.

—Hola, Miyako, ¿cómo va ese confinamiento? Te veo en buena forma.

—Hola, Andreas, no te voy a engañar: París, visto desde la ventana, pierde mucho. Tengo unas ganas tremendas de volver a la oficina.

—Bueno, antes de que llegue la gente, cuéntame rápido: ¿cómo ha ido el análisis de datos?

—Andreas, parece que tenemos una explicación al enigma. Y es todo más sencillo de lo que parece. El informe ya está escrito.

—¡Qué gran noticia! Empezaba a tener pesadillas con este tema. Mándame el informe cuanto antes, lo veo esta misma mañana y lo enviamos a Madrid de inmediato. Pero dame el titular y sácame de dudas: ¿qué pasó realmente?

—Las preguntas de fluidez lectora no fueron el problema. Tampoco los protocolos de recogida de datos. En resumen, que nosotros no hemos sido los responsables. Y lo del boicot finalmente no tiene ni pies ni cabeza.

—¿Entonces? No me digas que me vas a mantener en suspense como en una película.

—Un rato más, jefe, es que prefiero que veas todos los detalles cuando se conecte el resto del equipo.

—¿Es al menos una explicación creíble? Quiero decir, ¿qué riesgo hay de que los medios digan que nos hemos inventado una historia para salvar la cara? ¿Y Madrid está ya informado? ¿Han participado en esta última fase también?

—Si la gente se lee el informe que hemos hecho, creemos que lo va a entender todo el mundo y que va a ser convincente y realista. Hemos realizado un análisis de datos muy pormenorizado y pensamos tener una causa muy clara de lo sucedido. Y sí, Madrid está al tanto.

—En fin, también es cierto que, en medio de una pandemia y pensando en cómo evitar olas de contagios en las escuelas, los medios no prestarán mucha atención a esto. Creo que va a pasar bastante desapercibido y no sé si eso es buena o mala noticia para el Ministerio.

—Tenemos dos opciones, jefe. Podemos publicar el análisis y no hacer demasiado ruido, confiando en que quien respeta nuestro trabajo lo siga haciendo, pero sin que se arme el revuelo de diciembre pasado. Y también podemos ir a Madrid, hacer una rueda de prensa, explicar lo que ha pasado y dejar claro que nosotros no hemos sido responsables del desaguisado.

—Hablaré con Alejandro para ver con él estas dos opciones. Tenemos que ser prudentes. Ya sabes que España es nuestro mejor cliente. Bueno, veo ya varios colegas conectados. Empecemos la reunión. Buenos días a todos.

«UNA NOTA SOBRE ESPAÑA»

El 23 de julio de 2020, la OCDE publicó un documento de ocho páginas titulado «A Note about Spain in PISA 2018: Further Analysis of

Spain's Data by Testing Date»,[13] con un registro académico —lleno de tablas, gráficas y modelos estadísticos— y, por tanto, difícil de comprender para casi todo el mundo. Solo una audiencia con conocimientos en psicometría y estadística sería capaz de entender el análisis y de juzgar su veracidad. Con su habitual sobriedad y apego a lo estrictamente técnico, la nota de la OCDE se publicó en este formato y sin invertir mucho en el diseño. No se tradujo al español.

El texto comenzaba aclarando que los resultados de la prueba de Lectura en España se incorporarían a las publicaciones de PISA 2018. En adelante este párrafo acompañaría los resultados en todas las publicaciones de la edición de 2018 que se elaborarían en los años siguientes:

> En 2018, algunas regiones en España llevaron a cabo sus evaluaciones de final de 4.º de educación secundaria antes de lo habitual en el curso escolar, por lo que el periodo de exámenes coincidió con el final del periodo de las evaluaciones PISA. Por este solapamiento, un número de estudiantes mostró una disposición negativa hacia la prueba PISA y no hizo un esfuerzo suficiente para demostrar sus capacidades. Aunque solo una minoría de estudiantes muestra esta falta de interés, la comparabilidad de los datos de PISA 2018 en España con otras evaluaciones PISA anteriores no puede asegurarse por completo.

En su minucioso análisis la OCDE mostró que los problemas en la categoría de fluidez lectora surgieron en un momento muy concreto. La prueba se realizaba escuela a escuela a lo largo de un periodo de diez semanas, entre mediados de marzo y finales de mayo. En las escuelas que la hicieron en la última quincena del plazo, se disparó la proporción de alumnos que afirmaba haber dedicado poco o muy poco esfuerzo. Resulta que este fenómeno se concentró únicamente en escuelas de Madrid, La Rioja, Navarra, Cantabria y el País Vasco. ¿Por qué? Todas las hipótesis conspirativas se habían demostrado tan absurdas como improbables. La solución al enigma era mucho menos dramática: en 2018, esas cinco comunidades autónomas habían decidido adelantar a finales de mayo los exámenes escolares del tercer trimestre, que habitualmente tenían lugar en junio, de modo que coincidieron con la prueba PISA. Se trata del momento en que se decide la graduación y titulación de la secundaria obligatoria, que condiciona el futuro de los alumnos y que, por tanto, supone una presión no menor para muchos de ellos. Se había desenmascarado al culpable: demasiados exámenes y el menos importante, en este caso PISA, se llevó la peor parte. En las demás escuelas, tanto en las que en esas mismas comunidades realizaron la prueba antes de mediados de mayo como en las que no se solaparon con exámenes escolares entre marzo y mayo, las anomalías en fluidez lectora se mantuvieron en una proporción muy baja (menos del 3 por ciento de los alumnos), semejante a otros países.

A consecuencia de lo anterior y del peso que la OCDE dio a esta parte de la prueba en su modelo de estimación, los resultados de Lectura cayeron con fuerza en las escuelas de esas cinco comunidades autónomas que la hicieron a partir de la séptima semana, mientras que en las demás regiones permanecieron más o menos constantes. En su análisis estadístico posterior, dicho organismo mostró que este aumento de anomalías (todas las respuestas con un «sí» o con un «no») explicaba por sí solo la caída en el resultado final de Lectura y que las demás categorías de la prueba no parecieron estar condicionadas. También reveló un descenso en matemáticas en aquellos estudiantes que hicieron PISA en las últimas semanas, solapadas con las evaluaciones escolares, y que esa caída era obviamente independiente de las irregularidades en la prueba de fluidez lectora. Las voces críticas que achacaban los malos resultados a la introducción de los ítems de fluidez lectora tenían parte de razón, pues las irregularidades no se concentraron en ninguna otra parte de las pruebas. Pero esto era solo una condición necesaria: la coincidencia de estas anomalías con los exámenes finales y el hecho de que se hubiera producido también un descenso de los resultados de matemáticas, evidenciaba que la hipótesis del solapamiento o saturación era lo que había marcado la diferencia.[14] La OCDE terminaba su nota reconociendo los problemas causados por las preguntas de fluidez lectora y anunció que ponía esta parte de la prueba en cuarentena, pues se había acentuado la relación entre esfuerzo y resultados, cuando de lo que se trata es de medir con precisión capacidades y habilidades.

En resumen, lo que sucedió en España con PISA 2018 no tuvo que ver con un boicot, con la empresa subcontratada para coordinar las pruebas, con errores técnicos en su diseño o aplicación ni mucho menos con una bajada del nivel de los alumnos. Lo ocurrido se explica por la falta de coordinación entre evaluador y evaluado. La política educativa es una tarea compleja porque involucra a cientos de miles de trabajadores y millones de niños y familias de un país. En la segunda quincena de mayo de 2018 muchos estudiantes tuvieron que hacer las pruebas PISA (en las que, para ellos, no había nada en juego) la misma semana o el mismo día de los exámenes del tercer trimestre del último curso de secundaria (en los que se jugaban mucho). ¿Qué priorizaron los alumnos? Esto último, por supuesto.

La paradoja de esta historia es que, mientras que los alumnos no se juegan nada en PISA, los gobiernos sí pueden llegar a jugarse mucho y para que aquellos puedan demostrar lo que saben, estos son los primeros interesados en que las condiciones y el contexto de la prueba sean los más favorables posibles. Como ya hemos señalado, ese contexto influye en la nota final y hasta un tercio de la diferencia de los resultados entre países se debe a las diferencias de esfuerzo real de los alumnos, algo muy relacionado con aspectos tanto culturales como propios de los sistemas escolares.[15] Es probable que quienes decidieron adelantar los exámenes de final de curso estuvieran pensando en el bienestar de los alumnos (que ya no tendrían que volver a presentarse en septiembre si suspendían en junio) y de los docentes (que podrían tener un verano más desahogado). En todo caso, como la resolución del caso tardó tanto en llegar, la sombra de la duda ya se había proyectado hacia fuera y las responsabilidades se habían eludido. La Comunidad de Madrid rechazó los argumentos de la OCDE en la nota del 23 de julio de 2020,[16] sosteniendo que «la concentración de exámenes no ha sido un factor determinante, pues en este caso ese resultado también se hubiera trasladado en igual magnitud o incluso mayor en ciencias y matemáticas, situación que no ha ocurrido, y que supuestamente se ha concentrado en los resultados de Lectura», al tiempo que defendió que la verdadera razón de las incoherencias provenía de «problemas en la aplicación de las veinte preguntas relativas a la fluidez lectora que se incorporaban por primera vez a las pruebas ese año y que condicionaban los resultados». La OCDE había matizado esto último en su documento con claridad; sin embargo, ¿se habrían leído todos los periodistas y tertulianos una nota de ocho páginas, escrita en inglés y con un lenguaje académico apto para muy pocos?

Los medios de comunicación recogieron y publicaron la información, si bien no fue una cobertura especialmente amplia ni visible. Cabe recordar que se presentó en mitad del verano, en plena pandemia y tras tres meses de confinamiento y más de cien mil fallecidos por el virus de la COVID-19. Muy pocos de los que en diciembre de 2019 se escandalizaron con el misterio de los malos resultados en PISA llegaron a enterarse del desenlace del enigma.

PISA EN LOS TIEMPOS DE LA DESGLOBALIZACIÓN

Una pregunta que nos deja esta historia costumbrista española con la edición de PISA 2018, llena de misterio y confusión, de estadísticas incomprensibles, de acusaciones cruzadas y frustraciones mal digeridas, es si merece la pena ser cliente de PISA. Sería normal que en los próximos años algunos gobiernos tomaran la decisión de prescindir de la prueba. Las razones son varias. Una de ellas tiene que ver con la involución y recesión democrática ya en marcha en muchos países, lo que hace que los sistemas de contrapesos y de rendición de cuentas puedan descartarse con más facilidad. A pesar de sus imperfecciones y limitaciones, PISA tiene una capacidad importante para hacer temblar a los gobiernos cuando las cosas vienen mal dadas, ya sea por negligencias en las políticas educativas o, como ocurrió en España a finales de 2019, por un cúmulo de casualidades o de mera descoordinación. Para quienes consideran que los organismos internacionales no deben injerirse en los sistemas nacionales de educación, o simplemente para los que no quieren exponerlos a ser protagonistas de malas noticias comunicadas *urbi et orbi*, una decisión natural es librarse de PISA y de otras pruebas internacionales, como TIMSS o PIRLS.

Otra razón poderosa para pensar que pruebas como esta podrían haber agotado su recorrido tiene que ver con lo que hemos llamado «efecto Lake Wobegon» en educación. PISA contribuyó a romper las dinámicas de opacidad que reinaban en los sistemas educativos con poca tradición y cultura de evaluación. En muchos de ellos, como España, fue la primera piedra sobre la que luego se edificaron sistemas de evaluación externa tanto nacional como regionales, mediante los cuales alumnos y escuelas realizaban pruebas que el Gobierno diseñaba y después analizaba para comprender la situación con una foto fiable. Esa agenda siempre ha generado resistencias en el propio sector educativo, proverbialmente renuente a mirarse en el espejo y verse presionado para mejorar. En esa tesitura los sindicatos de docentes han buscado alianzas tanto con los desencantados de la educación universal —que podrían pensar que las pruebas como PISA solo demuestran que la igualdad de oportunidades no existe, pero no contribuyen a nada más— como con los descontentos —normalmente más favorables a este tipo de evaluaciones, en la medida en que ejercen un control sobre la calidad, supuestamente en declive—. Lo ocurrido en Andalucía, que con la llegada de un Gobierno conservador suprimió las pruebas de diagnóstico autonómicas tras la presión de los sindicatos, es una muestra de que nada es imposible cuando los intereses se unen ante un enemigo común: para los primeros, el regreso a la opacidad; para los segundos, la derogación de una de las políticas educativas del Gobierno al que sustituían.

Por último, la politización y mediatización de la educación también podrían estar alimentando el final de PISA en algunos países. La debilidad del sector educativo y su crisis permanente, unidas al crecimiento imparable de las redes sociales y un debate público cada vez más polarizado, hacen que el estruendo que puede provocar un mal resultado en las pruebas se multiplique. Por otra parte, el hecho de que la OCDE haya fijado nuevos objetivos evaluadores puede generar un rechazo en muchos lugares: desde 2015 se evalúan las competencias de alfabetización financiera, desde 2018 la competencia global, desde 2022 el pensamiento crítico y en 2025 se medirá el dominio de una lengua extranjera (para muchos países, el inglés) y se profundizará en la evaluación de ciencias para tratar de valorar la identidad científica, las competencias medioambientales o el uso e interpretación de la evidencia científica. Todas ellas, en especial estas últimas, son cuestiones políticamente controvertidas por razones ideológicas, identitarias o por meros intereses corporativos.

También hay razones para pensar lo contrario: que amparado por el respaldo de una cantidad suficiente de gobiernos, el programa seguirá siendo el tótem de la carrera educativa global entre países. En su cuarto de siglo de existencia, no ha hecho más que crecer en cuanto a número de participantes. Con el tiempo se ha ampliado el foco para evaluar nuevas habilidades y competencias, se han introducido cambios metodológicos y se ha modificado el formato (de papel a prueba digital). Así pues, ¿qué razón empuja a más países a sumarse al festival de PISA a pesar de los indudables riesgos e inconvenientes? Quizá el propio ejemplo de España sea ilustrativo: solo una de sus comunidades autónomas (el País Vasco) participó con sus propios datos en el año 2000, pasando a tres en 2003 hasta llegar en 2018 a las diecisiete. La presión por salir en la foto es al menos tan grande como el miedo a quedar mal en ella. El impulso emulador y el consiguiente riesgo reputacional de abandonar la carrera educativa a la que mira todo el mundo han demostrado ser más eficaces, al menos por el momento, que los efectos del repliegue nacionalista e identitario o que la nostalgia de la opacidad. Aunque es probable que algunos países dejen de participar, es posible que otros muchos, en África y en otras regiones hasta ahora menos representadas, se sumen en los próximos años. Lo que parece claro es que España seguirá siendo el mejor cliente, al menos unos años más.

SEGUNDA PARTE

Las nuevas formas de desigualdad educativa

5

Las guerras curriculares

Actualmente, en efecto, se discute sobre estos temas. Pues no todos aceptan que haya que enseñar lo mismo a los jóvenes, ni en cuanto a la virtud, ni en cuanto a la vida mejor, ni está claro si conviene atender más a la inteligencia que al carácter del alma. Desde el punto de vista del sistema educativo actual, la investigación es confusa y no está nada claro si deben practicarse las disciplinas útiles para la vida o las que tienden a la virtud, o las que se salen de lo ordinario (pues todas tienen sus partidarios).

ARISTÓTELES, *Política*, libro VIII

Tal vez todo nuevo aprendizaje se hace sitio creando una nueva ignorancia.

C. S. LEWIS, *English Literature in the Sixteenth Century*

JARTUM, SUDÁN

En 2019, después de treinta años de dictadura de Omar al-Bashir y de haber sufrido la amputación de (lo que hoy es) Sudán del Sur en 2011, Sudán parecía entrar en otra fase. La llamada transición sudanesa se inició en el mes de abril, con la caída del tirano. Ya a finales de ese año, superadas enormes dificultades y no poca violencia, los militares accedieron a la creación de un consejo soberano, con representación civil, que acordó un periodo de 39 meses hasta celebrar unas elecciones que supondrían la consolidación de un nuevo sistema político y el regreso de los militares a sus cuarteles. En abril de 2020, en plena pandemia, el país despenalizó la apostasía del islam, lo que abría la puerta a la libertad religiosa y, pocos meses más tarde, a la separación entre la religión y Estado, dejando atrás tres décadas de ley islámica.

El ministro de Educación, Mohamed el-Amin el-Tom, reformista convencido, puso de inmediato el foco en la renovación del currículo escolar de la enseñanza básica y los libros de texto oficiales, que no habían cambiado lo más mínimo en treinta años. Nombró director del Centro Nacional de Currículo e Investigación Educativa (NCCER, por sus siglas en inglés) al doctor Omar Ahmad al-Qarrai, un académico recién llegado del exilio. El objetivo era claro: sustituir con carácter de urgencia los manuales existentes por otros nuevos que facilitaran una transición lo más rápida posible hacia contenidos más pertinentes y menos adoctrinadores. Se trataba decididamente de secularizar el currículo escolar, pero no de erradicar la religión de las escuelas, cosa que ni siquiera un izquierdista militante como al-Qarrai se hubiera planteado. Sin embargo, desde el momento de su nombramiento, al anunciarse la gran reforma del ministerio, los sectores más conservadores que habían apoyado la dictadura y los imanes a lo largo del país se movilizaron para acusar a al-Qarrai de pretender extirpar el Corán de los libros de texto. Por su lado, la comunidad internacional de donantes, desde Unicef hasta el Banco Mundial, las agencias bilaterales de cooperación y numerosas ONG, estuvieron de acuerdo en acelerar el proceso de reforma y contribuir a su financiación. Había mucho por hacer en otros frentes, pero nadie tenía duda de que era imprescindible producir materiales de enseñanza que le cambiaran la cara al sistema escolar y que se convirtieran en imagen visible de la transformación política que estaba teniendo lugar.

A pesar de la pandemia, en 2020 los trabajos del NCCER avanzaron con rapidez: los primeros textos escolares de nueva generación estaban listos para empezar a distribuirse al comienzo del curso académico en septiembre. Y aunque los libros de los grados de la educación primaria no parecían problemáticos a ojos de casi ningún observador, con los de los últimos cursos de la enseñanza obligatoria y, por supuesto, de la secundaria, la cuestión era muy distinta. Muchos miembros de la comunidad de donantes recomendaron revisiones meticulosas antes de publicarlos y distribuirlos. Pero los líderes del NCCER, con el apoyo del ministro, estaban impacientes por ver los libros en las escuelas y no quisieron retrasar la operación. Aun así, y con los originales ya en la National Currency Printing House, es decir, la casa de la moneda sudanesa, la institución a cargo de la impresión y envío de los libros, algunos donantes externos seguían insistiendo en la necesidad de una comprobación a fondo, e incluso de pasar por una fase piloto que asegurara un producto final bien cuidado y de la máxima calidad posible. Nada de eso ocurrió. La urgencia pudo más que la prudencia.

El libro de Historia de sexto grado aterrizó en los colegios del país un miércoles de septiembre. En una de sus páginas aparecía una reproducción de *La creación de Adán*, el fresco de Miguel Ángel que corona la bóveda de la Capilla Sixtina en el Vaticano, tal vez la manifestación más icónica del arte cristiano. La reacción de las mezquitas y de los partidos y sectas islamistas llegó ese mismo viernes y fue desmedida: el libro en cuestión creaba alarma social y era la prueba inequívoca de que la reforma curricular era islamofóbica, como se diría en Occidente. En su despacho de Jartum, el director al-Qarrai no podía creerlo: esa página con la obra cumbre del gran Buonarroti nunca estuvo en el texto original, alguien la había añadido durante el proceso de impresión y en el Ministerio de Educación se enteraron cuando las protestas ya estaban en la calle. La casa de la moneda dependía de la Seguridad Nacional, a su vez controlada por Abdelfatah al-Burhan, el general que terminaría dando el golpe de Estado desde dentro del Gobierno —tal vez sería más preciso el término autogolpe— en octubre de 2021.

Con el visto bueno del ministro, y ante la imposibilidad de negar la responsabilidad de la Administración, al-Qarrai decidió aceptar el órdago y asumir en carne propia el desgaste político, y declaró que un clásico del patrimonio artístico mundial no podía ser visto como un ataque o amenaza para la religión islámica. Aun así, la campaña en su contra fue arreciando hasta debilitar cada vez más al Ministerio de

Educación en su conjunto, comprometido como estaba con la reforma curricular. En enero de 2021 al-Qarrai presentó su dimisión en una carta dirigida al primer ministro Abdalla Hamdok, un gesto público con el que dejaba claro que era este y no su superior directo quien la había forzado. Pocas semanas después lo hizo también el ministro y ya en febrero cayó el gabinete al completo. En una decisión cargada de simbolismo, la cartera de Educación quedó sin cubrir, dejando descabezada la entidad responsable de haber perpetrado una revuelta contra lo más sagrado del país: la identidad islámica de las escuelas. Y sin cabeza continuó hasta que, en octubre de 2021, al-Burhan remató la involución con el golpe de Estado que dejaría fuera del poder a todos los elementos civiles que habían estado representados en el Gobierno durante los dos años de transición democrática.

En su carta de dimisión[1] el director del centro de desarrollo curricular sudanés recriminaba a su primer ministro haber mantenido consultas sobre la reforma del currículo con las sectas religiosas más beligerantes y con los partidos más fundamentalistas. Le preguntaba si no tendría que haber pedido también la opinión de los partidos de izquierda y no solo la de quienes se manifestaban ofendidos y ultrajados antes incluso de que se supiera en qué iba a consistir la reforma. De los representantes de las sectas religiosas, sostenía que no eran «expertos en currículo», razón por la que le afeaba que no le consultara a él, la persona a quien había puesto al frente de la materia en el Ministerio de Educación. No decía, quizá a sabiendas de que la carta iba a ser publicada en un medio de comunicación, que no se le había preguntado precisamente porque el objeto de las consultas del primer ministro era él mismo. Se convirtió, o lo convirtieron, en un peso muerto político cuya cabeza debía ser mostrada cuanto antes en la plaza pública. La propia reforma curricular emprendida un año antes, en la que habían participado nada menos que 64 grupos de profesores de primaria, de secundaria y de universidad, financiada por la comunidad internacional de donantes, se había transformado en un lastre político para la transición democrática.

El primer ministro, que había aceptado la renuncia del equipo ministerial de Educación en enero de 2021, firmó su propia carta de dimisión un año después, el 2 de enero de 2022, tras ser arrestado durante el golpe de octubre de 2021 y restituido en el cargo el 21 de noviembre gracias a la presión internacional. Intrigas aparte, lo cierto es que el libro de Historia fue el empujón que desató una suerte de efecto dominó que propició la caída del Gobierno entero y allanó el camino para que los militares ocuparan todo el poder. El malestar religioso, orquestado con una ilustración en un libro de texto para estudiantes de doce años, sirvió para escenificar la coartada y el clima de crisis que justificaran un golpe de Estado. Ese golpe truncó la esperanza de un cambio de régimen en Sudán y terminó llevando a una de las mayores catástrofes humanitarias que se han sufrido en el mundo.[2]

BELLUM OMNIUM CONTRA OMNES

Hay muchos tipos de guerra, entre ellos, por ejemplo, la guerra santa, la guerra fría, la guerra cultural,[3] la guerra de guerrillas, la guerra híbrida, la guerra relámpago y la guerra de fronteras. Sin necesidad de recurrir a Sun Tzu o a Von Clausewitz, a la lista podrían añadirse las guerras curriculares, aunque quizá sería más apropiado decir que se encuentran ejemplos paradigmáticos de todas las modalidades bélicas recién enumeradas dentro de las guerras curriculares que han tenido y tienen lugar en muchos países alrededor del mundo, de Oriente y Occidente, del Norte y del Sur. Son guerras, como escribiera Hobbes, «de todos contra todos» *(omnium contra omnes)*, que corresponden al «estado natural» de la humanidad. La cita de Aristóteles que encabeza este capítulo hace un diagnóstico que sigue vigente más de dos milenios después: «La investigación es confusa y no está nada claro, todas las opciones "tienen sus partidarios"». Así pues, el caso de la reforma sudanesa es paradigmático: contiene todos los ingredientes, especialmente el de la guerra santa, la cultural y la de guerrillas.

El currículo escolar es, en efecto, un campo de batalla político, cultural, económico, ideológico y hasta corporativo. Eso sí, desde siempre las guerras curriculares se han librado en el terreno de lo escrito, ya sea mediante leyes, decretos, orientaciones ministeriales y, particularmente, en los materiales de enseñanza y los libros de texto. El pulso bélico curricular ha sido sobre el papel, esto es, sobre el lenguaje y las regulaciones administrativas, sobre las ilustraciones de Miguel Ángel o de Banksy, sobre los poemas prohibidos de Machado o los permitidos de San Juan de la Cruz. Es en el negro sobre blanco donde se regulan los contenidos y los tiempos curriculares: qué tipo de historia se debe enseñar en las aulas y cuántas horas se dan de matemáticas, si una materia que siempre fue obligatoria se convierte en optativa o incluso si desaparece del mapa curricular.[4] Lo que ocurre luego dentro de las aulas —lo que se conoce con el nombre técnico de «currículo en la acción»— nunca ha sido tan polémico porque, una vez cerrada la puerta, la clase se convertía en un espacio cuasiprivado del maestro, a pesar de inspectores, supervisores y otros controles administrativos —o eclesiásticos— que habitualmente tampoco podían fiscalizar de modo exhaustivo los miles de horas de vida escolar. Hasta ahora, como se verá más adelante.

De ahí que los libros de texto hayan sido objeto de tanta disputa o de la traslación de guerras de gran calado al ámbito educativo. En el proceso de restauración democrática de Sudán la gran cuestión curricular fue si el Corán iba a dejar de ser la base de lo que había que enseñar y aprender en las escuelas. Las gentes del Libro en general siempre han pretendido que los textos escolares se identifiquen con el islam, lo que resulta por completo coherente. Pero en materia educativa los libros únicos pueden ser de muchos tipos, no solo religiosos: en Turkmenistán las obras completas del dictador Niyazov servían como currículo escolar, algo parecido a lo que ocurre en Corea del Norte. Mirando más atrás, en el siglo XIX fue célebre el caso de un gobernador estadounidense que propuso convertir el Código Penal en manual de aprendizaje obligatorio en la secundaria.[5] Las guerras desatadas en torno a manuales escolares pueden ser incluso internacionales, como en 2005, cuando Japón hizo cambios en los textos de Historia respecto a la Segunda Guerra Mundial que provocaron manifestaciones y protestas masivas en las calles de China —y de Corea del Sur— y supusieron un deterioro notable de las relaciones diplomáticas.[6]

Más recientemente, los textos escolares de educación cívica, o educación para la ciudadanía, han provocado crisis políticas graves, con movilizaciones populares de gran calado y consecuencias todavía mayores. Por ejemplo, en 2016 Gina Parody, ministra de Educación en Colombia, protagonista de una carrera política meteórica y clara presidenciable, tuvo que dimitir a causa de la polémica generada por unos manuales[7] o guías de educación cívica que, según sus detractores, promovían la homosexualidad y la «ideología de género». Colombia había comenzado la década de 2010 aprobando dos leyes para salvaguardar los derechos humanos, sexuales y reproductivos en el ámbito escolar y elevando a rango de ley la llamada «Cátedra de la Paz».[8] La primera reconocía la diversidad y la diferencia, y daba a las entidades públicas y a las escuelas orientaciones mediante, entre otras herramientas, los manuales de convivencia; la segunda introducía en el currículo una materia para promover la educación para la paz en un país que vivía entonces las intensas negociaciones entre el Gobierno y la guerrilla de las FARC para acabar con un conflicto nacional de varias décadas. La reacción de los sectores conservadores y de la propia Iglesia católica fue desproporcionada. El entonces presidente Juan Manuel Santos comprendió que el problema político estaba en la ministra Parody, más que en ninguna otra cosa. Y, así, la sacrificó en la pira de la santa indignación,[9] ofreciendo su cabeza igual que el primer ministro sudanés hizo con la de al-Qarrai. En el caso colombiano, no obstante, el sacrificio político pareció surtir efecto y aplacó a los críticos. Las dos leyes continúan vigentes y los manuales de convivencia en cuestión siguen presentes en el sistema.

En agosto de 2023, las manifestaciones populares en México a causa de los nuevos libros de texto —presentados con ceremonia por el propio presidente de la República—, que varias asociaciones de familias y partidos de la oposición tacharon de «comunistas»,[10] crearon una crisis importante, aunque no se puede ni mucho menos calificar de «sin precedentes». Ya entre 1960 y 1962, cuando se estableció la política de libros de texto gratuitos,[11] una amplia coalición se movilizó en contra de la medida, en lo que tal vez fue el pulso definitivo en el país para tratar de evitar la consolidación de una escuela laica no controlada por la Iglesia católica. Nótese el riesgo político tan considerable que implicaba ponerse en contra de la distribución gratuita de textos escolares. Sin embargo, es obvio que la gratuidad no era el objeto del conflicto, sino el hecho de que los libros fueran elaborados por la Secretaría de Educación Pública y tuvieran carácter obligatorio. Si las movilizaciones de 1960 amenazaron con derivar en un conflicto nacional grave, las de 2023, que también tuvieron su principal causa en la obligatoriedad de los libros de texto oficiales, podrían terminar alcanzando esa misma categoría.

La evolución contemporánea del campo de batalla curricular: juegos de suma cero y el currículo en la acción

Una primera conclusión práctica que se extrae de estas historias bélicas es que la cuestión fundamental —volviendo a Aristóteles— de lo que debe enseñarse en las escuelas no es un tema de carácter técnico, ni siquiera pedagógico. Al fin y al cabo, el currículo consiste en reescribir una y otra vez la historia para promover y asentar, por medio de la escuela, identidades nacionales, religiosas e ideológicas, habitualmente como una suerte de paquete integrado y a veces también integrista. Por consiguiente, al menos en su versión escrita, el currículo escolar sería demasiado importante como para dejarlo en manos de los educadores. Para regularlo, el legislador no habrá de pensar primero en los intereses de los estudiantes o de sus familias —valga el sarcasmo—, sino en los de los líderes políticos y religiosos, los empresarios, las asociaciones profesionales y culturales, y, por supuesto, también en los del propio profesorado. Es raro pasar un día entero sin escuchar o leer —en los medios de comunicación, en las redes sociales, en cualquier conversación privada o incluso en sesudos ensayos como este— que tal o cual tema, causa o destreza, debería entrar, con carácter de urgencia, a formar parte de lo que se «enseña en la escuela». Como escribiera Aristóteles, ya sean «las disciplinas útiles para la vida, las que tienden a la virtud, o las que se salen de lo ordinario» (aunque quizá estas últimas son las que más proliferan en nuestros tiempos). Todo el mundo tiene al menos una idea fuerte al respecto, sea la robótica o el ajedrez, del cine al arte digital o el chino como lengua extranjera hasta la educación en competencias socioemocionales. Todo individuo resulta ser, por definición, un *influencer* curricular, pues todos esgrimen opiniones radicales al respecto, no en vano han pasado muchos años en instituciones escolares y suelen dejarlas —si es que alguna vez las abandonan del todo— poco antes de que sus hijos empiecen a frecuentarlas. Es habitual que los centros privados más competitivos se anuncien llamando la atención sobre su «distinción curricular», esto es, su oferta de robótica, *coding* (codificación o programación informática), matemáticas de Singapur y algún que otro deporte de élite. Además, a ser posible, se requiere que esos nuevos contenidos se consoliden cuanto antes en forma de asignatura, porque esa sería la unidad monetaria del mercado del currículo. Tener una asignatura asegura un lugar en el mapa, se traduce en puestos de trabajo para los docentes y, desde luego, en la entrada por la puerta grande al lucrativo mercado de libros de texto y otros materiales, analógicos y digitales.

Son muchos los *influencers* que están organizados en grupos de presión más o menos poderosos: desde los más tradicionales, como las iglesias, los partidos políticos, los colegios profesionales, las academias, los sindicatos y asociaciones de profesores, hasta los más recientes, como las organizaciones no gubernamentales o las plataformas de activismo político en defensa de minorías o de causas sociales y económicas de todo tipo. La lucha por un espacio —y un tiempo— en el currículo es enconada, agria y sin cuartel. Siendo legítimo su empeño, esos grupos e instituciones defienden intereses particulares apelando al interés público. Y quien más éxito tiene haciendo pasar los primeros por el segundo gana puntos en la partida. El resultado es que el currículo escolar es inflacionario por definición y tiende al enciclopedismo, no en el sentido ilustrado de la palabra, sino en el de género literario. Dado que el tiempo y el espacio son limitados y que, por diversas razones —y en según qué países—, ha tendido a reducirse más que a ampliarse, lo curricular se convierte en un juego, en una guerra, de suma cero: muchos quieren entrar y los que ya están dentro ansían crecer. Por mucha diversidad y flexibilidad que se despliegue, y por más financiación adicional que se movilice para pagar a tanto recién llegado al juego, este exige asumir una suerte de *principio social de Arquímedes*, de modo tal que, si una materia, submateria o curso nuevo entra, habrá de desplazar algo equivalente hacia el exterior.

Nadie puede ganar sin que otro pierda. Y en cada materia, si los conceptos y contenidos por cubrir necesitaran expandirse por una u otra razón, el tiempo y el espacio para profundizar en ellos han de reducirse ineludiblemente.

Al tiempo que todos estos ejércitos —de los que el profesorado es el cuerpo de infantería— se baten por conquistar un lugar reconocido en el currículo escolar, han sido y son cada vez más los administradores e investigadores, junto con los propios docentes, los que reclaman la necesidad de más autonomía profesional en el marco de un mayor autogobierno para los centros escolares. En el mundo anglosajón, con una tradición de descentralización y control local de las escuelas, este tema disfruta de cierto consenso desde los orígenes de sus sistemas educativos. Incluso en los países con un sistema educativo más centralizado y en todo caso propenso a la sobrerregulación, la autonomía del profesorado es un valor al alza porque no se trata de una mera reivindicación laboral —más que justificada, por cierto—, sino porque la profesionalidad se define justamente en esos términos. Un estudio de la OCDE de 2018,[12] tal vez el análisis comparado sobre el tema con mayor riqueza de datos, cifraba en una media del 85 por ciento los profesores de secundaria obligatoria —en los 31 países miembros de esta organización— que estaban «de acuerdo» o «muy de acuerdo» con que, en su desempeño docente, tenían autonomía para decidir sobre los contenidos de enseñanza en su aula. Así, al menos en ese club de países ricos que es la OCDE, la última palabra curricular la sigue teniendo el profesorado. Podría decirse que a este le vienen dados el teatro, el escenario, los compañeros de orquesta, la partitura y la audiencia; sin embargo, en la interpretación tiene un amplio margen de libertad, al que se denomina profesionalidad docente. Y ello a pesar de la turbamulta de *influencers* curriculares.

El clima de politización y polarización crecientes desde la pandemia de COVID-19, que se manifiesta con particular intensidad en el sector educativo, podría estar causando cambios sustantivos tanto en el nivel de autonomía escolar y docente como en el grado de solidez del consenso político y profesional que los promueven. De hecho, el incremento de la polarización parece tener que ver en gran medida con la entrada en el currículo escolar de lo que, por resumir, podemos llamar «nuevas alfabetizaciones»: la ecológica, en el marco de la transición verde; la digital, que hace referencia a la otra gran transición de nuestro tiempo; y la socioemocional, en cuyo ámbito se encuentran las cuestiones de ciudadanía y de formación de identidades de género, orientación sexual, etnia, entre otras.[13] Esta nueva «frontera curricular» está desatando guerras ideológicas que se libran más allá de los libros de texto y de las regulaciones administrativas sobre el currículo escolar.

Como en tantas otras ocasiones, Estados Unidos es la avanzadilla también en este frente. Con especial virulencia desde 2020, el año de la pandemia, los consejos escolares de los casi catorce mil distritos escolares públicos del país se han convertido en un campo de batalla, a veces de modo literal. Ya no se trata solo de la guerra curricular «de los cien años» en Biología sobre la teoría de la evolución, que por cierto está todavía lejos de acabar. En Virginia, por ejemplo, el gobernador creó una línea telefónica directa en la que cualquiera puede denunciar a un profesor si se siente «ofendido» por lo que enseña en clase, o por el lenguaje con el que lo hace. Por su parte, su homólogo de Florida animaba a las familias a demandar a las escuelas si, en algún momento, habían hecho sentir «incómodos» a sus hijos. En paralelo, durante 2021, el consejo escolar de San Francisco pasó casi todo el año discutiendo acaloradamente la urgencia de cambiar los nombres, por considerarlos ofensivos, de dos escuelas hasta entonces llamadas Roosevelt y Abraham Lincoln.[14]

IDENTITAS IDENTITATIS ET OMNIA IDENTITAS[15]

De la misma manera que las sectas islamistas en Sudán veían amenazada su identidad religiosa por aquel libro de Historia, muchos estadounidenses perciben como intimidatorio para sus múltiples y fragmentadas identidades en conflicto casi cualquier cosa: del nombre de una escuela a la introducción de la «ideología de género» en el currículo; desde la teoría crítica de la raza hasta la reescritura de la historia de la guerra civil en el siglo XIX; del estudio de las 37 orientaciones sexuales que hoy existen a la negación del cambio climático o el rechazo a las vacunas y las mascarillas. El resultado en la práctica es que proliferan con velocidad vertiginosa los temas tabús en los planes curriculares y, con ello, tanto las denuncias como las demandas judiciales a profesores y escuelas, y no solo a las públicas.[16]

Este incremento del belicismo ha empezado a dejar muchas bajas en el campo de batalla, además de ministros y directores de instituciones como el NCCER sudanés. Ahora son también los profesores a pie de aula, sometidos a un escrutinio público y a una presión sin precedentes desde las redes sociales, amén del riesgo de verse en el banquillo de los acusados, quienes seguramente añoran los tiempos en que el problema más candente del currículo escolar estadounidense era Darwin y su teoría. Una palabra de más en una clase, usar un ejemplo desafortunado o permitirse un juicio de valor apresurado sobre uno de los temas tabús pueden enfrentarlos a una demanda o, con mayor inmediatez, labrarles una cancelación en el tribunal de las redes sociales. Solo en 2021, casi un millón de profesionales del sector público educativo estadounidense dejó su empleo: 40 por ciento más que en 2020.[17] Cabría pensar, aunque podría ser pronto para saberlo, que este éxodo formó parte de lo que se ha dado en llamar la Gran Dimisión, relacionada con los efectos económicos y psicológicos de la pandemia en muchos colectivos profesionales. Sin embargo, transcurridos ya cuatro años, algunos análisis sugieren que la deserción en masa de profesores tiene raíces más profundas y un alcance que parece aún mayor:[18] además del estrés añadido por la experiencia con la COVID-19, las bajas se deben a un cóctel letal entre devaluación profesional, alimentada por la creciente presión y riesgo políticos, junto con una cada vez mayor desconfianza pública con respecto al ejercicio de su profesión. Al mismo tiempo, no debe olvidarse que las expectativas familiares, sociales y políticas sobre la educación y sobre los propios profesores no dejan de aumentar. Esta mezcla explosiva podría explicar el «sálvese quien pueda» docente actual.

Es imposible saber si lo que sucedió en Estados Unidos se propagará a otros países y, de hacerlo, en qué medida y con qué consecuencias. No sería, desde luego, la primera vez que ese país marcara tendencia en materia educativa. En España, por ejemplo, aunque existe una tensión estructuralmente similar a la estadounidense entre quienes exigen un PIN parental y los que practican la cultura de la cancelación en redes sociales, e incluso en el activismo político, la virulencia de la guerra curricular no es, por el momento, tan alta como allí. Lo que sí es común a ambos —y se podría afirmar también de muchos otros, especialmente en Occidente— es la tendencia creciente al repliegue identitario como respuesta a las décadas marcadas por la globalización. Este fenómeno describe con la misma eficacia a la derecha conservadora, religiosa y nacionalista que exige, también en lo curricular, «volver a lo nuestro», y a la izquierda que ha decidido hacer bandera de la llamada política identitaria y demanda que el currículo escolar reconozca, dé visibilidad y trato diferencial a todas esas nuevas identidades emergentes (además de a otras que no son tan nuevas, como la nacional, en este caso de las naciones sin Estado).

El repliegue y la deriva identitarios tienen consecuencias sobre la desigualdad educativa porque priman intereses que pueden acabar sacrificando oportunidades e igualdad a cambio de reconocimiento de la identidad. Por que ya no son solo la nacional o la cultural, sino también las múltiples manifestaciones que hoy se revelan como expresiones de la dignidad humana diferencial, que son casi siempre identidades fragmentadas y en conflicto, precisamente porque perciben al resto del mundo como una amenaza permanente. De hecho, las brechas educativas (de género, origen étnico y socioeconómico, por lengua materna, entre otras) presentan formas nuevas e incluso están dando lugar a un reordenamiento de las prioridades en las políticas públicas diseñadas para hacerles frente (lo que podría obstaculizar otras no menos estratégicas, como la de aprender a leer). La confrontación política se plasma, sobre todo, en la demanda de más oportunidades, pero, poco a poco, también de una mayor igualdad de resultados para un número potencialmente creciente de colectivos. Los currículos escolares, en consecuencia, además de ser un campo de batalla político e ideológico, lo serán, cada vez más, de batalla cultural.

Desde que se crearon los sistemas educativos formales, la globalización ha sido el software que ha gobernado su desarrollo. Desde el siglo XIX, con las interrupciones y retrocesos que son bien conocidas (las guerras mundiales, sobre todo), esos sistemas se han configurado siguiendo unos patrones globales de institucionalización:[19] una estructura básica en tres niveles —primaria, secundaria y terciaria—, exámenes externos como mecanismos de graduación y transición, escuelas divididas en aulas cada una a cargo de un profesor y, por supuesto, un conjunto de conocimientos y saberes organizados en asignaturas. El proyecto educativo universal ha traído una escolarización sorprendentemente uniforme en todo el mundo, con el currículo como una de las principales aplicaciones de ese software global. Las estadísticas sobre los sistemas educativos que cada año actualizan la Unesco o la OCDE son fáciles de compilar —y de interpretar— precisamente gracias a la comparabilidad esencial de la educación a lo largo y ancho del mundo. Los sistemas de acreditación y equivalencia internacional de certificados y diplomas académicos se apoyan también en este isomorfismo educativo.

Si durante siglos el conocimiento —ahora diríamos también la competencia— considerado más valioso era el dominio del latín y luego pasaron a serlo las matemáticas y las lenguas nacionales de los imperios, hoy es posible que el *coding* pueda terminar ocupando ese lugar prominente que, entre otras cosas, sirve para definir qué conocimiento se considera más valioso, quién ha de tener acceso a él y qué ventaja o ventajas comparativas le va a dar. El *coding*, que sería la última novedad curricular de la globalización, compite con las consecuencias del repliegue identitario, cuya creciente centralidad, que lleva aparejada fragmentación y se nutre del conflicto, supone una fuerte tendencia hacia la desglobalización del currículo escolar.

Boko Haram, el grupo terrorista que, con base en Nigeria, operaba también en Chad, Níger, Malí y Camerún, puso en el punto de mira la escolarización, especialmente la de las niñas, entendiendo que era una imposición occidental que atentaba contra la identidad religiosa y nacional de su país. Desde posiciones muy diferentes, pero también en relación con el sur global, se ha construido toda una hermenéutica bien asentada según la cual el currículo escolar producto de la globalización está colonizado por las antiguas metrópolis occidentales y que es esencialmente elitista, machista y racista.[20] En este sentido, la educación occidental también sería un pecado —como se dio en traducir, erróneamente, Boko Haram—, si bien en este caso sería el pecado original.

La «vuelta a lo nuestro» que exigen los sectores más conservadores —los descontentos— y la descolonización de lo curricular que propugnan teóricos y activistas de la izquierda —que forman parte de los desencantados— coinciden en la urgencia de hacer saltar por los aires el currículo escolar aún dominante, que se ha construido durante siglos con el *trivium* y el *quadrivium* como piedra fundacional y la enciclopedia de la Ilustración como el primer referente material. Un currículo descolonizado expone y desmantela los patrones de valoración del conocimiento valioso a la vez que redefine el mérito académico, además de la propia naturaleza y los contenidos de cada una de las que veníamos llamando «asignaturas». Una pléyade de nuevas identidades en ascenso reclama visibilidad, reconocimiento, poder, incluso reparación. Al mismo tiempo, en esta nueva frontera, quienes siguen en la trinchera de las tradicionales identidades religiosas, culturales, lingüísticas, disciplinares y hasta artísticas sienten cada vez más cerca una amenaza que perciben como existencial. En las guerras curriculares que se están librando en nuestro tiempo, las políticas identitarias prevalecen sobre las de la igualdad. El narcisismo y el victimismo colectivo y fragmentado parecen estar doblando el pulso a la destartalada —pero todavía digna— agenda de la libertad, igualdad y fraternidad. Volveremos sobre esto al tratar el vínculo entre recesión democrática y expansión de la educación.

LA GUERRA CURRICULAR POR EXCELENCIA: MEMORIA Y ESFUERZO FRENTE A INSTRUIR DELEITANDO Y APRENDER DIVIRTIÉNDOSE

Las conocidas como «nuevas pedagogías» se las han arreglado para serlo durante mucho tiempo. Se formularon y desarrollaron en Europa y Estados Unidos por medio del movimiento de la Escuela Nueva, que tiene al menos ciento cincuenta años de historia.[21] El apellido Montessori es conocido en todos los rincones del mundo, como también, aunque en menor medida, los de Decroly o Freinet, que igualmente han dado nombre a «franquicias» asociadas con una cultura escolar y docente innovadora y progresista. En este siglo y medio, todos esos nombres que representan a la nueva pedagogía introdujeron en el debate y la práctica educativos los principios de individualización de la enseñanza, el aprendizaje activo y cooperativo, la globalización interdisciplinar de los contenidos, el método de proyectos y, con todo ello, la apertura de espacios curriculares más amplios y oportunidades de aprender más relevantes para los estudiantes. Durante este tiempo, y especialmente en sus orígenes, la vanguardia pedagógica de la Escuela Nueva no llegaba más allá de pequeñas redes de centros privados, por los que solo apostaba una élite moderna y progresista. En España fue la Institución Libre de Enseñanza, que aglutinó a toda la aristocracia intelectual del país durante casi cincuenta años, la que adoptó y adaptó los principios de la nueva educación, que fue dejando de ser experimental, elitista y exótica para extenderse y penetrar en las sucesivas reformas que guiaron la universalización de la primaria y, a finales del siglo XX, también de la secundaria.

Justo en ese momento, al democratizarse y masificarse la educación secundaria, tanto descontentos como desencantados han puesto en el punto de mira a las nuevas pedagogías. Las teorías y prácticas pedagógicas que durante largo tiempo se identificaron con modernidad y calidad han pasado a ser las principales sospechosas de la supuesta decadencia de la educación occidental. Al oficializarse en la legislación, por un lado, y al llegar a la secundaria, por otro, se acabó de repente la fiesta pedagógica de más de un siglo: «instruir deleitando» y «aprender divirtiéndose» podían valer para el preescolar o, como mucho, para los primeros cursos de primaria; después, se acusó a las nuevas pedagogías y a toda la tradición de la Escuela Nueva de no ser más que una estafa inventada por vagos y «buenistas». Hablar de juegos educativos es contradictorio en los términos. La gamificación representaría claudicar frente a las grandes tecnológicas y no sería más que una engañifa para minar la disciplina de los niños y los jóvenes, condenándolos a la adicción a las pantallas. O se juega o se aprende. O se educa o se entretiene. Las escuelas no pueden ser parques de atracciones ni ferias de pueblo. La letra entra con sangre y el número más todavía. Así, las nuevas pedagogías habrían fracasado siglo y medio después de su nacimiento, a pesar de haber mantenido su marca de «novedad» todo ese tiempo. La campaña de acoso y derribo contra estas metodologías y contra los profesionales de la educación a quienes se identifica con ellas se está convirtiendo en un nuevo género literario que podría terminar teniendo su propia sección en las librerías. Lo cultivan y consumen tanto descontentos como desencantados y, en algunos países, ha llegado a producir auténticos éxitos de ventas.[22]

La guerra curricular cultural entre la reivindicación del esfuerzo y la memoria frente a la supuesta devaluación causada por el fracasado buenismo pedagógico se libra fundamentalmente en la secundaria, lo mismo en la obligatoria (doce a dieciséis años) que en la casi obligada (dieciséis a dieciocho años), y tiene en el propio profesorado de esos niveles a buena parte de sus principales contendientes. La batalla más visible está en las reformas basadas en competencias, que pretenden transformar un currículo elitista en otro más inclusivo y relevante. Para los descontentos, las competencias son otra vuelta de tuerca en el proceso de adulteración de la educación que seguirá aumentando la ignorancia de las nuevas generaciones; para los desencantados, se trata de un currículo al servicio exclusivo del mercado laboral, de las élites neoliberales globales y del sector privado, mientras que el conocimiento valioso seguirá siendo privilegio de unos pocos.[23] La secundaria concentra, pues, el enfrentamiento entre dos tradiciones: por un lado, la iliberal, que se resiste a un proyecto educativo universal que comete el imperdonable error de educar a las élites como si fueran masas; por otro, la ilustrada, que quiere educar a las masas como si fueran élites y que lo va consiguiendo en parte y muy lentamente, aunque no termina de saber cómo reorganizar sus fuerzas y su estrategia *militar* ante la nueva ola de desafíos a los que se enfrenta.

6

El secreto del éxito es empezar desde arriba o la muerte de la meritocracia

> Porque sois un gran señor os creéis un gran genio. ¡Nobleza, fortuna, cargos, rango, todo eso anima vuestro orgullo! ¿Qué habéis hecho para merecer tantos bienes? Os habéis tomado la molestia de nacer y nada más.
>
> Yo, en cambio, perdido entre la oscura multitud, he tenido que desplegar más conocimiento, cálculo y habilidad sólo para sobrevivir que lo que ha bastado para gobernar todas las provincias de España durante un siglo.
>
> BEAUMARCHAIS, monólogo de Fígaro interpelando al conde de Almaviva, *Las bodas de Fígaro*

BOSTON, ESTADOS UNIDOS

Todavía en los tiempos de la Gran Recesión, allá por 2011, se inició en Massachusetts la operación policial conocida como Varsity Blues. Según el propio Departamento de Justicia, el caso surgió accidentalmente mientras se investigaba otra cosa. No mucho después, el Fiscal del Distrito imputaba a un total de cincuenta personas, entre las que había dos famosísimas estrellas de Hollywood, directores generales y consejeros delegados de compañías bien conocidas, así como varios entrenadores de equipos deportivos universitarios. Esta red de notables había movido veinticinco millones de dólares para asegurar la admisión de sus hijos a las universidades de élite conocidas en Estados Unidos como Ivy League. La mayor parte de ese importante desembolso fue en mordidas a los responsables de las oficinas de Admisión y a seleccionadores de los equipos deportivos de estas instituciones para que reclutaran como «atletas» a quienes claramente no lo eran. La cobertura legal de esos pagos se hacía mediante fundaciones benéficas. Además, en no pocos casos, y tal vez para asegurar la operación más allá de los sobornados, estudiantes bien seleccionados recibieron dinero para que suplantaran a sus hijos en cursos y exámenes; hasta se incurrió en falsedad documental en las solicitudes de admisión, aportando notas falsas en las pruebas de acceso e informes ficticios sobre supuestas actividades atléticas. Según narra Sandel[1] en su célebre diatriba contra la meritocracia, algunos padres pagaron también a los consejeros y psicólogos de las universidades para que convencieran a sus hijos de que se habían ganado limpiamente el ingreso, cuidando así de que su autoestima se reafirmara y no sufriera.

Las historias sobre fraude, corrupción y prácticas ilegales en los exámenes de acceso a la universidad son moneda común en todo el mundo. Al mismo tiempo, la distribución de oportunidades escasas por medio de una carrera abierta y anónima ha sido durante más de dos siglos la razón de fondo por la que todas las sociedades confían en la educación como la gran igualadora. Los exámenes competitivos, inventados en China y perfeccionados por la burocracia napoleónica y luego victoriana, son la esencia de eso que más adelante se dio en llamar meritocracia. A comienzos del siglo XXI, sin embargo, parece que quienes como Fígaro, cuando interpelaba al conde Almaviva, habían confiado en que los privilegios de nacimiento desaparecerían ante el empuje democrático del valor, la capacidad y el mérito individuales, concluyeron que la meritocracia es en realidad una trampa; que la supuesta igualdad de oportunidades no es sino una burda manipulación, porque las reglas del juego en la carrera tienen demasiadas excepciones y los que parten con ventaja han conseguido poner a su servicio tanto las normas como los instrumentos de la meritocracia, empezando por el sistema escolar y sus exámenes competitivos. La gran igualadora sería además, y sobre todo, la gran diferenciadora. En efecto, como sentenció Cary Grant en *Sospecha*: «el secreto del éxito está en empezar desde arriba».

Si los privilegios de cuna siguen contando hoy más de lo que a Fígaro le gustaría, hay que reconocer, sin embargo, que los herederos del conde de Almaviva tienen que hacer algo más que molestarse en nacer para disfrutarlos y no digamos ya para justificarlos. El caso Varsity Blues, que siendo muy extremo, no debe considerarse una anécdota aislada, provoca perplejidad, genera dudas razonables y preguntas de gran calado: ¿cómo se explica que miembros de la élite más exclusiva, valga la redundancia, en el país más rico del mundo, pagaran hasta 1,2 millones de dólares en sobornos y se arriesgaran a acabar en la cárcel para que sus hijos entraran en universidades selectivas por la puerta de atrás? Considerando su ventaja de partida en la carrera educativa global, ¿de verdad les hacía falta llegar a esos extremos? Es más, en Estados Unidos, el país del que se dice que «hay un *college* para cada americano», donde el acceso a la universidad es comparativamente más fácil (en especial para la clase alta), ¿cómo hay que entender que los más privilegiados estén dispuestos a delinquir para colocar a sus retoños en esas instituciones escogidas? Primero, como ya se vio anteriormente, el retorno privado de estudiar en ellas es hoy mayor que nunca y que les parece indispensable para mantener su estatus, es decir, su distinción; segundo, y más importante, que el acceso a esas instituciones podría seguir siendo más meritocrático de lo que los negacionistas de la existencia de igualdad de oportunidades dan por supuesto. En fin, si la élite estadounidense sigue asignando un gran valor al acceso a las universidades más selectivas, y si ese acceso no es pura cuestión de privilegio, ¿podría sostenerse que la meritocracia de Beaumarchais y Mozart todavía respira? ¿O hay algo más en este tema que todavía no ha entrado en escena?

LA MERITOCRACIA CAMBIÓ DE BANDO ANTES DE MORIR Y NO HAY PARAÍSO AL QUE VOLVER

La meritocracia, concepto acuñado por Michael Young en la segunda mitad del siglo xx, con poca o ninguna intención programática, ha servido después como instrumento para designar la igualdad de oportunidades y, con ella, la necesaria primacía del mérito y la capacidad personales sobre los privilegios de cuna y de relaciones sociales asociados a ella. Fue bandera del progresismo ilustrado hasta que quienes hemos llamado sus desencantados concluyeron que la igualdad de oportunidades en la competencia meritocrática es en realidad un trampantojo que no hace sino, precisamente, generar más desigualdad o, en todo caso, perpetuar la ya existente. El giro dramático está en que es la derecha conservadora la que ahora la abraza, sustituyendo con habilidad lo que en su día llamaba derechos de nacimiento por un «esfuerzo» que sería, supuestamente, mayor entre los suyos. Y es que algunos se dieron cuenta de que seguían teniendo una ventaja de partida que, bien explotada, podría legitimar y apuntalar una nueva narrativa basada en una carrera, hoy ya sí abierta a todos, en la que salen con varios cuerpos de ventaja. El giro tragicómico está en que la clase social que hasta hace unas pocas generaciones presumía de no haber trabajado nunca, acusa ahora a los Fígaros del mundo, y con ellos a los partidarios de la movilidad social, de estar en contra del esfuerzo individual y llevar así a la decadencia a nuestras sociedades.

El ideal meritocrático, que podría considerarse el espíritu que subyace al contrato educativo tradicional («si estudias duro, la sociedad te premiará con un buen trabajo e independencia financiera»), ha entrado en crisis desde muchos frentes. Por un lado, se acumula la evidencia de que el mérito académico está mucho más relacionado con la cuna y los genes de lo que habíamos creído, y que distribuir oportunidades y empleos con ese criterio no reduce la desigualdad ni crea el «terreno de juego equilibrado» con el que se había soñado. Al contrario, cuantos más corredores participan en la carrera, las brechas de desigualdad no hacen sino multiplicarse en forma y fondo. Por otro lado, el auge de las políticas identitarias está desafiando —y deslegitimando— la meritocracia, reclamando nuevos criterios de asignación de oportunidades a partir de identidades diferenciales que solo así podrían ser reconocidas y respetadas. En ese contexto, la propia adquisición de méritos se podría considerar dudosa o incluso ilegítima y, por las mismas razones, también cualquier decisión que asigne oportunidades escasas dependiendo del mérito. Para buena parte de la izquierda occidental, el mérito ya no es solo una trampa, sino la unidad de medida con que se justifican los privilegios de los ricos. Lo considera un concepto a desterrar.

Si se declara a la meritocracia muerta y enterrada, el problema en educación es que no hay paraíso al que regresar, asumiendo, claro está, que volver a los privilegios de nacimiento y cultura del nepotismo no se perciba como un avance. Tampoco hay mucha claridad sobre cuáles serían los paraísos alternativos hacia los que ir, que enseguida veremos. La paradoja es que el ideal meritocrático sigue siendo necesario como elemento clave del contrato educativo y, a la vez, es su peor enemigo, pues estaría perpetuando o incluso incrementando la desigualdad de resultados entre los estudiantes a medida que se expanden y universalizan los sistemas escolares en todo el mundo y, por ende, al mismo tiempo que sus diferencias de partida se hacen más visibles. Si algo parece claro a estas alturas, es que hay que concebir y formular un nuevo contrato educativo.

LOS EXÁMENES COMPETITIVOS Y SU FUTURO COMO INSTRUMENTO DE SELECCIÓN MERITOCRÁTICA

Volvamos a las prestigiosas universidades de la Ivy League. Cabe poca duda de que acceder a ellas se percibe en todo el mundo como una garantía infalible de un futuro profesional brillante. El mero hecho de tener un título con su escudo y sello aporta un gran capital diferenciador a quien lo posee, que cobra mucho más valor en un mercado global en el que los retornos laborales se han disparado. Estados Unidos fue pionero en expandir y democratizar la secundaria, favoreciendo así un sistema de educación superior que sigue sin tener parangón, tanto en términos de calidad o excelencia como en lo que se refiere a la preocupación activa por identificar y nutrir el «talento», más allá de cualquier razón de clase, sexo, nacionalidad, religión, etnia, etc. Pero a medida que se democratizaba el acceso a este nivel educativo, se reafirmaba el carácter elitista de un puñado de universidades que tienen una marca reconocible en todas partes. De nuevo, expandir y democratizar las oportunidades genera, paradójicamente, nuevas y más profundas diferencias, reforzando como efecto colateral, las opciones de élite que segmentan cada vez más el sector.

Las oficinas de Admisión de todas las universidades estadounidenses, públicas y privadas, se preocuparon desde muy pronto por cómo el mérito académico y el talento en general se distribuyen de modo desigual entre distintos colectivos de estudiantes candidatos. Las medidas que fueron tomando, muy proactivas y sin precedentes, comenzaron en la primera mitad del siglo XX: de entrada, los exámenes de acceso se convirtieron en pruebas de respuesta objetiva y de madurez académica que garantizaban la corrección y puntuación anónimas. Además, los oficiales a cargo de dichas oficinas redefinieron y ampliaron el propio concepto de mérito académico, lo que abrió la puerta de las universidades más selectivas a deportistas, artistas y a personas con experiencia laboral o simplemente vital que les parecía que podían cursar con éxito sus programas de estudios superiores. Por último, el proceso de admisión fue incorporando otros criterios aparte de la nota en la prueba de acceso, lo que permitía contemplar más variables y más dimensiones del rendimiento y las capacidades de los alumnos. La decisión final dependía, pues, cada vez menos de los resultados de un examen. Hoy son muchas las universidades que ya ni siquiera exigen esa nota para ser admitido.

Todas estas medidas han ido configurando una política de acceso a la educación superior centrada en la identificación de talento no solo en la contienda académica y, con ello, habilitando un sistema universitario más abierto, flexible y de mayores dimensiones que en el resto del mundo. Sin embargo, esa pequeña minoría de universidades altamente selectivas, fuente de distinción e incluso de prácticas corruptas, ha seguido pescando la abrumadora mayoría de sus estudiantes en el mismo río de siempre. Encontramos aquí el tema más candente y controvertido de la democratización del acceso a la universidad; se trata del a menudo denominado «pecado original» de Estados Unidos: el racismo. Ya en los años sesenta, en el contexto del gran movimiento por los derechos civiles, algunas universidades comenzaron a aplicar la *affirmative action*, esto es, una política que no se limitaba a ofrecer becas a los alumnos negros o hispanos, sino que además creaba una cuota de admisión preferente para ellos: una discriminación positiva. La medida era sin duda radical y, más de medio siglo y centenares de procesos judiciales después, continúa siéndolo. De hecho, el Tribunal Supremo (reconfigurado tras los nombramientos del presidente Trump) anunció en su día la intención de prohibir estas políticas de acción afirmativa o de cuotas preferentes que dependan de la etnia; el fallo al respecto llegó, en efecto, en 2023.

TABLA 2. Composición estudiantil de universidades «muy selectivas» (2015-2016) en Estados Unidos frente a composición en el grado 12 de los que obtuvieron un *advanced* en NAEP

	Porcentaje de población entre 18 y 24 años	Porcentaje de estudiantes matriculados en universidades selectivas	Porcentaje de estudiantes de grado 12 con resultado *advanced* en lectura	Porcentaje de estudiantes de grado 12 con resultado *advanced* en matemáticas
Blanco	54	56	83	70
Negro	15	9	2	0-5*
Hispano	22	19	7	5
Asiático	6	16	8	20
Pobre	20	13	12	0-8*
No pobre	80	87	88	92-100*

Fuente: National Assessment of Educational Progress (NAEP), lectura y matemáticas en grado 12, 2013 (cuando esta cohorte de estudiantes estaba en la secundaria superior).

Nota: «Pobre» se define como «elegible para beca total o parcial de almuerzo escolar»; esto incluye estudiantes cuya familia tiene ingresos hasta el 185 por ciento por encima del umbral federal de pobreza. *Menos del 1 por ciento de los estudiantes negros y de los pobres consiguieron la calificación de *advanced*.

En la tabla 2 se observa la composición estudiantil por etnias de las universidades «muy selectivas» (en los años que tuvieron lugar los hechos del Varsity Blues) comparándola primero con la de la población de dieciocho a veinticuatro años, lo que da idea de la mayor o menor presencia de cada una de ellas, y después con el porcentaje de estudiantes que, al terminar el bachillerato, tenían una puntuación de *advanced* en el NAEP, el examen nacional para evaluar el rendimiento estudiantil que no tiene consecuencia alguna para los alumnos: es, por tanto, una prueba sin sesgos o incentivos en la carrera meritocrática —si se quiere, una medida más pura— libre de efectos contaminantes. En consecuencia, se trata de un indicador fiable de excelencia académica y, como tal, de un buen predictor del potencial de acceso a estas universidades prestigiosas y altamente demandadas.

Los datos muestran con claridad que negros e hispanos estaban infrarrepresentados en estas universidades y que, si se consideran los porcentajes de estudiantes excelentes, lo estaban muchísimo más. Esa diferencia, que es notable, se explica precisamente por las medidas de acción afirmativa, la cuota preferente de acceso que también en esas universidades se ha venido implantando desde hace décadas. Sorprende que la representación de los estudiantes «pobres» frente a los «no pobres» era aún peor que la de negros e hispanos frente a blancos, mientras que su proporción de excelentes era algo mejor. No obstante, el tema de la raza es mucho más sensible que el de la renta en Estados Unidos y la desigualdad resultante es mucho menos tolerable desde el punto de vista social y político.

Si miramos los datos correspondientes a los estudiantes asiáticos, la historia es bien diferente. Suponiendo solo el 6 por ciento del grupo de edad, casi triplican (16 por ciento) esa cifra en cuanto al acceso a las universidades muy selectivas y —lo que es más reseñable, si cabe— alcanzan el 20 por ciento de los alumnos excelentes (*advanced*) en matemáticas. Esto quiere decir que su alto potencial de entrada a las grandes universidades lo es además en facultades y grados de los llamados STEM (ciencias, tecnología, ingenierías y matemáticas). La igualdad de oportunidades de la meritocracia clásica, por así decir, no funciona con otras minorías étnicas, pero parece hacerlo eficazmente con la asiática. La polémica de la acción afirmativa se enconó todavía más cuando los responsables de las oficinas de Admisión empezaron a limitar el acceso de los asiáticos con objeto de mantener las cuotas preferenciales de negros e hispanos. La consecuencia fue que muchos estudiantes asiáticos con mérito académico más que suficiente se quedaban fuera de los centros de élite a los que aspiraban. De nada les valía ser también una minoría étnica y, además, proceder en su mayoría de clase social trabajadora. De hecho, lo que les sacaba de la cuota que se venían ganando con sus logros eran justo esos resultados. Ello, primero, porque los logros académicos, precisamente por ser «resultados» y ser desiguales, quedan neutralizados —y deslegitimados— por el imperativo de asegurar las cuotas de igualdad identitaria; segundo, y esto es lo importante, porque desde ese fundamentalismo identitario no puede justificarse la sobrerrepresentación de los asiáticos entre los estudiantes con mejores resultados académicos, pues se entiende que penaliza a sus compañeros negros e hispanos.[2]

Sin embargo, a efectos prácticos, la discriminación —negativa, en este caso— de los asiáticos en el acceso a la educación superior de élite equivaldría a limitar el número de afroamericanos que juegan en la NBA, el de brasileños que lo hacen en equipos de fútbol europeos, el de vascos al frente de restaurantes con estrella Michelin, el de corredoras kenianas y somalíes que ganan maratones y carreras de fondo, el de blancos anglosajones que reciben el Nobel de Economía, y así un largo etcétera. Estos ejemplos resultan provocadores y, sin embargo, hablamos de solo unos cuantos individuos en cada caso. Lo que ocurre con los estudiantes asiáticos afecta a decenas de miles de personas y no parece generar escándalo o vergüenza. Como desde luego tampoco lo causa la infrarrepresentación de estudiantes pobres, aun reconociendo las generosas políticas de becas. Es prueba sólida de que equidad y justicia no vienen juntas con facilidad, a pesar del credo rawlsiano, a saber, que la justicia como equidad puede tener también un alto coste en términos de igualdad. O que la primacía política de las identidades múltiples —y progresivamente fracturadas— en nuestras sociedades implica sacrificar igualdad. Para los estudiantes asiáticos, no hay duda de que la meritocracia ha muerto. Son una minoría ganadora en términos meritocráticos, pero perdedora cuando de resultados se trata. Porque ser una minoría étnica y de clase no parece ser suficiente para compensar el *pecado* de estar sobrerrepresentados en la parte alta de la distribución de rendimiento académico, ejemplo inequívoco y paradigmático de que la igualdad de oportunidades ya no es suficiente y que lo que cuenta hoy para la izquierda identitaria es la de resultados. De la igualdad *ante* la ley, se estaría pasando a la igualdad *mediante* la ley.

LA POSMERITOCRACIA: DE LA IGUALDAD DE OPORTUNIDADES A LA IGUALDAD DE RESULTADOS

No cabe duda de que las políticas de acceso preferente a la universidad para minorías étnicas han sido y siguen siendo un imperativo político en Estados Unidos y que tienen una justificación moral y social. También es cierto que el precio que hay que pagar —los asiáticos, por ejemplo, o los estudiantes pobres en general— está creciendo y conlleva un desgaste político para quienes las defienden que se incrementa en igual proporción. Al renegar de la meritocracia y de sus instrumentos porque discriminan a los más débiles de la sociedad, se ignora *de facto* la igualdad de oportunidades por engañosa y, sin más alternativa, se pasa a regular los resultados para que sean más equitativos por «diseño».

A mayor igualdad de oportunidades de acceso, es decir, a mayor número de personas registradas para correr la maratón, mayor va a ser la diferencia de resultados entre ellas al llegar a la meta. Si esas diferencias tienen además un sesgo de raza, de género o de otras variables diferenciales, como siempre es el caso en el mundo académico, la simple igualdad de oportunidades es una máquina paradójica generadora de desigualdad. Y, puesto que reducir el acceso no es una alternativa aceptable, ya que implicaría volver al Antiguo Régimen, se opta por regular el uso de los resultados para corregir la discriminación. Las posiciones más conservadoras se han apresurado a hablar de «desprecio del esfuerzo individual», de «ingeniería social», además de haber capitalizado los conceptos de mérito y esfuerzo y de llegar a defender la idea de que las políticas de acción afirmativa son en realidad malas para sus beneficiarios.[3]

Para el pensamiento dominante en una parte de la izquierda actual, la identidad es el tema capital y las identidades múltiples de cada persona son fuentes tanto de desventaja y discriminación como de privilegios. El concepto de interseccionalidad es importante como marco analítico para entender cómo las distintas identidades —variables diferenciales— de un mismo individuo se combinan y refuerzan mutuamente para generar empoderamiento o para producir opresión. Estamos hablando de variables como género, casta, sexo, raza y etnia, clase social, orientación sexual, religión, discapacidad, peso corporal o apariencia física, entre muchas otras. Los teóricos de la interseccionalidad dejan claro que la opresión y la discriminación no provienen de una sola identidad —ser mujer, por ejemplo—, sino de la interacción entre varias. Y así, no hay una sola forma de opresión ni de privilegio, sino múltiples y con una fórmula específica en cada colectivo o grupo.

No obstante, a la hora de medir resultados en función de las distintas identidades, las variables y sus correspondientes brechas se consideran de una en una. Dicho de otra forma, la igualdad de oportunidades no se mide en términos de la igualdad de acceso, sino, cada vez más, en igualdad de resultados. Por ejemplo, la igualdad de género en educación puede valorarse de varias maneras: una es el porcentaje de mujeres sobre el total de quienes ingresan a la universidad —la paridad de género— y otra es el porcentaje de mujeres que accede a los puestos más altos de la jerarquía académica. Lo mismo ocurre en el mundo laboral: una medida es la participación en el empleo y otra el porcentaje de mujeres en cargos directivos. De nuevo, unas métricas se relacionan más con el acceso o las oportunidades; las otras, lo hacen sobre todo con los resultados.

La representación de las mujeres en puestos de responsabilidad se percibe como relacionada con la desigualdad de oportunidades, con su propia metáfora: el techo de cristal. Por ejemplo, en 2022 en España solo había tres rectoras en las setenta universidades públicas y el porcentaje de catedráticas era muy bajo frente al de los hombres que llegan a lo más alto de la jerarquía académica.[4] Es un entorno institucional, por cierto, en el que no hay ninguna brecha salarial.[5] En ambos casos, la introducción de cuotas de representación femenina en esos niveles ha ido ganando el beneplácito social como medida agresiva para forzar un cambio de mentalidad necesario en todos los actores, hombres y mujeres. De hecho, la evidencia empírica de que los cupos de género en política o en el sector privado tienen un efecto a largo plazo y cambian la composición de los órganos de gobierno de las organizaciones, incluso cuando desaparecen.

El problema con esa vara de medir es el siguiente, y vamos con el ejemplo —tal vez el más mediático— de la presencia femenina en la cúpula de las grandes empresas: si, digamos, solo el 5 por ciento de las compañías tienen a una mujer en el puesto de mayor responsabilidad, se asume de inmediato que hay un déficit del 45 por ciento hasta llegar a la paridad 50/50. Y, dada la enormidad de la brecha, se justifica un marco legislativo que imponga cuotas —o al menos exponga en público a las compañías que mantienen una gran brecha de género— en la contratación de directivos, para así acelerar el camino hacia la igualdad. Con todo, la pregunta que queda sin responder, y que tiene una enorme relevancia desde el punto de vista educativo, es: ¿esa brecha llamada «de género» es realmente toda de género? Dicho de otro modo, ¿esa desigualdad de resultados debe atribuirse por completo a la variable sexo? ¿No sería de sentido común asumir que una parte, más pequeña, de la brecha, tendría que ver con el estatus socioeconómico —la clase social y su propio techo de cristal— de esas profesionales que no llegan, a pesar de tener la capacidad suficiente, más que con el hecho de ser mujer? ¿O con su origen étnico? ¿O incluso con otras variables como la orientación sexual, la edad, la procedencia, la lengua materna y el acento con el que la hablan, la religión o la discapacidad física? Y así podríamos seguir con otras variables diferenciales hasta llegar a la individualidad: ¿cuántas de esas mujeres que no llegan a ser la CEO de su empresa a pesar de tener talento suficiente para ello no lo hacen porque tienen otros intereses u objetivos profesionales y personales? Al final de esta enumeración, ¿qué porcentaje de la brecha de género, de la brecha de clase social, de la brecha de etnia, de la territorial, de la urbano-rural o de la de orientación sexual es al cien por cien resultado de esa sola variable diferencial? La pregunta es retórica. Es obvio que ninguno. No obstante, el discurso dominante sobre la igualdad da por supuesto que todo.

Pongamos otro ejemplo, que seguro que peca menos de incorrección política: si hablamos de una brecha de clase social (medida en quintiles de renta) y comprobamos que los que llegan a CEO o a rector son, digamos, el 80 por ciento del quintil de renta superior y solo el 3 por ciento del más bajo, asumiríamos que la brecha de clase —o de renta, o de procedencia socioeconómica, como se la quiera llamar— es la que va del 3 al 80 de los quintiles 1 y 5 de la distribución de renta. Dando por bueno el marco analítico de la intersecciónalidad, no toda la brecha de clase es solo de clase, sino que está compuesta también de la variable género, de la étnica y de otras muchas. Por consiguiente, toda la diferencia entre pobres y ricos a ese respecto no se explica en exclusiva por su cuenta corriente; también lo hace por el sexo de unos y otras, la etnia o la nacionalidad, la lengua materna y el acento con el que la hablan, la discapacidad y, en última instancia, por variables relacionadas con el derecho a la individualidad (gustos, intereses y objetivos estrictamente personales), que a su vez estarían condicionadas o influidas por todas las demás identidades. En definitiva, la brecha es por naturaleza interseccional, como lo son también las formas de discriminación —y de privilegio— que se derivan de ella.

FRAGMENTACIÓN DE IDENTIDADES Y LA IGUALDAD COMO SUDOKU IRRESOLUBLE

Dado que el potencial para adquirir capital meritocrático se demuestra todavía determinado en gran medida por la procedencia socioeconómica y por el género, se entiende necesario aplicar medidas correctoras y compensatorias. El mérito profesional o personal pasa a un segundo o tercer plano y se considera irrelevante. Incluso, en ocasiones, ilegítimo. Serviría como mucho para colocarse bien entre los elegibles. Las múltiples identidades y sus correspondientes brechas de igualdad de resultados serían tan importantes y graves como para deshacer o corregir cualquier proceso de selección inicialmente basado en méritos individuales. En este caso, además, la palabra «corrección» vale en sus dos sentidos: en el de lo que resulta correcto y en el de que corrige un escenario que, de otro modo, daría por buena la discriminación y opresión que los múltiples grupos identitarios dicen sufrir.

Al convertirse las variables diferenciales en identitarias —en este momento todas tienden a serlo—, las brechas de desigualdad se atribuyen en bloque a cada una de ellas, dependiendo de cuál se considere en cada momento. Esta conciencia de desigualdad asociada a la identidad resulta políticamente intolerable en buena medida por su efecto multiplicador y la percepción de injusticia estructural que de ello se deriva. Una vez más, la propia igualdad de oportunidades se contempla como parte de la injusticia porque los resultados siguen siendo desiguales y la deslegitiman de raíz. Llegados a este punto, y siempre desde la perspectiva del pensamiento dominante de una parte de la izquierda occidental, solo cabría ampliar las políticas de cuotas preferenciales construyendo sobre los casos vistos hasta ahora —sexo y etnia—, con los que se ha conseguido un grado considerable de aceptación social y consenso político, a pesar de que sigan dando lugar a una fuerte controversia (especialmente en el caso de las minorías étnicas).[6]

Una vez abierto del todo el melón de las cuotas en el contexto de múltiples identidades cada vez más fracturadas, empieza a vislumbrarse el problema que bautizamos como el «sudoku de la igualdad». Si toda brecha social es políticamente atribuible a una sola variable y si, por tanto, fueran necesarias cuotas para corregir cada una de ellas, ante una multiplicación de identidades que se autoperciban como minorías oprimidas, o simplemente con déficit de visibilidad y de representación en la tarta de las oportunidades, la igualdad se convertiría en un sudoku nada fácil de resolver. Salvo para aquellas minorías en las que se da una clara interseccionalidad y que serían, pues, elegibles en múltiples sistemas de cupos posibles, la mayor parte de los demandantes potenciales de este emergente método de «compensación identitaria» podrían quedar frustrados por la pura falta de espacio preferencial, dada la asimetría entre el número total de posibles afectados y el tamaño viable de cada cuota. Podrían ser tantas, y es tal la brecha de desigualdad que se atribuye a cada minoría (porque lleva el efecto acumulado de todas las demás), que no habría espacio ni desde luego recursos para que esas políticas de compensación identitaria pudieran implementarse.

Es cierto que muchas de las nuevas identidades emergentes reclaman tan solo visibilidad y reconocimiento, y que las cuotas preferenciales no están por ahora en su agenda. Sin embargo, tales demandas podrían conducir a la también legítima aspiración de un trato diferencial en el ámbito escolar y educativo, que puede alimentar a su vez el ya no tan legítimo —dependiendo de cada caso— anhelo de cuota preferencial de acceso a oportunidades educativas escasas o muy selectivas.

Si, por otra parte, se asume como principio de progreso hacia la igualdad —y de lucha contra la opresión y la desigualdad— que las identidades han de ser materia de autodeterminación y que toda persona ha de poder decidir —y rectificar— cuando y cuanto sea necesario su género, su etnia, su orientación sexual y, en un momento dado, por qué no, cualquier otra de sus múltiples identidades, el sudoku se torna ya diabólico. La guerra de las cuotas —que sería la práctica habitual de la lucha por la igualdad— se convertiría tal vez en una fuente de incentivos perversos. La igualdad podría convertirse en una distopía y, desde luego, la educación como proyecto para construir una ciudadanía común sería inviable. Por que las líneas estaban más o menos claras: reclamar tratamiento diferencial y de ahí cuotas preferentes para compensar desventajas que vienen dadas de nacimiento —sexo, etnia, clase, lengua materna o minusvalía, por ejemplo— ha formado parte de la agenda de democratización y calidad educativa desde hace ciento cincuenta años. Sin embargo, cuando tales líneas se traspasan, todas las identidades son materia de elección personal y todas son susceptibles de considerarse fuente u origen de colectivos identitarios que son —o pueden ser— minorías potencialmente oprimidas y victimizadas. Tal vez la más evidente, y sin duda la más clásica de ellas, por así decir, sea la religión.

Todo esto no es mera ciencia ficción ni simples especulaciones alarmistas: el Líbano posterior a la guerra civil (1975-1990) configuró un sistema político en torno a las dieciocho «sectas» religiosas que existen en el país, repartiendo los puestos de decisión por cuotas religiosas y creando un sistema educativo público para cada una de ellas, lo que terminó rompiendo la idea de la escuela pública común, haciendo además posible algo tan inconcebible como que el profesorado de la pública reciba ayudas del Estado para llevar a sus hijos a la escuela privada. Uno de los resultados es que la segregación escolar por origen social en el Líbano es una de las mayores de los setenta y nueve países que participaron en las pruebas PISA 2018.[7] Esta fragmentación identitaria ha supuesto que la guerra civil continúe por medio del permanente conflicto identitario, la guerra de las cuotas, la profunda decadencia del sistema educativo y el definitivo tribalismo de un país tan rico como fallido, tan bello como inviable.

La desigualdad concebida como múltiples caminos identitarios que se bifurcan indefinidamente, y la consiguiente posibilidad de que todas las personas puedan percibirse a sí mismas como miembros de una minoría oprimida que debe ser liberada y compensada (con dinero público, a ser posible), tiene el riesgo de conducir a que la cohesión social se deteriore y fragmente hasta extremos que lleven a la autodestrucción. No cabe proyecto común en ese contexto. Tampoco educación pública.

POSMERITOCRACIA Y CAPTURA DE RENTAS POR RAZÓN DE IDENTIDAD

Queda por abordar un riesgo más de la posmeritocracia en la que parece vamos a instalarnos: la corrupción en el sector educativo. La acumulación de capital meritocrático como propiedad cultural —también académica y habilitante para el ejercicio profesional— se traducía en certificados y diplomas expedidos por el sistema educativo, en concreto, a través de exámenes, tanto los competitivos como los no competitivos. Dicha acumulación continuaba después con la experiencia profesional, expresada en niveles de cualificación y una suerte de portafolio personal de méritos. Este capital meritocrático, basado en el talento, el aprendizaje a lo largo de la vida, la experiencia y el trabajo, aspiraba a dejar atrás el nepotismo y el privilegio familiar y de clase social, así como el tráfico de influencias y otras formas corruptas antimeritocráticas dentro de los sistemas educativos.

Es el momento de recordar a Fígaro, por una parte, y el caso Varsity Blues, por otra. La selección meritocrática no dejaba de ser un control frente a las prácticas corruptas. Los exámenes que hoy se consideran injustos y discriminatorios fueron hasta hace no mucho la gran esperanza de que fuera posible identificar y premiar el talento al margen de cualquier circunstancia o «accidente» de nacimiento y, con ello, la justa asignación de oportunidades escasas. Mientras que en Estados Unidos decae el uso del Scholastic Aptitude Test (SAT) como prueba de acceso a la universidad, todavía hoy en España se propone una prueba de madurez académica como pilar de la Selectividad y en más de un país —Egipto es un gran ejemplo, también lo es China— se ha tipificado como delito en el código penal copiar en los exámenes de ingreso a las instituciones de enseñanza superior. Además de ser un sistema —imperfecto— para regular las oportunidades y recompensar el desempeño, la meritocracia aspiraba a poner coto al nepotismo y al tráfico de influencias. Eso sí, como siempre pasa en el ámbito educativo, las soluciones a la corrupción se han convertido con el tiempo en nuevos problemas y de ello da fe el caso Varsity Blues. El español ha acuñado refranes muy económicos para describir un fenómeno sobre el que existen toneladas de literatura: «hecha la ley, hecha la trampa».

En la posmeritocracia, en la que confluyen la fragmentación identitaria y el renovado apremio por afianzar los privilegios de cuna, la corrupción en los sistemas educativos podría proliferar con el uso de razones de identidad como mecanismo de captura de rentas públicas. Esta se produce cuando cualquier actor —individuo o empresa—, en general con cierta ventaja competitiva (monopolios), intenta asegurarse ingresos manipulando o explotando el entorno político o económico. Un caso más específico ocurre cuando dichos actores buscan redistribuir la riqueza —y casi siempre también otros objetivos políticos asociados— cambiando la asignación del gasto público o sus efectos. Al aumentar el número de las tribus identitarias, y al reclamar todas visibilidad en las instituciones y un trato diferenciado en las escuelas, el pulso es cada vez más tenso al asignar gasto y, por supuesto, oportunidades. El imperativo moral y político de luchar contra la discriminación se convierte en una nueva fuente de discriminación. Esto es lo que ocurre cuando, por ejemplo, se da prioridad al conocimiento de una de las lenguas oficiales de un país sobre las demás para acceder a estudios muy demandados o a otras oportunidades educativas y de empleo; cuando se justifica por razones de identidad religiosa el incumplimiento de deberes ciudadanos dentro y fuera de la escuela, como ocurre en Israel con la secta ultraortodoxa; cuando el dinero público de las becas para los estudios superiores acaba en las manos de las familias más adineradas y que no lo necesitan;

o, como ocurrió en la década de 2000 en Madrid, cuando el baremo de admisión a ciertos centros educativos incluía una ventaja para estudiantes celíacos y diabéticos, y, en algunos de ellos, el porcentaje de admitidos con dichas enfermedades llegaba al 45 por ciento, cifra que hizo sospechar que muchos solicitantes presentaban certificados médicos falsos.[8] Cambiar el principio de la igualdad ante la ley por el de la igualdad mediante la ley puede ser necesario en según qué casos y circunstancias. Aspirar a que tal cambio se lleve hasta las últimas consecuencias y demandarlo crea injusticia, incentivos perversos y enormes riesgos de involución.

Sin meritocracia, querido conde de Almaviva, puede que vuelva ese mundo en el que solo hay que molestarse en nacer para merecer tantos bienes. El secreto para conseguirlo podría estar en saber elegir el mejor cóctel identitario en cada momento y lugar. De otro modo, el secreto del éxito seguirá siendo empezar desde arriba o saber colarse por la puerta de atrás. Pese a ello, por cierto, aquellos que tengan principios además de intereses siempre pueden probar con lo de trabajar duro: no debe esperarse reconocimiento ni visibilidad, ni mucho menos algún tipo de tratamiento diferencial. Desde luego, tampoco cabe esperar éxito. Aun así, quién sabe, podría funcionar. Esto también va por usted, señor conde.

¿PUEDE RECONSTRUIRSE LA MERITOCRACIA?

Hablando de carreras, de mérito y de esfuerzo, comparemos la maratón popular de Nueva York con la olímpica. ¿Cuál de las dos es una carrera más igualitaria? Obviamente la popular, por la simple razón de que basta con inscribirse para participar, a pesar de que algunos tengan que hacer una inversión considerable en viajar hasta allí para poder hacerlo. Se trata de una carrera en la que compiten al menos treinta mil personas, de todas las edades, nacionalidades, credos, razas, sexos, etc. La maratón olímpica, en cambio, está restringida a atletas que acrediten una marca mínima, lo que supone que solo unas cuantas docenas podrán correr en la prueba. Ahora bien, una vez transcurridas y vistos los resultados, si volvemos a preguntar cuál de las dos es más igualitaria —en cuanto a resultados, en este caso—, habría que conceder que la olímpica lo es mucho más que la popular. En la primera la diferencia entre el ganador y el último es de unos cuantos minutos, mientras que en la neoyorquina es de horas y eso sin contar que un porcentaje nada desdeñable de corredores ni siquiera termina la carrera. La pregunta, en este caso, se convierte en una trampa: si corremos todos, esto es, si puede correr cualquiera, la diferencia de resultados entre participantes va a ser mayor que si solo compiten profesionales escogidos, aunque huelga decir que eso no significa que la restringida a corredores profesionales sea más igualitaria que la popular. La igualdad de resultados no puede considerarse al margen de la de oportunidades.

En educación, se trata de organizar maratones populares sin olvidar que también hay olimpiadas. Los atletas de élite hacen los mismos tiempos en unas y otras, aunque, por cierto, es habitual que los récords del mundo de la especialidad se batan fuera de los campeonatos oficiales. No «baja el nivel» de los mejores por correr en Nueva York o en los Juegos Olímpicos. Para todos los demás, llegar a la meta, tal vez mejorar su marca, son éxitos inolvidables de por vida. Diseñar una competición en la que todo participante tenga una posibilidad de éxito, sin renunciar a que sea una carrera en toda regla, es la cuadratura del círculo que los sistemas educativos contemporáneos tienen que resolver. Requiere trasladar el foco actual sobre las diferencias entre colectivos identitarios y ponerlo en las diferencias individuales dentro de todos esos grupos, que son mucho mayores y más relevantes desde el punto de vista educativo.[9] Los retos concretos al respecto pueden resumirse en tres: primero, incrementar la demostrada capacidad de la escolarización para reducir parte de las desigualdades de partida, lo que implica ampliar las oportunidades de acceso a la escuela en mejores condiciones y con mejor profesorado, y hacerlo durante más tiempo; segundo, asumir que no todas las diferencias se traducen en desigualdad y que incluso las que sí lo hacen no son siempre atribuibles a las instituciones meritocráticas; tercero, seguir expandiendo la definición de mérito, empezando por el académico, para que quepan las capacidades y habilidades más reconocidas hoy en la sociedad global, y poniendo en juego formas de evaluación y reconocimiento cada vez más transparentes, fiables y equitativas. En este sentido, volviendo a la alegoría atlética, se trata de asumir que, además de la maratón, hay muchas otras pruebas y especialidades que tendrían un valor similar. Y así construir itinerarios de éxito para el velocista, la saltadora de longitud o de pértiga, el lanzador de peso o, todavía un mejor ejemplo, el generalista que hace decatlón (o heptatlón las mujeres).

No va a ser fácil reconstruir la meritocracia restituyendo la legitimidad que un día tuvo. La transparencia y el refinamiento de sus instituciones y herramientas —empezando por los exámenes académicos— no parecen tareas asequibles a corto plazo. Menos aún, en consecuencia, es recuperar la confianza pública perdida en el marco de las justificadas críticas de los desencantados y del «abrazo del oso» que le están dando quienes nunca creyeron en ella. El principio de la meritocracia está hoy atrapado en una guerra ideológica entre descontentos y desencantados de la educación universal; entre quienes descartan que la igualdad de oportunidades pueda existir y aquellos que se atrincheran en el esfuerzo y la exigencia presentando la educación de calidad como un bien escaso, el conocimiento valioso como propio de la élite y la expansión de las oportunidades educativas como un contradiós que lleva a la decadencia. Aun así, como hemos visto, las alternativas a la meritocracia no son mejores que las alternativas a la democracia.

7

De niños sin escuela a escuelas sin niños

> Los moralistas no conseguirán hacer comprender nun-
> ca toda la influencia que ejercen los sentimientos sobre
> los intereses. Esta influencia es tan poderosa como la
> de los intereses sobre los sentimientos. Todas las leyes de
> la naturaleza tienen un doble efecto, que son uno el
> contrario del otro.
>
> HONORÉ DE BALZAC, *Las ilusiones perdidas*

CHISINÁU, MOLDAVIA

La noche del domingo 15 de noviembre de 2020 fue histórica en la
ciudad de Chisináu, capital de la joven y olvidada República de Moldavia. Durante décadas, este fue el país más pobre del continente europeo:
su difícil acceso al mar, su fuerte dependencia de Rusia, el conflicto en
el territorio de Transnistria, la alta tasa de emigrantes en busca de oportunidades económicas en Rumanía y otros países europeos, así como
una élite corrupta, dificultaron el progreso de la pequeña nación tras
su independencia de la desaparecida Unión Soviética.

Era una de las primeras noches frías del corto otoño moldavo. En
la sede del nuevo partido liberal Acción y Solidaridad, la líder y joven
promesa de la política nacional mostraba una felicidad contenida tras
quitarse la mascarilla en su discurso retransmitido por televisión tras el
final del escrutinio de las elecciones presidenciales. Maia Sandu acababa de lograr una proeza histórica en la corta vida de la República,

convirtiéndose en la primera mujer que accedía a la presidencia. Lo había logrado con un discurso europeísta y abiertamente contrario al de los partidos prorrusos que, salvo en una legislatura, habían dominado la política nacional de las tres décadas anteriores. Los objetivos eran claros: Moldavia debía abandonar el radio de influencia de Moscú y hacer avanzar de manera definitiva su agenda política hacia el acceso a la Unión Europea como Estado miembro de pleno derecho.

Quizá lo más llamativo y menos conocido de la victoria de Sandu fue el camino que la llevó hasta la presidencia: hija de un veterinario y una maestra, creció en Risipeni, un pequeño pueblo al oeste del país, muy cerca de la frontera con Rumanía.[1] Tras una infancia que ella definió como feliz, logró superar todas las barreras académicas para convertirse en una reputada economista y trabajó para el Ministerio de Economía y varios organismos internacionales, como el Banco Mundial y la ONU, antes de cumplir los cuarenta; más tarde, recibió una beca para estudiar un máster en Administraciones Públicas en la Escuela de Gobierno de la Universidad de Harvard y regresó al Banco Mundial. Su llegada a la política, fruto de una carambola, la colocó al frente del Ministerio de Educación en 2012, con el primer gobierno proeuropeo que hubo después de la caída de la Unión Soviética, en un momento en que el país afrontaba una difícil situación económica y fiscal.

Sandu comprendió rápidamente que, si quería dejar huella y contribuir a mejorar la educación de su país, su mandato iba a suponer un trago amargo. El sistema educativo de Moldavia tenía enormes problemas de corrupción, que alcanzaban su máximo apogeo en los exámenes del final de secundaria (el *baccalauréat*): la ministra puso en marcha un sistema masivo de vigilancia, instalando mil doscientas cámaras de vídeo en los cien puntos donde se daba el examen, con el objetivo de igualar las oportunidades de los participantes. Su objetivo era erradicar prácticas corruptas de compraventa de exámenes y de permisividad y tráfico de influencias por parte de alumnos bien conectados o con recursos para conseguir buenas calificaciones a golpe de billetera.

Esta no era una medida novedosa, pues vecinos como Rumanía y Georgia, además de varios países asiáticos, la habían puesto en marcha en años anteriores. Sandu fue objeto de feroces críticas del establishment político, incluidos miembros de su propio partido. Pese a ello, muchos docentes y familias apoyaron la medida, y la joven ministra, con cuarenta años recién cumplidos, persistió y ganó aquella batalla: los sobornos se redujeron a la mitad en solo dos años; en ese tiempo, la proporción de alumnos que aprobó el examen de matemáticas bajó del 96,7 al 51,7 por ciento para despegar de nuevo al 66,4 por ciento en el curso siguiente, el de 2015. Cabe pensar que, tras el primer año, la reforma supusiera un shock para todo el sistema: la caída radical de los aprobados no se produjo porque bajara el nivel o por falta de interés de los estudiantes; más bien, lo que ocurría era que muchos basaban sus estrategias no en prepararse para los exámenes, sino en cómo lograr una posición de ventaja mediante la compra de exámenes a profesores, el derecho preferente a copiar a compañeros durante la prueba o un trato de favor en la corrección y puntuación. Cuando estas prácticas corruptas se vieron seriamente limitadas por las nuevas medidas, los suspensos se dispararon. Una vez que todos los actores asumieron el cambio de las reglas del juego, junto con los nuevos incentivos que se pusieron sobre la mesa, tanto alumnos como centros educativos se ajustaron al nuevo estado de cosas preparándose de forma más efectiva y centrándose solo en lograr una buena posición en la que es la carrera meritocrática por excelencia. Ya no se trataba de quién podía comprar información, exámenes o directamente calificaciones, sino de aprender, prepararse, aprobar y, si era posible, destacar.

El comienzo del invierno demográfico

El otro gran reto al que Sandu se enfrentó era todavía más ingrato, aunque no tanto como relevante, pues ilustra lo que va a ocurrir en muchos países en las próximas décadas. Dos años antes de su llegada a la cartera de Educación había comenzado una ambiciosa reforma de la red escolar del país. A pesar de la precaria situación económica, el gasto público en el sector educativo se había disparado por un motivo inesperado y del cual el Ministerio no era el único culpable: como en muchas de las nuevas repúblicas independientes tras la caída de la Unión Soviética, Moldavia experimentó un colapso demográfico sin precedentes. El descenso abrupto de la natalidad combinado con la ausencia de reformas para adaptar la red escolar a esa nueva realidad supuso que muchas escuelas en zonas rurales se quedara casi vacías. Entre 2000 y 2020, como se puede apreciar en la figura 3, el número de estudiantes cayó el 48 por ciento, con un descenso todavía mayor, del 56 por ciento, en zonas rurales. Casi el 80 por ciento de la caída sucedió en la primera década del siglo, fruto del hundimiento que había padecido la natalidad durante los años noventa. Lo que ocurrió es que el número de escuelas y docentes no se adaptó a la nueva realidad y, en la práctica, el tamaño de las primeras se desplomó entre 2000 y 2010, pasando a una media de 400 a 266 alumnos por escuela. La ratio alumno-profesor cayó de 12,6 a 8,4 entre 2000 y 2012.

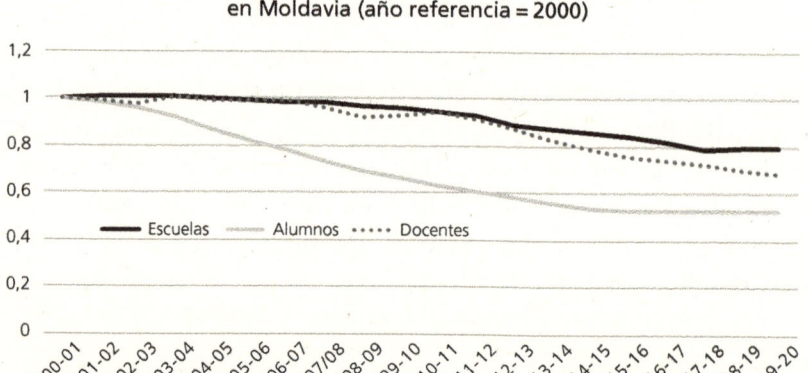

FIGURA 3. Evolución del número de alumnos, docentes y escuelas entre 2000 y 2020 en Moldavia

Fuente: Oficina Nacional de Estadística de la República de Moldavia.

Esta evolución desigual fue la responsable de que en 2013 el 50 por ciento de los centros educativos del país estuvieran funcionando a la mitad de su capacidad operativa. La coyuntura era todavía más grave en zonas rurales, lo que alumbraba un problema enorme para la gestión la red escolar. Muchas de esas escuelas eran auténticas escuelas zombis, abiertas por inercia, con gran cantidad de espacios infrautilizados, en muchos casos casi vacíos. El ministerio estaba costeando cientos de escuelas con menos de cincuenta o sesenta alumnos, con una infraestructura vieja y cara de mantener, por lo que el gasto por estudiante se estaba disparando. En consecuencia, el gasto educativo total también aumentaba con fuerza, pero no precisamente para bien: ante la presión de mantener esas escuelas abiertas, se estaban dejando de lado muchas de las necesidades de inversión en la expansión y calidad del sistema.

En 2009, el gasto público educativo alcanzó el 9,4 por ciento del PIB; al año siguiente, en plena recesión global, supuso el 22,5 del gasto público total.[2] Estas cifras doblaban los promedios de la Unión Europea y la OCDE de las dos décadas anteriores: Moldavia era, de lejos, el país de Europa que más invertía en educación respecto a su economía y sector público. Sustentar todas esas escuelas abiertas conllevaba movilizar un exceso de recursos no necesariamente bien utilizados, dado que apenas se habían mejorado sus infraestructuras. Una parte del sector educativo concentrado en zonas urbanas y ahogado por la falta de espacio y financiación estaba sufriendo las consecuencias de mantener a flote a la otra parte en un estado zombi. Estas escuelas habían sido construidas décadas antes para un número mucho mayor de alumnos: conservar las viejas infraestructuras soviéticas suponía un coste de funcionamiento, electricidad, calefacción y, sobre todo, personal, desorbitado. Es un gran ejemplo histórico de que aumentar mucho el gasto educativo no es siempre una buena noticia para el sistema. En ocasiones, gastar mal puede ser peor para la educación que gastar poco.

La llamada del Ministerio de Hacienda, de los mercados de deuda y de los organismos internacionales no se hizo esperar. Fruto de esa presión, en 2010 se puso en marcha un plan sin precedentes para reducir el gasto educativo: había que reconducir aquella absurda dinámica y redirigir los recursos adonde eran necesarios. En 2012, el gasto en educación en Moldavia como porcentaje del PIB se situaba todavía en el 8,4 por ciento. El cierre de escuelas ya había comenzado por parte de los entes locales y Sandu lo aceleró tras su llegada. Entre 2012 y 2015, se cerraron 116 escuelas en todo el país, el 8 por ciento del total. Su primer año como ministra, 2013, fue aquel en el que más escuelas desaparecieron.

A cambio de este enorme sacrificio político y social, Sandu fue capaz de reducir el aumento desmesurado del gasto público y, lo que resultó verdaderamente crucial, reencauzar una parte del ahorro presupuestario hacia las escuelas más sobredemandadas, que recibieron al alumnado desplazado por los cierres. Además, pudo sufragar la continuidad del incremento de plazas en educación infantil (de 3 a 6 años), con un monto del PIB que creció del 1 al 1,9 por ciento entre 2005 y 2015, y elevó la tasa de matrícula del 65 al 85 por ciento en ese decenio. Al final de su mandato, el gasto en educación se había reducido al 7 por ciento del PIB (aún era uno de los tres más altos de Europa). La deuda pública se había contenido y al mismo tiempo crecían la inversión en otras áreas del gasto público y la economía nacional. Moldavia logró acortar la distancia con otros países de su entorno, como Serbia o Macedonia; tras la guerra de Crimea en 2014, superó a sus vecinos ucranianos en PIB per cápita.

EL DECLIVE DEMOGRÁFICO Y SUS IMPLICACIONES SOBRE UN SECTOR ACOSTUMBRADO A CRECER

La historia demográfica del siglo XXI es la de dos realidades opuestas (figura 4). Por un lado, el continente africano continúa creciendo a gran velocidad: en 2050 su población infantil se habrá multiplicado casi dos veces y media, pasando de 435 a 1.035 millones de niños, de acuerdo con las estimaciones de Naciones Unidas. Esto significa que, a mitad de siglo, el 38 por ciento de los habitantes del mundo de ese rango de edad habrá nacido en países africanos, veinte puntos porcentuales más (18 por ciento) que lo que representaban al comienzo de siglo. Por otra parte, la experiencia de Moldavia desde comienzos de siglo, muy parecida a la de otras ex repúblicas soviéticas, ilustra muy bien la segunda realidad: este joven país de población envejecida anticipa lo que ha empezado a ocurrir en otras partes del mundo, como Europa occidental,

Asia oriental y América Latina, esto es, el considerable declive demográfico que, entre otras consecuencias, va a recortar fuertemente la población en edad escolar. Solo resisten, con un ligero crecimiento, Asia meridional (Pakistán, India, Bangladés) y Norteamérica (Estados Unidos y Canadá), la primera por su todavía creciente población, la segunda gracias a la incesante llegada de migrantes. Estas dos realidades, que con tanta claridad se pueden identificar en la figura 2, cuentan ya la historia próxima de la escolarización global: niños sin escuela —o con muy poca— en el caso de África y escuelas sin niños —o con muy pocos— en casi todo el resto del planeta.

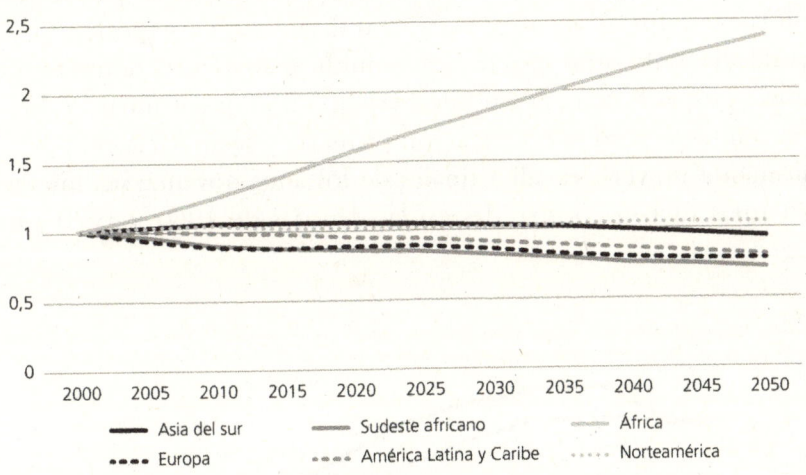

FIGURA 4. Proyecciones demográficas de evolución de la población de 0 a 18 años, por regiones mundiales (2000 es el punto de partida)

Fuente: Naciones Unidas, *World Population Prospects* (2023).

Siempre según las estimaciones de Naciones Unidas, en Europa el declive demográfico continuará en las próximas décadas: en 2050, la población de cero a dieciocho años habrá caído más del 20 por ciento desde el año 2000. Si nos fijamos en países del sur del continente, donde la natalidad es baja desde hace años, el fenómeno será todavía más agudo (figura 5): en España caerá más del 25 por ciento desde su pico de 2010; algo semejante ocurrirá en Italia. Muchos países de América Latina experimentarán algo semejante: por ejemplo, en Brasil y

Colombia el desplome será del 35 por ciento en la primera mitad del siglo XXI. Más grave es lo que ocurre en China o Japón, con casi el 40 por ciento de descenso en todo el periodo: la natalidad comenzó a descender con fuerza en ambos países a finales del siglo pasado.

Al igual que en la envejecida Europa del Este, la cada vez menor presencia de alumnos en países como Corea del Sur o Japón desde la década de los ochenta provocó cierres masivos de escuelas: en este último, por ejemplo, entre 1990 y 2020 se cerraron más del 15 por ciento de los centros educativos.[3] Como puede verse en la figura 5, esto es lo que le espera al sur de Europa durante los próximos años, en especial en las zonas rurales, cada vez más golpeadas por la movilidad territorial de su población trabajadora. La experiencia de Moldavia, y de otras muchas ex repúblicas soviéticas (empezando por la propia Rusia), es un buen espejo en el que mirarse. Y lo es precisamente porque la educación primaria y secundaria eran prácticamente universales allí a finales de los años noventa: sus infraestructuras fueron construidas en las décadas de 1960 y 1970 para lograr esa hazaña.

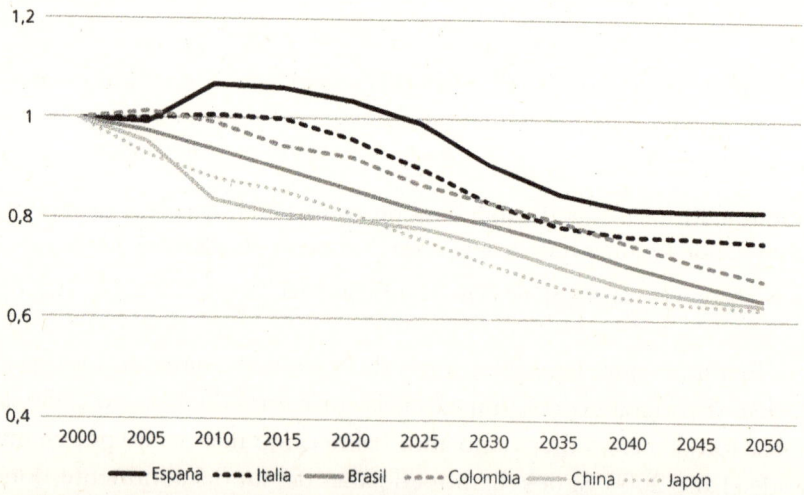

FIGURA 5. Proyección demográfica de la evolución de la población de 0 a 18 años, por países seleccionados (2000 es el punto de partida)

Fuente: Naciones Unidas, *World Population Prospects* (2023).

En lugares como España o Italia, la infraestructura escolar es de hace varias décadas, hay un número suficiente de docentes y, salvo excepciones, los recursos están razonablemente distribuidos entre escuelas. Por eso, cuando se acelere la caída de la población, se recrudecerá la competencia entre escuelas por sobrevivir y proteger sus puestos de trabajo, y eso significa atraer y retener a estudiantes cuyo número va en descenso. De entrada será posible aumentar el gasto por alumno sin que suba el gasto absoluto, pero más pronto que tarde la inversión pública habrá de reducirse y, si las políticas no anticipan la reinversión del ahorro presupuestario en expandir la calidad de la educación, la lucha por los recursos —y alumnos— menguantes tiene el potencial de profundizar las brechas de desigualdad, con el incesante éxodo al sector privado de aquellos que puedan pagarlo. Teniendo en cuenta que el presupuesto en educación está por definición en abierta competencia con las mayores necesidades de gasto en sanidad o pensiones, la incertidumbre asociada al declive demográfico es todavía mucho mayor para el sector educativo.

Las cosas podrían ser algo distintas en América Latina. En muchos de sus países, el proceso de universalización de la educación infantil y secundaria está lejos de haberse completado. A diferencia de Europa, la caída del alumnado puede liberar espacio y puestos de trabajo para acelerar la oferta educativa desde edades tempranas hasta el final de la secundaria para casi toda la población. En Brasil, por ejemplo, mientras que en el rango poblacional de 0 a 18 años ya caía con fuerza, la tasa de matrícula a la edad de 3 años subió del 50 al 70 por ciento entre 2012 y 2019. En México la misma tasa en secundaria y terciaria aumentó del 53 por ciento en 2010 al 66 por ciento en 2019,[4] justo cuando el crecimiento de la población infantil empezaba a frenarse. En Colombia el pico poblacional de 0 a 18 años se alcanzó en 2005; tras esa fecha, continuó creciendo la cobertura de educación infantil. También en estos tres países la tasa de graduación en secundaria aumentó mucho en la década de 2010, cerrando así una buena parte de la brecha con los más ricos del mundo.

En el sudeste asiático el fenómeno es el mismo, si bien ocurre a una velocidad mayor. Por ejemplo, mientras la población infantil se desplomaba en China, entre 2000 y 2020 el acceso a preescolar se duplicó, pasando del 45 al 90 por ciento.[5] En secundaria, la tasa de matrícula bruta pasó del 61 por ciento en 2000 al 94,3 por ciento en 2015. En países como Vietnam, Filipinas o Indonesia, el acceso a la secundaria y la tasa de graduados han aumentado de forma notable, al tiempo que su población infantil ha dejado de crecer o ha empezado ya su descenso. Así, para las regiones que no han universalizado la educación básica —y con ella además los periodos todavía no obligatorios, preescolar y secundaria superior, pero que están en proceso acelerado de serlo—, el invierno demográfico ha sido, de entrada, una buena noticia por razones obvias. Harían bien, no obstante, en prepararse para enfrentar decisiones tan difíciles como las que tuvo que tomar la protagonista de nuestro cuento moldavo.

Igualdad o identidad: dos maneras de leer la tensión esencial en educación

Hay al menos dos maneras de interpretar lo ocurrido en Moldavia. La primera es que Sandu eligió reequilibrar los recursos y necesidades del sistema, que estaban divergiendo a causa del declive demográfico, para igualar las oportunidades de los alumnos. La política educativa está casada, desde sus orígenes, con la gestión de intereses y conflictos, y con la redistribución de oportunidades: entre niños de distintas clases sociales, entre niños de distintas edades y entre niños de distintos territorios. La ministra dio prioridad a proteger a los estudiantes que estaban perdiendo oportunidades (y era, sin duda, contraintuitivo que eso estuviera ocurriendo en ciudades grandes como Chisináu o Soldanesti) o, directamente, a aquellos más pequeños que no podían acceder a ellas (en escuelas infantiles) respecto a la minoría que, por la inacción en el pasado, seguían en escuelas zombis y aulas semivacías. En este caso, se ofreció acceder a escuelas más grandes, en zonas cercanas, a aquellos alumnos afectados por el cierre de centros educativos. Los estudios que se han llevado a cabo sobre el tema muestran que, bajo ciertos supuestos, esto puede ser beneficioso para quienes provienen de centros con peor desempeño o muy pequeños.[6] Desde la perspectiva del profesorado, la decisión de la ministra también suponía ampliar las oportunidades laborales de docentes jóvenes en entornos donde la natalidad no caía tanto, pero perjudicaba por el camino a otros compañeros próximos a jubilarse que trabajaban en territorios más aislados.

La otra forma de ver este asunto es poner el foco en el enorme impacto que tiene cerrar una escuela pública en un pueblo de unos pocos cientos de habitantes. No era obvio para nadie que esa medida pudiese llegar a favorecer a esos alumnos. Al contrario, en la investigación se muestra que desplazar a los alumnos a otra escuela puede tener efectos negativos sobre su rendimiento académico y oportunidades futuras: un cierre escolar sin apoyo específico puede provocar un aumento de la repetición y el abandono temprano, así como desajustes en el funcionamiento de las escuelas receptoras.[7]

Por si eso fuera poco, con la clausura de esas escuelas rurales, muchas familias verían desdibujado su pasado y muchos pueblos terminarían de «vaciarse». La escuela es el último reducto de la comunidad; cuando desaparece, la vida social se contrae, el pueblo se convierte en aldea, los lazos sociales se debilitan y su desaparición se acelera.[8] Cerrar los centros educativos era lo correcto en términos económicos y presupuestarios, pero no iba a beneficiar por igual a todo el mundo. Algunas familias y comunidades saldrían perdiendo, porque las oportunidades del entorno inmediato iban a desaparecer: muchos servicios —gasolineras o bares, por ejemplo— podrían acabar cerrando y, aunque de la decisión surgirían nuevas oportunidades, algunos de los padres de esos niños verían peligrar sus empleos o su negocio. Como era de esperar, durante 2013 y 2014 muchos municipios se movilizaron contra el cierre escolar organizando piquetes y barricadas para cortar el acceso de las autoridades regionales o nacionales al pueblo. Recibieron el apoyo de mucha gente y seguro que algún partido de la oposición capitalizó electoralmente el dramatismo de este conflicto. Sandu no cedió y la reforma salió adelante.

Al margen de quien gana y quien pierde, y de los intereses materiales que hay en juego, o quizá a causa de ello, la batalla contra el cierre de estas escuelas es también la lucha por mantener vivas las raíces y los lazos sociales de muchos territorios. En esto, como en tantas otras cosas, lo racional y la igualdad de oportunidades de aprender chocan con lo emocional y la identidad. Dos caras de una moneda que marcan el devenir de un fenómeno que no va a parar de crecer durante los próximos años en muchos países. Algunos políticos han logrado sacar adelante reformas que priman la racionalidad sobre lo emocional, la igualdad sobre consideraciones identitarias y, en el caso de Sandu en particular, los intereses a largo plazo de todos frente a los de corto plazo de algunos. Tal vez habría que admitir que la presión que recibió desde dentro y fuera de su propio Gobierno fue lo que marcó la diferencia. Pero muchos otros han sucumbido, y sucumben hoy, a la fuerza de las emociones identitarias y a los patriotismos locales que tan buenos réditos dan en política. Y lo cierto es que no cabe la descalificación sin más: no hay medida más contradictoria, más antinatural y desde luego más impopular, que la de cerrar una escuela.

GANADORES Y PERDEDORES A CORTO Y LARGO PLAZO

El conflicto menos visible de toda esta historia, por el carácter de tan largo plazo que tiene la educación, es el que subyace entre los intereses de distintas generaciones. Las reformas y transformaciones en esta materia tienen un recorrido de lustros o décadas. En muchos casos (sobre todo cuando las reformas son importantes) quienes las toman y quienes están en la escuela en ese momento no van a seguir ahí cuando los cambios se produzcan, menos aún cuando los resultados lleguen. Las decisiones en política educativa, si son de cierto calado, tienen consecuencias a muy largo plazo sobre el bien más preciado que puede tener una sociedad: el conocimiento de su ciudadanía y su capacidad para generar riqueza, trabajo y cohesión social. Los estudios sobre crecimiento económico, y también sobre otros indicadores relevantes del desarrollo social y personal, apuntan una y otra vez a la importancia de la cantidad y sobre todo la calidad de la educación a futuro.

El problema muchas veces es que quienes toman las decisiones y arriesgan su capital político o su liderazgo profesional en su escuela lo hacen sabiendo que es probable que con ello no logren ningún beneficio político ni profesional, antes lo contrario: lo más habitual, como le ocurrió a Sandu al poner en marcha sus reformas, es que los primeros en reaccionar sean quienes más pueden perder, sean estos alumnos y padres que ya no pueden comprar los exámenes con las respuestas correctas (o funcionarios que ya no pueden venderlos) o familias que ven peligrar su comunidad por el cierre de una escuela. Lo normal, lo que ocurre en cualquier ministerio de Educación, es que los incentivos a corto plazo pesen siempre mucho más que los intereses del sector y, por tanto, del país, que por naturaleza son de largo plazo. Es cierto que esto puede decirse de cualquier ámbito o sector en política, pero lo diferencial en el caso de la educación es que los principales ganadores potenciales de una reforma no votan en las elecciones ni influyen en la opinión pública, mientras que los posibles perdedores inmediatos, sean quienes sean, pueden ser los votantes que te mantengan o te saquen del poder y, desde luego, incluyen al colectivo profesional del que depende que se implante cualquier reforma: el profesorado. Si en educación los intereses prioritarios que hay que defender desde la política son los de un colectivo que ni vota ni influye, los estudiantes, esta tensión entre ganadores y perdedores potenciales a corto y largo plazo da la medida del desafío y la dificultad intrínseca de la toma de decisiones en materia educativa. Contra todo pronóstico, y desde luego contra toda estrategia electoral, Sandu eligió los intereses futuros de los ciudadanos e ignoró las presiones de quienes podrían votarle o dejar de hacerlo en las siguientes elecciones.

Cuando la caída demográfica se acentúe, los dilemas inherentes a la política educativa se harán más conflictivos y complejos de manejar. Construir consenso cuando se trata de crecer, expandirse e invertir más no suele ser políticamente difícil, salvo por la tensión con otras prioridades de gasto, como se ha visto. Ahora bien, cuando no hay más remedio que cerrar y recortar, cuando los perdedores se hacen visibles de inmediato y hasta los supuestos ganadores dudan de que vayan a sacar algún provecho, construir y mantener consensos es tarea ardua. En lo relacionado con las brechas y disparidades entre el mundo urbano y el rural, el declive demográfico, que en ciertas zonas es ya más bien un «vaciado», la pérdida de confianza de la gente en los servicios públicos y el deterioro del sentimiento de ciudadanía y pertenencia pueden contribuir a una polarización social y política todavía mayor. Son estos procesos los que explican en parte fenómenos como el Brexit en Reino Unido, la victoria de Trump en Estados Unidos o el éxito de algunos partidos populistas de extrema derecha en la Europa continental. Si, como suele decirse, la desigualdad es el gran problema económico de nuestro siglo, el sentimiento de ser ciudadanos de segunda podría convertirse a su vez en el problema político y educativo de esta época. Y tener consecuencias aún más devastadoras que las puramente económicas.

Se presenta, pues, un panorama muy complejo para la gran mayoría de los países desarrollados en las próximas dos o tres décadas. Hay al menos tres fuentes de enorme tensión que van a poner en serios apuros a los políticos de la educación y al sector educativo en conjunto. El más obvio es que, en cada pueblo, en cada barrio, la disputa por mantener las escuelas abiertas será enorme y que, para conseguirlo, muchos estarán dispuestos a llevar muy lejos el conflicto, hacer ruido en las redes sociales y atraer la atención de los medios.

El segundo es que, ante la decisión de tener que cerrar uno de cada dos o tres centros educativos en barrios o pueblos pequeños, la competencia entre escuelas por no perder alumnos será feroz; y en aquellos países con una presencia importante de escuelas privadas y de concierto público-privado, puede ser todavía mayor. En muchos lugares la universalización de la primaria, y ahora ya de la secundaria, convertida en objetivo de la Agenda 2030, ha sido posible gracias a esas colaboraciones público-privadas. Algunos países, como Bangladés, nunca hubieran conseguido escolarizar a su población de primaria sin el aporte de las ONG y Yemen difícilmente habría escolarizado a las niñas sin su apoyo. Incluso muchos países ricos o de medio ingreso habrían necesitado mucho más tiempo para alcanzar las tasas de cobertura en educación infantil y secundaria, incluida la formación profesional, que tienen ahora. Con un sector acostumbrado a crecer, y en el que las necesidades siempre aumentan más rápido que la capacidad de darles respuesta, el debate político en torno a las distintas redes escolares ha sido en esencia ideológico y de intereses, sobre todo en los países más desarrollados, los que hace ya tiempo democratizaron el acceso a la primaria y secundaria, y que son ahora los primeros en experimentar el declive demográfico. Esa conversación se tornará mucho más práctica y centrada en la financiación y el uso de los recursos públicos. La competencia entre las redes escolares y dentro de ellas irá viendo todos los pulsos posibles: los centros públicos y sus defensores reclamarán que se reduzcan o eliminen las colaboraciones público-privadas; se producirán coaliciones entre el sector privado puro y el público para forzar a los centros de concierto a optar entre una u otra red, o entre centros confesionales frente a los que no lo son, tanto en la privada como en las otras dos redes. Y, por supuesto, surgirán gobiernos que opten por dejar languidecer la escuela pública aumentando las subvenciones a las otras dos redes. Las organizaciones educativas, sean sindicatos o asociaciones y patronales de escuelas privadas, tratarán de incidir como nunca antes en la política educativa y los consensos serán aún más difíciles de alcanzar.

Por último, la tercera fuente de tensión será la del sector educativo y sus máximos responsables con las demás áreas de gobierno, empezando obviamente por Hacienda y continuando por otros ámbitos también muy presionados por el declive demográfico y el envejecimiento de la población (como las pensiones, sanidad o dependencia), que generará una disputa permanente por los recursos públicos y una dinámica política de alta exigencia para la educación sobre su eficiencia como inversión. En definitiva, van a ser necesarios muchos líderes en política educativa del corte y la categoría de Maia Sandu. La clave será saber cuanto antes dónde se encuentran y cómo se forman.

UNA RECOMPENSA INESPERADA

Tras el difícil comienzo del mandato de nuestra protagonista, una parte de la opinión pública del país comenzó a mostrarse más favorable a la reforma del cierre de escuelas, al igual que ya había ocurrido con las medidas frente a las prácticas corruptas en los exámenes de final de secundaria. Los alumnos de las zonas más rurales comenzaron a acudir a escuelas más modernas y grandes, que podían ofrecer más servicios, más oportunidades de aprender y se encontraban a una distancia modesta. Previendo esto último, en 2011 el ministerio puso en marcha un programa de transporte público para el alumnado desplazado.

Dos meses antes de que Sandu dejara la cartera de Educación, en julio de 2015, Moldavia se presentó por segunda[9] vez a las pruebas internacionales de PISA. Los resultados de su primera participación en 2010 habían sido peores que los obtenidos por países vecinos como Serbia, Rumanía o Grecia y estaban a la par con otros como Montenegro, Costa Rica, Albania, Argentina, Indonesia, Túnez o Kazajistán. Aunque malos en perspectiva internacional, eran esperables y consistentes con el nivel de desarrollo económico, social y educativo del país.

Sin embargo, cinco años después saltó la sorpresa. En la edición de 2015, Moldavia destacó por su mejoría en los resultados. En lectura, pasó de 388 a 416 puntos, en matemáticas de 397 a 420 y en ciencias de 413 a 428. El cambio era equivalente a lo que aprenden los alumnos en un año de escolarización en lectura, más de medio año en matemáticas y medio año en ciencias. En apenas cinco años, la mejoría de Moldavia era notable en los niveles de aprendizaje de sus alumnos al final de la secundaria, con resultados semejantes a los de sus vecinos de Rumanía, país ya integrado en la Unión Europea y con un desarrollo económico mucho mayor. El porcentaje de alumnos con nivel bajo de comprensión lectora descendió del 57 al 46 por ciento: este es un indicador clave, pues está asociado a la falta de capacidades de aprendizaje futuro y de desarrollo en el empleo y la vida social. En la prueba de 2018, nuestra pequeña república consolidó la mejora en matemáticas y ciencias, y continuó su avance en lectura, mientras que muchos países de la OCDE experimentaban caídas en sus niveles de aprendizaje medidos por su programa para la evaluación de alumnos.

Es difícil saber hasta qué punto estos avances en PISA pueden atribuirse al efecto de las reformas desarrolladas entre 2010 y 2015, y al papel de Maia Sandu al frente del Ministerio de Educación. Quizá la reforma anticorrupción del examen de final de la secundaria tuviera un efecto inmediato hacia más aprendizaje y menos fraude, aunque no está claro en qué medida eso pudo tener impacto en una prueba que no trae mayores consecuencias académicas para los alumnos. También es probable que el cierre de escuelas zombis fuera positivo para muchos alumnos, aunque al estar concentrado en primaria, no habría afectado en exceso al alumnado que participó en PISA pocos años después.

En todo caso, al margen de los datos, las percepciones públicas importan, y en educación mucho más. La educación en Moldavia estaba mejorando, y eso se reconocía internacionalmente. Cuando abandonó el Ministerio de Educación, Sandu había pasado de ser una tecnócrata independiente alejada de los problemas de la ciudadanía a una figura indispensable en la política nacional. Su campaña contra la corrupción en los exámenes nacionales y su firmeza al continuar con el cierre de escuelas pensando a largo plazo le forjaron una imagen de personaje político limpio y transparente que decidió anteponer el futuro de la República al clientelismo instalado en el Gobierno desde hacía varias décadas. Quién sabe si por priorizar la agenda de la igualdad a la de la identidad, la de Maia Sandu sea una historia de éxito, aunque sea un éxito peculiar y hasta fortuito. Tras una oferta en 2015 para ser primera ministra (que no prosperó al no recibir las garantías para actuar con suficiente espacio político), creó su propia plataforma política, que la llevó primero, y durante solo unos meses de 2019, al puesto de primera ministra y a la presidencia de la República en 2020.

TERCERA PARTE

El futuro del proyecto de la educación universal

8

Recesión democrática.
¿Es necesaria y suficiente la educación universal para asegurar una democracia liberal?

> No hay nada que sea necesariamente cierto solo porque un hombre quiera morir por ello.
>
> OSCAR WILDE

> Así pues, que el legislador debe ocuparse sobre todo de la Educación de los jóvenes, nadie lo discutiría. De hecho, en las ciudades donde no ocurre así, eso daña los regímenes, ya que la educación debe adaptarse a cada uno de ellos: pues el carácter particular de cada régimen suele no solo preservarlo, sino también establecerlo en su origen; por ejemplo, el carácter democrático engendra la democracia, y el oligárquico la oligarquía, y siempre el carácter mejor es causante de un régimen mejor.
>
> ARISTÓTELES, *Política*, libro VIII[1]

AUTOPISTA A2 EN DIRECCIÓN VARSOVIA, POLONIA

Es el verano de 2022. Un exviceministro de Educación polaco, bien conocido en la comunidad internacional de investigadores del sector por sus muchas y buenas contribuciones, conduce por la autopista A2 hacia Varsovia y reflexiona sobre la evolución de la educación en su país durante los años de gobierno del partido Ley y Justicia. Llega al final de su análisis, se calla unos segundos, adopta un aire grave, hace un gesto que mezcla derrota y resignación, y afirma: «Nosotros desmantelamos el sistema educativo soviético en Polonia y ellos, aun siendo tan de derechas, lo han traído de vuelta exactamente igual que era».

Ese retorno a un pasado que se creía superado no se hizo sobre argumentos políticos de peso y después de un debate público ante la evidencia de malos resultados o de un descontento popular manifiesto. Al contrario, a mediados de la década de 2010, la educación en Polonia se consideraba un referente internacional al que emular, algo impensable tan solo unos años antes. La suya era, en efecto, una de las principales historias de éxito del famoso PISA. Era uno de los pocos países que había incrementado sus puntuaciones ronda tras ronda, prueba tras prueba, mientras tantos otros caían o mostraban trayectorias irregulares y volátiles. No obstante, esos resultados de país estrella en el nuevo universo PISA no fueron suficientes para evitar la involución que describía el exviceministro con elocuente melancolía. No hicieron falta argumentos. Bastó con una campaña centrada en los sentimientos, cuyo mensaje principal era que las cosas estaban peor que antes. Que cualquier tiempo pasado fue mejor es una constante cultural en materia educativa; Polonia no iba a ser la excepción. En este caso, sin embargo, ese pasado se situaba justo antes de la caída del Muro de Berlín, algo que a duras penas podía identificarse con un partido como Ley y Justicia. Aun así, sus líderes vieron en la educación el espacio adecuado para asaltar el poder poniendo en marcha una campaña que renunciaba a cualquier racionalidad o lógica para poner sobre la mesa *hechos alternativos*: no había habido progreso, sino retroceso, empeoramiento. Y el remedio no era otro que volver atrás porque las cosas eran mejor antes. Más de un lector estará perplejo: ¿cómo es posible vender tan flagrante contradicción a todo un país? Pues así fue como ganaron las elecciones. Hagamos aquí un examen retrospectivo.

A principios de los años noventa, Polonia atravesaba los primeros años de la transición desde su antiguo régimen hasta integrarse en la Unión Europea en 2004. Algo más del 60 por ciento de los adultos que vivían en zonas rurales solo tenían estudios primarios. Dos décadas más tarde, se encontraba en el top diez mundial de las pruebas

PISA, después de su ascenso sostenido desde la primera oleada en 2000 hasta la quinta en 2012 (cuyos datos se hicieron públicos en diciembre de 2013).[2] Ningún otro país de Europa del Este obtenía resultados que se acercaran a los suyos y ningún otro del mundo había protagonizado una subida comparable en PISA durante ese periodo. ¿Cuál fue el secreto de un éxito tan arrollador, tan manifiesto y difícil de negar incluso por el enemigo acérrimo? Las razones por las que el barómetro de PISA sube o baja son múltiples y, lo más importante, no tienen que ver solo con la educación, menos aún con la escolarización, sino con todos los demás sectores que influyen en el constructo que podría denominarse «bienestar educativo» de una sociedad. Dicho lo cual, existen pruebas contundentes de que el milagro polaco arrancó con la reforma educativa de 1999.[3]

La reforma no aparecía en el programa electoral del partido que ganó las elecciones de septiembre de 1997, Acción Electoral Solidaria, un bloque de 36 agrupaciones de derecha y centroderecha coaligadas alrededor del sindicato Solidaridad. No era, pues, un plan larga y cuidadosamente elaborado ni tampoco formaba parte de las expectativas del sector o de la comunidad educativa. Sin embargo, se planteó, diseñó y aprobó sin grandes contratiempos ni debates enconados y, por una vez, los efectos de un cambio legislativo en educación fueron tan inmediatos como sustanciales. La reforma de 1999 implantó una nueva estructura en la secundaria extendiendo el número de cursos en los que todos los estudiantes tenían acceso a un currículo común y retrasando hasta los quince o dieciséis años el tránsito a una secundaria superior de carácter académico o de formación técnica y profesional. En resumen, ampliaba la secundaria obligatoria común a todos los estudiantes. Desaparecieron los exámenes de acceso a este nivel educativo y en su lugar se implantaron evaluaciones externas cuyos resultados se hacían llegar a alumnos, docentes y familias; se devolvió la autonomía a centros y profesorado respecto al currículo y a la elección de los libros de texto y se llevó a cabo una importante modernización curricular orientada a un aprendizaje más competencial. También se reforzó una política de descentralización que otorgó más competencias a las autoridades locales: al igual que se hizo en Moldavia, para afrontar la caída demográfica de alumnado, se puso en marcha un proceso de cierre y consolidación de escuelas, reformando de paso la infraestructura.

La puntuación de Polonia en Lectura pasó de estar por debajo de la media de la OCDE en 2000 a colocarse en la media en 2003 y bastante por encima en 2006, hasta situarse como el noveno mejor país en PISA. Si hubiera que poner el foco en algún dato concreto que ayude a señalar y explicar cómo se gestó tamaño prodigio, sería el incremento de las puntuaciones del porcentaje de estudiantes que habría sido *desviado* a la formación profesional si la reforma educativa no hubiera tenido lugar. Para ese grupo, los resultados mejoraron en cien puntos entre 2000 y 2003, y en algo más de veinte puntos adicionales entre 2003 y 2006.[4] Conviene recordar aquí que treinta puntos se consideran equivalentes al aprendizaje adquirido en un curso escolar, por lo que la mejora que se consiguió en ese periodo implica cuatro años de escolarización de diferencia. Si además se tiene en cuenta que PISA es una prueba en la que resulta muy complicado mantener el nivel medio de las puntuaciones a medida que la muestra incluye a un mayor porcentaje de la población de quince años, es posible hacerse una mejor idea de las dimensiones y el impacto de esta hazaña.

El ex alto cargo del ministerio de Educación rememora aquel éxito, reconocido por organismos internacionales e incontestable en el debate político nacional. Sin embargo, añade, nunca dejó de existir cierto escepticismo en el discurso político y en la opinión pública ni «el sentimiento de que algo bueno se había perdido por el camino» (refiriéndose a la reforma educativa). Incluso ante un éxito sin precedentes, con enorme eco internacional, y con un efecto positivo contrastado sobre la vida de cientos de miles de jóvenes, la duda estaba sembrada y, junto a ella, el «sentimiento» de pérdida. El partido Ley y Justicia supo leer ambas cosas al diseñar su estrategia para las elecciones de 2015. Hasta el año anterior había apoyado la reforma del 99 porque, al fin y al cabo, sus fundadores habían formado parte de la coalición de 1997 antes de crear el nuevo partido en 2001. Llegada la campaña, sin embargo, optó por hacer de la educación —el logro más brillante de la legislatura que terminaba— foco de la crítica y motivo de descontento social. El punto de entrada fue el proyecto gubernamental de adelantar la edad de comienzo de la escolaridad obligatoria, que en la práctica suponía hacer universal y gratuito un año de preescolar. El mensaje clave del «argumentario electoral» era demoledor: «Nos están robando la infancia de nuestros hijos y la están destruyendo». Sin escrúpulos ni matices, la escolarización se presentaba no ya solo como una experiencia perniciosa para los alumnos, sino también como una institución que destituía y privaba a las familias de sus derechos parentales. La propuesta concreta fue anular la rebaja de la edad de inicio del periodo educativo obligatorio. Solo esto consiguió movilizar las emociones de las generaciones de más edad y pudo ser el determinante del margen por el que Ley y Justicia ganó las elecciones. Nuestro testigo e historiador improvisado lo atribuye a que, «cuando se trata de educación, todo el mundo —en Polonia— es conservador».

Así pues, en 2016 el sistema educativo polaco regresó de modo abrupto a 1981, entre otras cosas haciendo desaparecer ese tramo de la secundaria común y obligatoria que tan pingües dividendos había producido para el país. Durante las dos legislaturas en las que gobernó Ley y Justicia se presentó —y se trató— al profesorado como el enemigo público número uno. Se introdujo una nueva asignatura de Historia, reescrita por los ideólogos del partido, y el último ministro del ramo se manifestó en público como negacionista de la teoría de la evolución. En Varsovia sobre todo, las clases medias empezaron a abandonar el sistema educativo público (hasta entonces, el privado era simbólico) y comenzó un importante éxodo docente, cuyas consecuencias solo se vieron atemperadas por la caída demográfica de los estudiantes.[5] En PISA 2022, Polonia obtuvo puntuaciones ligeramente más bajas que las que consiguió en 2000. Se cierra el círculo.

EXPANSIÓN DE LA EDUCACIÓN Y DEMOCRACIA

Esta historia reciente en Polonia nos coloca ante la perplejidad de constatar que el éxito en democratizar la educación no garantiza por sí mismo el progreso ni la calidad de la democracia. Aun así, resulta difícil dejar de creer que, para que haya ciudadanos activos y comprometidos, que participen y contribuyan a la cosa pública, sea imprescindible educarlos a todos. Como escribió Aristóteles, esto «nadie lo discutiría», y así lo debió de pensar Kant cuando concibió la idea de una educación universal gratuita. Pese a ello, mientras que el nexo entre expansión de los sistemas educativos y crecimiento económico está sólidamente demostrado en las investigaciones sobre el tema, no ocurre igual con la relación entre educación de las masas y avance hacia la democracia —o hacia otras formas de gobierno— en las naciones contemporáneas. De hecho, no se sostiene mal la hipótesis de que la expansión de la educación pertenece mucho más a la agenda del desarrollo económico que a la de la democratización política; se apoya en el argumento de que, más que un pilar de la democracia, es en realidad una gran operación para reproducir y legitimar la desigualdad. Desde Bourdieu y la teoría de la reproducción hasta Sandel y su crítica a la meritocracia, la educación universal sería un ritual por el que se bendice *urbi et orbi* que el hijo del obrero será obrero y el del empresario será empresario.

Desde otros enfoques, por cierto no muy alejados en cuanto a herencia ideológica, pues se trata del «laboratorio» de uno de los economistas más célebres de la última década, Thomas Piketty, llegan datos de gran solidez que cuestionan esta visión desencantada del proyecto educativo universal: con una base de datos gigantesca creada con encuestas nacionales de ciento cincuenta países, Amory Gethin ha estimado el efecto agregado de la expansión educativa desde 1980 hasta 2019 sobre el crecimiento económico, la reducción de la pobreza global y la igualdad de género. Democratizar la educación aparece como el factor más poderoso, y la inversión más rentable, para reducir la pobreza. Según el análisis de Gethin, explica el 50 por ciento del crecimiento económico global —el 70 por ciento en el caso de los países más pobres— y el 50 por ciento de la reducción de la desigualdad de género.[6] En perspectiva histórica, parece pues que el ascensor social global no estaría tan averiado como suele decirse o que, al menos, funciona bien tantas veces como las que se estropea. No obstante, aun asumiendo que el proyecto educativo universal haya contribuido al crecimiento económico, a la igualdad y a la reducción de la pobreza, la relación con la democratización política sigue siendo dudosa. Los datos que tenemos al respecto son modestos, tanto en cantidad como en calidad, y resultan decepcionantes o cuando menos contraintuitivos.

En 1996 Aaron Benavot[7] publicó un estudio pionero en el que cuantificaba los efectos de la expansión educativa sobre el surgimiento y afianzamiento de regímenes democráticos (medido por la evolución de varios índices de calidad democrática) en dos periodos clave: el de 1965-1980, que marca la descolonización de buena parte del mundo en desarrollo, y el de 1980-1988. En conjunto, se trata de un tiempo histórico caracterizado por el avance educativo y también por el desarrollo positivo de la calidad democrática y de la cantidad de democracias, sobre todo en la década de 1980, en todas las regiones del mundo. Así pues, la hipótesis de que la expansión educativa había contribuido a la democrática, dada ya por buena desde las teorías de la modernización, era sólida y creíble. En su análisis, con una metodología más sofisticada que la de estas últimas, Benavot concluyó que la influencia era estadísticamente despreciable en cuanto a la primaria y la secundaria. Sin embargo, resultaba significativa en el caso de la universitaria. En otras palabras, para ese periodo de progreso democrático global, en especial en los países en desarrollo, el determinante no fue la educación de las masas, sino la de las élites. En el mundo rico, sin embargo, no sería posible concluir lo mismo, pues a finales de los años ochenta ya había más de un país en el que se podía hablar de educación superior de masas. En 2024 son muchos más los que tienen una tasa de matrícula por encima del 50 por ciento en este nivel educativo, incluidos los de la OCDE (algunos superan el 80 por ciento) y otros como China, Rusia o Perú.[8]

El proceso de desarrollo democrático global continuó con fuerza en los años noventa, en buena medida por la caída de la Unión Soviética, el fin de la Guerra Fría y las transiciones democráticas en toda Europa del Este. Eran los tiempos en que Fukuyama escribió famosamente aquello del fin de la historia y cuando algunos llegaron a pensar que el mundo se encaminaba hacia un paraíso democrático. En el 2000 se estimaba que el 63 por ciento de la población mundial vivía en países democráticos, una cifra que podría quedar como récord histórico. Esto es así porque en las dos primeras décadas del siglo XXI, las democracias y las libertades cívicas han retrocedido incluso con mayor rapidez de lo que habían avanzado en la segunda mitad del anterior. Timothy Garton Ash señala que, a finales de 2020, por primera vez en este siglo había en el mundo menos democracias que regímenes no democráticos (considerando los países con más de un millón de habitantes).[9] No es, pues, que se haya atascado el avance hacia el paraíso democrático, es que se ha dado la vuelta. El deterioro de la calidad democrática en los últimos veinte años es patente sea cual sea el criterio, indicador o índice con el que se mida. Freedom House elabora uno de los más citados y respetados porque se centra en el «acceso a derechos y libertades», es decir, clasifica los países de acuerdo con su libertad y derechos civiles.[10] Según sus datos, el retroceso en los últimos quince años es incuestionable: el número de aquellos en los que la democracia se «contrae» crece de forma inexorable. Y disminuyen los que muestran una democracia «estable» o «en expansión».

Hacia 2008, justo antes de que comenzara la Gran Recesión, la escolarización universal en primaria era un objetivo realista y próximo a conseguirse. El mundo tiene ahora como propósito para 2030 (forma parte del cuarto objetivo de desarrollo sostenible en la Agenda 2030 promovida por Naciones Unidas) universalizar la secundaria. Expandir el acceso tanto a la básica como a la no obligatoria —preescolar y superior— ha continuado con fuerza, incluso a pesar de que el gasto se ha contraído como resultado de la Gran Recesión y del impacto económico de la pandemia de 2020. Sin embargo, pese al enorme progreso en construir sistemas escolares cada vez más inclusivos, así como en invertir en la educación como bien público global, nacional y local, la recesión democrática ha avanzado, especialmente desde 2008. El esfuerzo educativo por desarrollar valores democráticos, impulsar el aprendizaje de la convivencia pacífica y armónica, y respetar al diferente y al discrepante, no está produciendo los resultados esperados, a pesar de que existe evidencia prometedora en algunos países.[11] Ni siquiera el espectacular avance de la educación superior parece haber contenido el retroceso de la democracia y la pérdida de libertades en muchas —todas— las regiones del mundo.

La recesión democrática, como veremos enseguida, ataca a la raíz del proyecto educativo universal, que no es sino democratizar el aprendizaje. Aun así, es necesario considerar la hipótesis de que la escolarización de masas, incluida ya la educación superior o terciaria, no solo no está frenando el retroceso, sino que podría incluso ser una de sus causas y ponerse a su servicio. De entrada, resulta incontestable que el retroceso democrático está acelerando la devaluación y debilidad políticas que son características del sector educativo. Además, en paralelo al ascenso de la animosidad y del escepticismo por la educación universal, la primera propia de los descontentos y el segundo de los desencantados, hay también pruebas contundentes del aumento de la desafección o «desenganche» escolar y de la emergencia de culturas antiescuela entre los propios estudiantes.[12] ¿Cabe atribuir todos estos problemas a una mera crisis de crecimiento tal vez relacionada con los ciclos económicos y con las expectativas y aspiraciones frustradas de las generaciones afectadas por la Gran Recesión? ¿Se trata simplemente de que toda conquista social crea nuevas aspiraciones y, con ellas, una nueva oleada de problemas de un mayor grado de complejidad? Es posible que sea así. Pero eso no haría menos ineludible la necesidad de indagar sobre las razones por las que el patrón o modelo vigente de expansión educativa está teniendo consecuencias y efectos que quedan muy lejos de los ideales ilustrados.

Así empieza lo malo:[13] recesión democrática, industria de la posverdad y polarización

El análisis de los resultados de PISA 2018 contenía un apartado en el que la fiesta mediática que siguió a su publicación no reparó lo suficiente: enfrentados a un texto en el que debían identificar las pistas que señalaban la fuente y la naturaleza de la información, una media del 53 por ciento de los estudiantes de quince años en los países participantes no fue capaz de distinguir entre hechos y opiniones. Al mismo tiempo, solo un 54 por ciento, también de media, manifestaba haber adquirido algún tipo de aprendizaje en la escuela para saber cómo detectar información sesgada en un texto. No sorprendía el dato de que, a mayor oportunidad de aprender a identificar alusiones subjetivas, mayor era el porcentaje de estudiantes que respondían de modo correcto a la pregunta que requería saber distinguir entre qué eran hechos y qué eran opiniones. La alfabetización digital tiene que ver precisamente con saber cómo funcionan las tecnologías de segmentación y con saber contrastar la ingente cantidad de registros a los que se accede en internet a través de modos adecuados de navegar y así ser capaz de poner hechos y valoraciones cada uno en su lugar. El editorial del informe lo expresa de forma contundente y fácil de entender: ser alfabeto digital implica que «hay que saber mirar a izquierda y derecha cuando se entra en internet».[14]

Incluso considerando solo al club de los países ricos de la OCDE, la educación básica (primaria y secundaria) universal no parece estar siendo suficiente para asegurar que todos los estudiantes adquieran una capacidad tan esencial como distinguir entre un hecho y una opinión. Es cierto que el actual impulso de la recesión democrática, con el incremento exponencial de la polarización política, supone un desafío sin precedentes para el sector. Pero lo que realmente asusta, y los datos de PISA no ayudan a paliar ese miedo, no es ya que la educación esté fallando en algo tan esencial, sino que pueda estar sirviendo de instrumento o como un frente más para profundizar en el retroceso democrático. Destruir la confianza pública en la escolarización, en sus instituciones y en el profesorado es una tendencia que caracteriza a todos los regímenes iliberales que están proliferando en las últimas dos décadas, como se ha visto en Polonia. Al mismo tiempo, la epidemia de la posverdad y la desinformación, mediante las redes sociales en particular e internet en general, se empieza a comportar como un sistema educativo paralelo que esos regímenes saben utilizar con maestría. En más de un sentido, para las democracias liberales que siguen en pie, la industria de la posverdad y la desinformación está en el punto en el que la política educativa se toca con la de la seguridad.

La posverdad y el desvergonzado eufemismo de *hechos alternativos* para nombrar lo que antes se llamaba mentira o bulo han existido siempre. La novedad es que hoy se trata de una industria global, es decir, de todo un sector de actividad económica que emplea a muchas personas de alta cualificación en todo el mundo, tanto en el sector público como en el privado, y que opera fundamentalmente en internet. Esta industria global para fabricar y diseminar mentiras al servicio de poderes establecidos (Estados, partidos y empresas) o emergentes (sectas, grupos de presión, etc.) está en la raíz del retroceso democrático. Su objetivo parecería ser devolver al mundo a la Edad Media[15] y su «modelo de negocio» pasa por dinamitar la base de la convivencia en democracia socavando la confianza de los ciudadanos en las instituciones públicas, empezando por los Gobiernos y, por supuesto, los centros educativos. No se trata de una alianza secreta, ni es tampoco una conspiración maquinada por mentes malignas. Opera a la luz del día a pesar de tener zonas grises y, en buena medida, está financiada por los mismos ciudadanos que consumen sus productos. Es más bien una confluencia de intereses cuyo denominador común es desmantelar el universalismo, la globalización y los conceptos ilustrados de racionalidad científica, igualdad y libertad; parte sustantiva de esta batalla está en deslegitimar el proyecto secular de educación para todos. Las herramientas y principios con los que funciona este programa son:

- *No hay una realidad objetiva* que pueda ser explorada, entendida y explicada. Hay realidades alternativas que generan hechos alternativos, dependiendo de identidades personales y colectivas que son producto a su vez de la autonomía de cada individuo. El mundo vive una infodemia en la que los costes de producir información son menos que despreciables. La posverdad, fabricada a base de noticias falsas y hechos alternativos, desfactifica la realidad; dicho de otra forma, establece que la realidad no tiene nada que ver con los hechos objetivos, que a efectos *oficiales* han dejado de existir, sino con las cosas que se dicen. En las guerras de la (des)información no prevalecen los mejores argumentos, sino los algoritmos más inteligentes, esto es, los mejor diseñados y dirigidos con mayor acierto a los cada vez más fragmentados segmentos de audiencia. El filósofo Byung-Chul Han apostilla que «la información corre más que la verdad y no puede ser alcanzada por esta. El intento de combatir la infodemia con la verdad está pues condenado al fracaso. Es resistente a la verdad».[16]

- *El uso de las palabras no ha de estar regulado por las gramáticas, sino por las políticas*. Un paso más allá, también las gramáticas tendrían que regularse por las políticas. En términos de Foucault, el lenguaje es poder porque lo codifica y lo ejerce. Las personas deben aprender a autocensurarse en el uso del lenguaje porque en la hipertransparencia exhibicionista de internet y las redes sociales toda comunicación implica una declaración pública por la que se es juzgado de inmediato. Se asume además que solo con el empleo de ciertas palabras, dado que codifican el poder, no solo se influye en la plaza pública, sino que se cambian las cosas, se cambia el mundo. El juego de moda es una suerte de dialéctica entre *visibilizar* o *silenciar*: lo que debe ser *visibilizado* es motivo de orgullo personal y sobre todo tribal. Lo que ha de ser *silenciado* es objeto de anatema, *fatwa* o cancelación. De nuevo, la atención pública no está en los hechos, sino en las declaraciones. Lo que se haga cuenta mucho menos que lo que se diga y menos aún que la palabra concreta que se elija para decirlo.[17]

- *La posverdad consiste en que los sentimientos triunfen sobre la razón*. Importan los sentimientos, no el conocimiento. Este último es manipulable y difícil de comunicar, mientras que las emociones no son discutibles, todo lo justifican y ponen en pie de igualdad a todo el mundo (las mías valen lo mismo que las tuyas y que las de todos los premios Nobel de la historia puestos juntos). Los sentimientos del débil, pobre, vulnerable o victimizado en general podrían valer incluso más, porque generan más empatía pública, valga decir, que los del rico y poderoso. El conocimiento es, en esencia, desigual y su manejo provoca más desigualdad. Los sentimientos son de acceso igualitario y se supone que darles prominencia genera igualdad. La evidencia empírica de los datos es siempre sospechosa mientras que las opiniones y los sentimientos empoderan a sus portadores. El conocimiento era público y los sentimientos privados. Ahora pareciera que hay que mantener discretamente en secreto el conocimiento, mientras que los sentimientos ocupan con legitimidad propia el espacio público.

Todo esto no es una mera especulación distópica: en un estudio reciente firmado por un grupo de académicos holandeses, se proporciona evidencia empírica sólida sobre el declive de la racionalidad en el lenguaje escrito.[18] Los autores analizaron la evolución del uso del lenguaje en millones de libros en inglés y en español entre 1850 y 2019. Encontraron que el volumen de uso de palabras asociadas con la racionalidad, por ejemplo, «determinar» o «conclusión», se elevó de forma sistemática y sostenida a partir de 1850, mientras que el de términos relacionados con experiencias personales y emociones, como «sentir» y «creer», declinaba. Este patrón se dio la vuelta a partir de los años ochenta, en plena aceleración de la expansión educativa, con un acusado descenso de las palabras que indican racionalidad basada en hechos frente al ascenso de las que denotan sentimientos. La tendencia se aceleró a partir de 2007, acompañada por un cambio de un foco colectivista a otro individualista, medido, entre otros indicadores, por la ratio de pronombres singulares frente a los plurales (empleo más frecuente del «yo» frente al «nosotros» y de «él» frente a «ellos»). El giro en la tendencia a partir de la década de 1980 se constata tanto en los libros de ficción como en los de no ficción e incluso se observa en los artículos publicados en *The New York Times*, considerado la biblia del periodismo objetivo, que también se analizaron como parte del estudio. Estas alternativas en el lenguaje publicado reflejan el interés público predominante, que habría transitado desde la racionalidad hacia lo emocional.

• *El sesgo de confirmación es tan legítimo como inevitable.* La cultura política de la posverdad industrial implica que no procede educar a las personas en la conciencia de sus sesgos cognitivos ni mucho menos en la necesidad de trascenderlos. El pensamiento crítico ha de dejar su sitio al pensamiento forofo. Los individuos están moldeados por fuerzas sociales sobre las que carecen de control, por lo que ni son agentes autónomos ni tampoco seres racionales. No hay que educarlos entonces ni para la autonomía ni para la racionalidad y menos aún para la responsabilidad (al margen del lenguaje que empleen y que se considera el único *marcador* relevante de su posición social y política). El *sapere aude* («atrévete a saber») con el que Kant resumió el espíritu ilustrado está dejando paso en este siglo al *sentire aude* («atrévete a sentir») o incluso a un *non sapere aude* («atrévete a no saber»; o siéntete orgulloso de ignorar).

- *La posverdad se resume en ignorar los problemas que existen y considerar los que no existen.* En un contexto de fragmentación identitaria y de creciente polarización política, aumentan los incentivos para crear nuevos relatos sobre problemas que no existen («Europa nos roba», «España nos roba», «el Partido Demócrata es pedófilo» y muchos otros). La verdad no existe y, en consecuencia, la evidencia científica sería prescindible en ese entorno posfactual. Se está llegando, incluso, al absurdo de disfrazar de evidencia científica lo que en realidad son *hechos alternativos*.

- *La desglobalización tiene que empezar por la educación.* Allí donde no se considera pecado, la educación universal se presenta como una gran trama de adoctrinamiento orquestada por enemigos de todo tipo, con frecuencia intercambiables. Por eso se ve necesario imponer a la educación formal un repliegue identitario, sea cual sea la identidad o identidades priorizadas, que fuerce un regreso al antiguo régimen educativo. Resulta irónico, por cierto, que los más aguerridos luchadores por la desglobalización están sólidamente globalizados, pues suelen organizarse en proyectos multinacionales y formar parte de redes transnacionales por las que fluye algo más que la reafirmación de sus irreductibles identidades. En la fachada de una biblioteca pública de Barcelona se pudo ver, durante un buen tiempo en 2022, una pintada, firmada por Vox, el partido de ultraderecha, que resume con encomiable precisión el repliegue identitario: «Menos libros y más España».[19] Si se reemplaza «España» por el nombre de cualquier otro país, región o territorio, o por cualquier credo religioso, político o cultural, o incluso por el nombre de un idioma, el eslogan funcionaría igual de bien: el mensaje de fondo, que suena y resuena como si fuese el bajo continuo de una pieza barroca, es que haya menos libros (incluso aunque solo traten sobre creencias y emociones).

La mejor prueba de que existe una crisis existencial de la lectura es que los textos no se miden por el número de páginas y ni siquiera ya por el de palabras; ahora se hace por caracteres, asumiendo que todo lo que pase de ciento cuarenta o, para los más avanzados, doscientos ochenta, no lo va a leer nadie. Que esto esté ocurriendo cuando el mundo ha alcanzado las tasas de alfabetización más altas de la historia gracias al progreso de la educación universal puede verse como un contrasentido. Pero tal vez sea más bien una consecuencia inevitable. El escaneo rápido, el *scroll down* y los textos minimalistas a los que nos acostumbran las tabletas y teléfonos inteligentes profundizan en esta crisis de lectura que azota a la población general y a los sistemas escolares en particular: el porcentaje de alumnos de dieciséis años que responde «Leo solo si tengo que hacerlo» ha crecido del 36 al 49 por ciento entre 2000 y 2022.[20]

En un contexto dominado por la posverdad, en el que el análisis basado en evidencia empírica cotiza a la baja y su espacio lo ocupa el lenguaje de los sentimientos, aprender a distinguir entre hechos y opiniones es un desafío que va mucho más allá de la comprensión lectora que mide PISA. La alfabetización como siempre se ha entendido, cuya plena universalización todavía se nos resiste, tiene que venir acompañada y reforzada por la digital, definida como vacuna y tratamiento curativo de la infodemia. Usando la metáfora del informe PISA citado al comienzo de este apartado, por no saber mirar a izquierda y derecha al entrar en internet, la posverdad industrial está atropellando a mucha gente y no solo a estudiantes de quince años.

«CUANTO MÁS LISTOS SOMOS, MÁS ESTÚPIDOS NOS HACE LA POLÍTICA»[21]

El famoso ensayo del periodista de *The New York Times* Ezra Klein contiene esta afirmación paradójica para definir la polarización. La pregunta que surge es si ese «ser más listos» equivale a «estar más educados»; y si, por tanto, cuanta más educación hemos recibido, más ignorantes nos hace la política. Esto equivaldría a aceptar que, a mayor nivel educativo, al menos en estos tiempos, menos pensamiento crítico y más enfrentamiento social. No cabría mayor catástrofe educativa. No obstante, procede preguntar si no sería más bien que, cuanta más información consumimos, también en la escuela, más estúpidos nos hace la política. La hipótesis sería que cuanta más información —más afectados por la infodemia—, menos educación y más ignorancia militante disfrazada de «creador de contenidos». Klein explica la paradoja afirmando que, cuanto más informados estamos, incluso cuanto mejores son nuestras habilidades cognitivas, la búsqueda de la verdad cede a otras prioridades relacionadas con la lucha por el poder, con «ganar la discusión», con imponerse sobre los que percibimos como enemigos. Dan Kahan lo explica aún mejor cuando habla de una «cognición protectora de la identidad»: al enfrentarnos a temas que pueden amenazar nuestra identidad, preferimos interpretar los hechos, incluso la evidencia científica más rigurosa, de manera que refuercen nuestras preconcepciones.[22]

El problema contemporáneo es que, al mismo ritmo que aumenta el número de personas con educación superior, se está ampliando con rapidez la cantidad de temas que percibimos como amenazas a nuestra identidad: pueden ser las vacunas y el confinamiento, el mero uso de determinadas palabras o expresiones, el lenguaje inclusivo, los colores de los lazos que nos ponemos en las solapas, lo que comemos o evitamos comer, la inmigración, lo que pensamos sobre conflictos bélicos internacionales, los impuestos a las grandes fortunas o el salario mínimo, y hasta nuestros gustos en materia de música pop. Cada vez más cuestiones se tornan controvertidas y, con ello, se vuelven potencialmente ofensivas para más colectivos; aumenta entonces el riesgo social y cultural de pronunciarse, de expresar dudas y de utilizar el humor para tratarlas. En una cultura en la que la polarización y la corrección política se hacen hegemónicas, no cabe tener dudas y el humor está mal visto. El lenguaje —y las conversaciones— que no está prohibido es porque es obligatorio. Lo han adivinado: justo como en las dictaduras de toda la vida. Todos los temas son políticos y no solo los de naturaleza pública que afectan a todos, sino especialmente los privados, porque ahora lo personal también es político. Politización y polarización se alimentan una a la otra hasta que terminan siendo la misma cosa.

La cultura de la cancelación y el control directo del currículo escolar por parte de las familias de los estudiantes (en España se conoce como PIN parental) son el resultado práctico, en materia educativa, de esta deriva antidemocrática. Ambas responden a la misma voluntad de intervenir y desvirtuar las instituciones educativas y de someter intelectual y políticamente a los profesionales del sector. Son dos muestras inequívocas de la tendencia hacia el desmantelamiento del proyecto ilustrado de educación para todos. Bien es cierto que la historia de la (des)educación puede contarse por medio de las sucesivas listas de libros prohibidos; bien es cierto también que la libertad de cátedra podría haber sido —y seguir siendo hoy— una conquista aún más difícil de sostener que la de la propia libertad de expresión. Con todo, nunca se habían visto listas inquisitoriales con libros infantiles y tebeos publicados décadas o siglos atrás. Ahora se ven. Los inquisidores censuraban y prohibían libros infantiles, pero no se planteaban reescribirlos para que se ajustaran a la ortodoxia. Ahora los reescriben. Tampoco se había visto a ilustres académicos despedidos de su cátedra porque sus estudiantes se hubieran sentido «ofendidos» o, simplemente, «inseguros» ante una explicación académica. Ahora los despiden.

En tales circunstancias, el primer gran riesgo práctico para la gran empresa educativa universal es que el coste político (personal, por tanto) de dedicarse a la docencia se eleva cada día. Si siempre había sido tarea ardua la de atraer a la profesión docente a jóvenes de alto calibre académico, en más de un lugar se podría convertir ahora en misión imposible. Y eso sin tener en cuenta que las barreras económicas a la docencia, es decir, los bajos salarios, siguen siendo un problema central de buena parte de los sistemas escolares a escala mundial. En definitiva, la escasez de profesorado en una parte del mundo y el éxodo docente en otra pueden poner en serio peligro lo conquistado en educación durante los últimos cincuenta años.

181

¿ES LA EDUCACIÓN AL MISMO TIEMPO CAUSA Y CURA DE LA RECESIÓN DEMOCRÁTICA?

Todo el mundo tiene un altavoz. Y todo lo que se emite puede ser reproducido incesantemente y queda registrado para siempre. El griterío es ensordecedor. El incentivo que tienen los «concursantes» en la infodemia está en decir algo tan disruptivo que sea capaz de conectar con el malestar reinante y con la natural resistencia a la complejidad que tiene todo ser humano. La pregunta es: ¿qué ocurre cuando todo el mundo se siente agraviado y perdedor? ¿Engañado por sus líderes políticos? ¿Defraudado por intelectuales y expertos? ¿Reforzado y coreado por miles de individuos que le repiten *ad nauseam* lo que quiere oír o leer en las redes sociales o las tertulias televisivas? Si todos nos sentimos perdedores y estamos muy enfadados, hacen falta con urgencia más enemigos y más chivos expiatorios. Quien tiene la habilidad para identificarlos, señalarlos y explotar el rédito de la consiguiente indignación se lleva el gato al agua y hasta puede aspirar a convertirse en un líder salvífico.

La democracia liberal queda seriamente herida. La educación universal aparece como principal sospechosa de la tragedia y, al mismo tiempo, como su mejor remedio potencial. Esa doble condición la pone en una encrucijada paradójica: sin ella no hay democracia, pero con ella las prácticas antidemocráticas son el pan de cada día. Combinar educación con tecnología ha elevado la escala de los desafíos a los que siempre se ha enfrentado la democracia, empezando por el pensamiento mágico-mítico, el adoctrinamiento político y religioso, y la manipulación por medio de bulos y ficciones a los que ahora se llama relatos.

No podemos evitar la frustración ilustrada, por así decir, de que teniendo ciudadanos más educados sea más difícil que nunca construir consensos sobre políticas cruciales para el bienestar y la cohesión social. Masificamos los sistemas educativos y los radicalismos también se han hecho masivos. El país más polarizado en el mundo democrático es justo aquel que primero universalizó la secundaria y que antes cruzó la frontera del 50 por ciento de matrícula en la superior. Más educación no ha llevado a menos polarización sino, al parecer, a mucha más y con nuevos ejes de «clivaje».[23] No parece tratarse de una tendencia aislada o pasajera. La expansión educativa estaría siendo víctima de su propio invento y no hay a la vista una ruta de escape —una salida de humos— para regular o rebajar la alta tensión política y social que se ha generado. La pregunta de en qué nos estamos equivocando es tan legítima como ineludible.

Una conclusión asequible es que el problema no —solo— radica en cuánta educación más hace falta, sino en cuál es la que necesitamos para sostener la democracia. Si la agenda de la identidad sigue ganándole la partida a la de la igualdad, la educación universal seguirá fragmentando la sociedad y profundizando en nuevas formas de desigualdad, incluso si el 30 por ciento o más de las nuevas generaciones llegara a graduarse en universidades de élite. Una democracia que funcione necesita ciudadanos que sepan tomar decisiones juntos. Para conseguir esto, que es una definición rápida de en qué consiste el aprendizaje de la democracia, el espacio público de socialización de la escuela resulta imprescindible. Los sistemas escolares altamente segregados son un riesgo importante para la cohesión y el sentido de pertenencia social. La ruta de escape de la que hablamos no puede ser otra más que despolitizar y *desegregar* el sistema educativo mediante, entre otras cosas, la profesionalización plena de los docentes. Quizá no sea realista pedirle mucho más, pero esto es vital; pues ahí reside la medida en que la educación universal resulta ser una condición necesaria, si bien ni mucho menos suficiente, para que las democracias liberales sobrevivan este tiempo en que proliferan y se fortalecen regímenes autoritarios.

9

Schola semper reformanda est

> La cólera da ingenio a los hombres apagados, pero los
> deja en la pobreza.
>
> Isabel I de Castilla

> El reclutamiento de alumnos para las escuelas norma-
> les era la cuestión capital de que dependían la instruc-
> ción del país y hasta su fuerza y su salvación. No había
> cuestión tan importante como la formación de los fu-
> turos maestros de escuela, como iluminarlos con la luz
> de la razón y de la lógica, como inflamar sus corazones
> en verdad y justicia, que diesen calor a su pecho. El
> reclutamiento dependía únicamente de una remune-
> ración mayor, más justa, que les permitiese vivir con
> decoro y devolver a la profesión su elevada nobleza: la
> instrucción y educación de los alumnos que habían de
> ser maestros requería un nuevo programa.
>
> Émile Zola, *Verdad*

Ciudad de México, México

La mañana del 1 de mayo de 2013 Ciudad de México despertó con
un sol luminoso y calor. Era miércoles y, como en muchos otros países, festivo. Los integrantes de la Coordinadora Nacional de Trabajadores de la Educación (CNTE), una de las principales agrupaciones

dentro del Sindicato Nacional de Trabajadores de la Educación (SNTE, la organización sindical más grande del país), salieron a las calles a participar en las movilizaciones por el Día del Trabajo y a protestar contra la nueva reforma educativa del Gobierno federal. Cientos de maestros acabaron la jornada con un plantón en la plaza de la Constitución, la principal de la ciudad, más conocida como el Zócalo. Una semana después, ya eran siete mil los maestros allí instalados. A mediados de julio, tras semanas de protestas, ocupaban más de la mitad de los casi cincuenta mil metros cuadrados de superficie del Zócalo. En agosto, con las movilizaciones extendidas por todo el país, empezaron los bloqueos y las obstrucciones de varias arterias de tránsito en la gran metrópoli.[1]

Los antecedentes inmediatos en el sector no hacían presagiar un conflicto así. Tras las elecciones federales del año anterior, las principales fuerzas políticas, que representaban más del 80 por ciento de los votantes, habían acordado un gran pacto nacional, el llamado Pacto por México, que situaba la educación como una de sus prioridades más estratégicas. Era un momento de regeneración política y se había creado cierta esperanza de progreso, tras varios años de crecimiento económico al alza y de violencia y homicidios a la baja.[2] El acceso a la educación superior había aumentado en casi diez puntos desde el comienzo de siglo y, en las pruebas PISA, México había mejorado de manera sostenida desde el año 2000 hasta situarse a la cabeza de América Latina, muy cerca de Chile y Uruguay. Aunque viniera de años de expectativas truncadas, aspiraciones sociales no colmadas y dificultades del Estado para institucionalizarse en muchos ámbitos de la vida de sus ciudadanos, parecía haber un cierto optimismo en las clases medias. «Es el momento de México», dijo Peña Nieto en el discurso inaugural de su presidencia a finales de 2012.

La razón de la espiral de movilizaciones sindicales, que escaló durante varios años, era sobre todo una de las leyes propuestas como parte de la reforma educativa: la Ley General del Servicio Profesional Docente, cuyo trámite iba a comenzar al final de aquel verano de 2013. La reforma exigía modificar buena parte de las leyes federales de la educación y todos los ojos estaban puestos en la nueva política de profesorado. El texto preliminar contemplaba una evaluación de los docentes en activo, que de ser negativa podía suponer la pérdida de plaza y el traslado a un destino como administrativo. La selección de maestros, parte de la estructura clientelar del Estado en cuanto al acceso al funcionariado, había estado controlada en el pasado por autoridades locales y sindicatos, y se caracterizaba por una amplia discrecionalidad, arbitrariedad y opacidad; por ejemplo, la promoción profesional estaba ligada a la participación sindical. Hasta tal punto llegaba la institucionalización del clientelismo que el traspaso de plazas docentes de padres a hijos era una práctica habitual, como si de licencias en propiedad se tratara. Con las llamadas «plazas heredadas», el acceso más franco a la docencia era tener un padre o una madre que también lo fueran.[3] El elevado absentismo docente y el poco tiempo efectivo de instrucción en las aulas mexicanas se explicaban en buena medida por este motivo.[4] Aunque varios estados del país ya funcionaban con sistemas de selección docente basados en el mérito, no fue hasta 2008 cuando el Gobierno federal decidió tomar cartas en el asunto y poner en marcha un sistema nacional de exámenes públicos y competitivos. Con el fin de evitar un enfrentamiento directo con los sindicatos y con los estados federales, se acordó que el examen no fuera obligatorio y se negoció que solo un porcentaje de las nuevas plazas fuera de acceso competitivo. El acuerdo mezclaba una buena dosis de realismo político con el ansia de reformar una política clave como era la selección de maestros, lo que permitiría avanzar en su profesionalización. Los resultados fueron muy positivos: en las escuelas que recibían más proporción de docentes seleccionados competitivamente, el aprendizaje de los alumnos mejoró, comparando escuelas y estudiantes semejantes. La medida tenía el impacto potencial de hacer avanzar el equivalente a dos cursos escolares en términos de aprendizaje si se comparaban alumnos en escuelas con un cien por cien de profesionales elegidos por concurso público con estudiantes en centros educativos con el total de docentes escogidos a dedo.[5]

El éxito de las medidas de reclutamiento tomadas en 2008 propició que, en la reforma de 2013, se decidiera pasar de una selección meritocrática parcial y optativa a una completa y obligatoria. La Ley General del Servicio Profesional Docente, que comenzó su trámite sin el apoyo de los principales sindicatos, añadía la mencionada evaluación obligatoria de los profesores en activo para valorar sus conocimientos y competencia pedagógica. Las protestas se propagaron por todo el país, con cada vez más episodios de violencia entre manifestantes y policía a lo largo de los años. Fue especialmente grave lo sucedido en 2016 en el estado de Oaxaca, donde tras varios meses de cierres escolares por las huelgas del profesorado, los enfrentamientos acabaron en disparos policiales que provocaron nueve muertos y decenas de heridos: fue entonces cuando muchos alumnos y docentes favorables a la reforma cambiaron de bando.[6] El Gobierno federal tomó aquí plena conciencia del coste y desgaste político que le estaba acarreando la reforma educativa.

Además de los errores en la gestión de la crisis política generada por el rechazo y boicot sindical, el despliegue de la reforma estaba dejando a la luz importantes lagunas en cuanto a su planificación. Las más visibles tenían que ver con las dificultades de evaluar a más de un millón de docentes en unos pocos días y a los inevitables fallos que se produjeran en el proceso. Mientras que los cambios en la selección de nuevos docentes seguían avanzando hacia un sistema totalmente meritocrático, mostrando además una capacidad de atraer mejores candidatos, los errores en el diseño y puesta en marcha de la evaluación de los que ya estaban en servicio alimentaron a la CNTE y le permitieron sortear sus propias discrepancias internas: mientras que su facción más reformista estaba participando en las evaluaciones, la más corporativista priorizaba mantener los puestos de trabajo.[7] En una dinámica típica de acción y reacción, las posturas moderadas se iban quedando fuera del diálogo y se afianzaban los extremos.

A pesar de las dificultades, la reforma salió adelante porque la opinión pública la apoyó mayoritariamente, desoyendo las protestas sindicales. Surgieron, no obstante, un descontento y una «cólera» que fueron muy bien aprovechados por el oportunismo de Andrés Manuel López Obrador (conocido como AMLO), quien había apoyado el Pacto por México, pero del que terminó por descolgarse: la educación fue una de las banderas contestatarias con las que logró alzarse con la presidencia de la república en 2018, sucediendo a Peña Nieto. Al llegar al Gobierno, AMLO, aupado por una coalición con amplio apoyo sindical, eliminó el órgano nacional responsable de la selección competitiva de docentes y de las evaluaciones de los que estaban ya en servicio (así como las evaluaciones muestrales del rendimiento estudiantil en la educación básica).

La reforma había sido ambiciosa y relativamente eficaz en cuanto a los objetivos de selección del nuevo profesorado, pero a la vez había dilapidado una buena parte de su potencial con respecto a la evaluación del que estaba en servicio. Como resultado, fueron reasignados a tareas administrativas (sin perder su empleo) menos del 1 por ciento de los maestros. Era razonable preguntarse si ese corto recorrido de la parte más controvertida de la reforma justificaba su alto coste político. Por otro lado, la contrarreforma de López Obrador, en alianza con los sindicatos de docentes, se cobró nuevas víctimas además de la evaluación docente. La más trágica fue el programa de Escuelas a Tiempo Completo, una exitosa iniciativa que ofrecía una jornada escolar de ocho horas, comedor gratuito y actividades extraescolares a casi cuatro millones de alumnos de bajos ingresos. El consenso político y social del Pacto por México y los progresos educativos del país en las dos primeras décadas del siglo se frenaron en seco, abortando así un proceso apoyado por buena parte de la opinión pública y que podía beneficiar a toda una nueva generación de estudiantes.[8] El tiempo dirá si esa herida podrá curarse o si supuso un golpe irreversible.

LECCIONES DE MÉXICO Y DE SUS VECINOS

Andrew Hargreaves, uno de los pedagogos más influyentes de las últimas décadas, decía que las reformas educativas son como la fruta madura porque rara vez viajan bien.[9] Cuando los sistemas occidentales habían asentado el consenso sobre el acceso universal a la educación primaria y secundaria, el foco en los resultados de las pruebas internacionales llevó a que el proyecto de la educación universal se decidiera a globalizar también las reformas orientadas a mejorar los resultados de aprendizaje. Empezaron a aparecer estudios en los que se mostraba el poder predictivo de los resultados de estas pruebas en la vida adulta, en términos tanto de inserción laboral como de bienestar individual; ocurría lo mismo con el vínculo entre dichos resultados y el crecimiento económico de los países. Así pues, los rankings, los datos y las encuestas de estas evaluaciones serían el vehículo en el que ideas y políticas viajarían de un país a otro, llevando lo que *funciona* cual prenda de talla única *prêt-à-porter*. La máxima atribuida a San Agustín que, parafraseada, da título a este capítulo —*Ecclesia semper reformanda est*— ha sido adoptada por los sistemas educativos contemporáneos al instalarse el principio de que crisis y reforma permanentes son el secreto de su supervivencia.

En la literatura académica, la prosa y la prensa de las reformas educativas se popularizó el término de las «lecciones» que unos países podrían dar a otros gracias a PISA y otras pruebas.[10] Lecciones canadienses, lecciones japonesas, lecciones vietnamitas y, por supuesto, lecciones finlandesas. Tras su apabullante éxito en las primeras ediciones del examen, esta república báltica se convirtió a comienzos de siglo en la meca a la que peregrinaban los reformistas de la educación. Todos querían imitar sus políticas. Hasta tal punto llegó la demanda de visitas que en su Ministerio de Educación había un departamento que se ocupaba exclusivamente de gestionar esos peregrinajes. Desde mediados de la década de 2010, Finlandia comenzó a caer en las pruebas, una tras otra. El golpe sufrido en la edición de 2022 fue todavía mayor, lo que llevó a que muchos se cuestionaran si Finlandia era el referente válido que se debía haber seguido desde un principio.

El uso de PISA para tomar decisiones de política educativa se ha generalizado en lo que va de siglo, como ya hemos visto: las cifras que arroja el informe cada tres años han permitido generar un conocimiento más profundo sobre la educación, pero también han provocado algunos errores reseñables.[11] Encontramos un buen ejemplo en Chile, a finales del año 2010, cuando el nuevo Gobierno decidió ampliar las horas de matemáticas y lectura con el objetivo de mejorar sus resultados en la prueba, además de establecer un sistema de «semáforo» para clasificar a las escuelas por su «valor añadido». Fue muy sonada en aquel momento la visita a Santiago del premio Nobel James Heckman, catedrático de Economía de la Universidad de Chicago (institución cuya influencia sobre la política chilena en las décadas anteriores había sido más que notable). Al conocer los detalles de la reforma, Heckman sorprendió a todos los creyentes en el modelo de rendición de cuentas al afirmar que el propósito de la educación iba mucho más allá de enseñar a leer o a multiplicar, que no podía dejarse de lado la socialización mediante el deporte o la creatividad mediante el arte y que, además, la obsesión con los exámenes y los «semáforos» estaba desvirtuando el aprendizaje y el desarrollo de los niños.[12]

Hay que ir, pues, con cuidado y no extraer conclusiones rápidas cuando se toman decisiones en un sistema tan complejo basado en las interacciones humanas como es la educación. Los viajes educativos y las reformas inspiradas por otros países requieren mucho más que una brújula como la de PISA. Con el avance de la tecnología, los datos educativos y encuestas nacionales resultan siempre más fiables y completas, igual que los análisis longitudinales o los estudios cualitativos. Conviene acompañar lo anterior con un buen entendimiento de la política del sector, de los actores y de sus intereses. A la luz de todo ello, tratemos de extraer con humildad y realismo algunas lecciones de la reforma mexicana.

La primera lección es que, aunque las grandes reformas *top-down* pueden funcionar, también corren el riesgo de acabar creando más problemas de los que pretenden solucionar. En el caso de México, donde existía un colectivo como el de los sindicatos de docentes, con mucho poder y una enorme capacidad de movilización, incluso una gran alianza de partidos y ciudadanos a favor de una reforma podía no ser suficiente. En muchas ocasiones, si se pretende que las reformas duren y los docentes se comprometan con ellas —algo, por otro lado, fundamental para garantizar su éxito—, el gradualismo (por ejemplo, mediante cambios voluntarios en la evaluación docente) es una estrategia con más posibilidad de éxito. En política educativa, podría decirse que más vale tener una visión de largo plazo que una reforma de largo alcance. La primera puede sobrevivir a cambios de gobierno y gozar de consenso entre distintas coaliciones de actores; la segunda puede tener mucha potencia, pero el camino es arduo y las probabilidades de sobrevivir son ínfimas.

La segunda lección tiene que ver con las dificultades de ampliar reformas que funcionan bien a pequeña escala. Hay proyectos piloto que pueden tener mucho éxito cuando se implantan en unas pocas escuelas o municipios, pero su impacto se reduce a medida que se intentan generalizar.[13] De la misma manera que ampliar el acceso en algunos casos puede empeorar la calidad de la educación, una reforma para mejorar los resultados puede debilitarse cuando se vuelve sistémica. De ahí que en México tuviera especial importancia tanto desarrollar y universalizar el nuevo sistema de selección docente basado en el mérito como expandir el programa de escuelas a tiempo completo. Este programa había logrado crecer de cinco mil a veinticinco mil escuelas y de menos de un millón a casi cuatro millones de alumnos, manteniendo un impacto muy positivo: mejoró los resultados de aprendizaje y bienestar de los estudiantes, aumentó su probabilidad de que siguieran estudiando y facilitó que sus madres se incorporaran al mercado de trabajo.[14] En este sentido, algunas reformas educativas viajan mejor que otras: la ampliación del espacio y el tiempo público de la escuela es claramente un ingrediente que llega a su destino con las maletas intactas y el pasaporte en regla.[15]

Tercera lección: en educación, todas las reformas son reformas del profesorado, que es el brazo ejecutor de las decisiones del Gobierno en materia educativa. Las que tienen que ver con el currículo, las relacionadas con los cambios organizativos en las escuelas, las que pretenden implantar nuevos programas en los centros o las que tratan de cambiar la evaluación son algunas de ellas. Y, por supuesto, las que tienen que ver con su propia carrera profesional y estatus laboral. A pesar de sus virtudes, era hasta cierto punto esperable que una reforma como la de México acabara percibiéndose como una amenaza al estatus laboral de los docentes y provocara una reacción negativa dentro del propio sector. Y más en un contexto en el que los sindicatos de docentes gozaban de un enorme poder y penetración en todo el país (en algunos casos, mayor que los del propio gobierno de los estados). Si eso era así, surgen dos preguntas: ¿Por qué puso el Gobierno federal tanto énfasis en el profesorado y estuvo dispuesto a asumir un coste político tan alto? ¿Era una cuestión ideológica o estaba de verdad convencido de que era la tecla que había que tocar para mejorar los resultados?

¡SON LOS PROFESORES, ESTÚPIDO!

El intento del Gobierno mexicano de sacar de las aulas a los profesores con valoraciones negativas es una de las medidas más discutidas en la política educativa de las últimas décadas. El vecino del norte, Estados Unidos, también llevaba poniendo en marcha sistemas de evaluación docente con consecuencias para el profesorado. Amparados en la lógica de los incentivos y resultados, que algunos asocian a una concepción ideológica neoliberal y empresarial de la educación, los Gobiernos de George Bush Jr. y Barack Obama, además de los de muchos estados del país, legislaron para añadir presión a la profesión docente.[16] La lógica era sencilla: si los resultados de los alumnos mejoraban, se incrementarían los salarios y el estatus de los profesores; si no lo hacían o empeoraban, los docentes podían acabar perdiendo su empleo. Y, a diferencia de México, en este caso sería una salida sin refugio en trabajos administrativos. Tras años de medidas y un enorme gasto de recursos públicos, los resultados de aprendizaje de los alumnos solo mejoraron en unos pocos estados, mientras que en otros apenas hubo cambios. Además, se redujo la satisfacción de los docentes y se aceleró el abandono de la profesión de muchos de ellos.[17]

Muchos vieron la influencia de esa misma ideología neoliberal detrás de la reforma mexicana.[18] Al fin y al cabo, eran países vecinos y los contagios eran de esperar. Pero Estados Unidos no era el único sitio donde se llevaban a cabo estas políticas. A pocos kilómetros de las costas de Florida y de las del Yucatán, otro país bien conocido por estadounidenses y mexicanos llevaba tiempo elevando el estatus de la profesión docente, entre otras medidas, sacando de las aulas a quienes no aseguraban el aprendizaje de los alumnos: la República de Cuba. Aunque no ha participado en PISA, en las últimas dos décadas la isla caribeña sí lo ha hecho en las pruebas externas de aprendizaje en primaria organizadas por la Unesco en América Latina, con unos resultados que la colocan a la cabeza de toda la región, incluso por delante de Chile o Uruguay.[19] Una de las razones de su «ventaja académica», teniendo en cuenta que su desarrollo económico en los últimos tiempos ha sido mucho menor que el de las potencias regionales, tiene que ver con su estrategia a largo plazo para elevar el estatus y la calidad de la profesión docente.[20]

Cuba puso en marcha hace décadas un programa de evaluación del profesorado como parte de la política de la carrera profesional enfocada en ellos. En el caso de los docentes que no lograban ayudar a mejorar los resultados de sus alumnos tras varios cursos, el Ministerio de Educación los sacaba de las aulas y les asignaba tareas administrativas. Justo lo que pretendió hacer la reforma mexicana. Es razonable pensar que la implantación de este sistema (que algunos tacharon de «punitivo» para los profesores, pero que podía ser muy beneficioso para los alumnos) se ha logrado gracias a la capacidad del régimen cubano para imponer políticas y a la falta de libertades individuales, incluida la de los docentes en su ejercicio profesional. Sea como fuere, quizá la ideología no es lo que explica que dos países como México y Cuba, con sistemas políticos tan distintos, estuvieran aplicando medidas similares. Es posible, simplemente, que ambos tuvieran una idea muy clara de que el estatus, la calidad y el reconocimiento del profesorado era algo demasiado importante como para que el Estado lo dejara en manos de terceros. En México se dijo que todo era fruto del influjo de la ideología neoliberal; en Cuba la defensa del servicio público y de los intereses del Estado. La política era en esencia la misma.

Las políticas del profesorado son la piedra angular de los sistemas educativos que quieren pasar de la escolarización universal al aprendizaje para todos. Una vez que la mayor parte de los países del mundo ya han logrado lo primero, las políticas docentes son la clave para alcanzar lo segundo. El continuo estado de reforma de la educación es en realidad una reflexión permanente sobre el papel de los profesores. En los países desarrollados con mayores niveles de aprendizaje y altas tasas de acceso y graduación en educación superior, la constante es siempre la misma: ser maestro o profesor trae prestigio social. ¿Cómo se construye y en qué consiste ese reconocimiento? ¿Es solo un asunto de dinero? Nos encontramos ante una meta a la que el proyecto de la educación universal lleva tratando de acercarse desde sus orígenes. El mismísimo Bill Gates la convirtió en una obsesión cuando comenzó a invertir parte de su fortuna en saber qué es un buen profesor, cuánto importa eso con respecto a otros factores y cómo podemos elevar sus capacidades. Retomando a Zola, se trata de entender cómo podemos «iluminarlos con la luz de la razón y la lógica e inflamar sus corazones de verdad y justicia».

Todo el mundo sabe qué es un buen profesor cuando lo ha tenido y, sin embargo, en la sala de mandos de muchos sistemas escolares se desconoce quiénes son esos maestros, dónde están y qué han hecho para lograrlo. La exposición a buenos docentes marca la vida de los alumnos y les confiere una enorme ventaja con respecto a quienes no gozan de esa suerte. La obsesión de Cuba y Estados Unidos primero, y de México después, tenía que ver con identificar a todos los posibles aliados a pie de campo del proyecto de la educación universal. ¿Cómo lograrlo? Ser buen alumno en la escuela no garantiza ser un buen profesor, pero ayuda mucho. En una prueba de habilidades de lectura y matemáticas para población adulta de más de treinta países, los docentes de Japón y Finlandia obtuvieron los mejores resultados.[21] Japón es el país que mejores datos obtuvo en PISA 2022 y salió de los primeros en 2018. Lo era también Finlandia hasta al menos 2018. En otra prueba sobre las habilidades matemáticas de jóvenes maestros en proceso de formación destacaban Taiwán, Singapur, Suiza o Polonia:[22] sus alumnos han tenido de manera continuada buenos resultados en las pruebas internacionales.

Al igual que México, son muchos los países que han puesto en marcha políticas exigentes de selección de docentes. A mediados del siglo XX, cuando la economía no estaba aún terciarizada y la educación superior era todavía un sector minoritario en muchas regiones, dedicarse a la docencia era una opción para los jóvenes con mejores expedientes que buscaban estabilidad, reconocimiento y estatus social. Eso permitió a los sistemas escolares expandirse en cuanto a cantidad y calidad. Pero, conforme la educación superior fue ampliándose y la docencia se encontró con nuevos competidores en el mercado laboral (tanto en el sector privado como en el público), su capacidad para atraer talento y vocación se redujo. Como consecuencia, la calidad de los profesores recién llegados cayó en algunos países desarrollados a finales del siglo pasado, en especial aquellos docentes con mejores habilidades. Estados Unidos fue capaz de darle la vuelta a esto en la primera década de siglo XXI, pero a su sistema educativo lo golpeó la Gran Recesión de 2008. Este auge y caída de la docencia, que ha ido de la mano de la incorporación de las mujeres al mercado laboral en las últimas décadas, es uno de los mayores retos a los que se enfrentan los sistemas escolares de los países ricos en los próximos años.[23] En el sur global, especialmente en África subsahariana y también en India o Pakistán, las dificultades tienen que ver con la explosión demográfica y la globalización de las economías, que hacen muy difícil replicar el modelo que funcionaba en Occidente para atraer buenos docentes.

Los sistemas educativos más eficaces al pasar del acceso universal al aprendizaje para todos, ya sean los asiáticos, los de las provincias y estados de Canadá y Estados Unidos, los de los países europeos o el de la República de Cuba, tenían un denominador común: ser muy exigentes a la hora de seleccionar a los docentes y plantear un comienzo de carrera muy profesionalizante, invertir en programas de inducción con acompañamiento de profesorado experto, ofrecer formación individualizada en servicio basada en observaciones de lo que ocurre en las aulas y, en general, diseñar una carrera profesional aparejando exigencias y reconocimientos.[24] Este frágil pero poderoso equilibrio entre altas expectativas y apoyo a los docentes, muy difícil de lograr y muy fácil de destruir, es quizá el bien más preciado que el proyecto de la educación universal debería proteger en las próximas décadas.

Incluso algunos países en desarrollo han logrado avances importantes elevando el calibre y el estatus de la docencia, algo cuyos efectos deberíamos ver en el futuro. En Palestina, tanto en Cisjordania como lo que hoy queda de la Franja de Gaza, las autoridades educativas pusieron en marcha un programa de desarrollo profesional y calidad del profesorado que transformó por completo el mapa de las políticas docentes en la última década tanto en formación inicial como en servicio en las escuelas: el porcentaje de maestros con alta preparación se disparó del 54 al 92 por ciento entre 2011 y 2018.[25] Además, los programas de selección e inducción docente de la agencia de refugiados de la ONU (UNRWA), en contextos muy adversos, lograron que estas escuelas se situaran por encima de las públicas y privadas del país en cuanto a resultados de aprendizaje.[26] Una vez más, colocar la profesión docente como prioridad número uno ha sido la constante detrás de todas las mejoras importantes y sostenibles en los resultados educativos de las últimas décadas.

Doble por nada: el difícil equilibrio entre exigencia y reconocimiento

Tras India, China y Estados Unidos, Indonesia es hoy el cuarto país más poblado del mundo, con casi treinta millones de alumnos en primaria, no muy lejos de los cuarenta millones que estudian en todo el continente europeo.[27] En 2005, su Gobierno lanzó una gran reforma educativa centrada en los profesores. Se había logrado convencer a muchos actores, entre ellos al todopoderoso Ministerio de Hacienda y Planificación, de que era necesario invertir masivamente en el sector: de hecho, la reforma constitucional que había tenido lugar tres años antes había incorporado el mandato de invertir al menos el 20 por ciento del presupuesto público a la educación básica, una cifra muy superior a lo habitual y un hito mundial de la política educativa.[28]

El Gobierno planteó varios cambios en los requisitos de acceso y formación al profesorado, aunque algunas de las propuestas iniciales fueron rechazadas en la negociación con los sindicatos de maestros. Por ejemplo, se descartó un examen externo como parte del proceso de certificación docente que evaluaría el conocimiento de las materias y el pedagógico, con programas formativos asociados a quienes no lo superaran. Pese a ello, en una decisión sin precedentes, el Gobierno dobló los salarios de todos aquellos docentes noveles y en servicio que lograran pasar el nuevo proceso de certificación diseñado por el ministerio. Si la exigencia de la selección, la ambición de la formación y el reconocimiento profesional son los intangibles que aseguran la calidad del sistema, lo tangible estaba en las condiciones laborales, algo que siempre tiene sentido cuidar y proteger. La reforma, evaluada rigurosamente mediante un programa experimental en el que, escogidas de manera aleatoria, algunas escuelas podían acogerse a la propuesta y otras no, elevó a los docentes que superaban la certificación hasta entrar en el 10 por ciento de titulados universitarios con mejores salarios.[29] Pese a semejante esfuerzo presupuestario, los resultados fueron un fracaso en toda regla: los profesores no mejoraron sus conocimientos de las materias que impartían y tampoco cambiaron las métricas de esfuerzo o absentismo ni las de su participación en trabajos fuera de la escuela para completar su sueldo.[30] Por añadidura, no se produjeron mejoras en el aprendizaje de los alumnos.

No se sabe si la reforma fue al menos capaz de atraer mejores candidatos jóvenes a la docencia dado el atractivo salarial, pero respecto a quienes estaban ya ejerciéndola, la inversión fue un fracaso. Sin embargo, hay casos de aumentos más modestos de salarios que sí parecen vincularse con mejores resultados, lo que indica que merece la pena remunerar mejor a los docentes para atraer a mejores profesionales y que hacerlo de forma progresiva parece ser la vía adecuada.[31] Aunque el gasto en educación es por definición una buena idea, una apuesta como la de Indonesia puede acabar socavando la confianza pública en el sector y aumentar las reticencias a invertir más en él. Comparada con la reforma mexicana, a los ojos de los docentes indonesios, la recompensa era enorme a cambio de un esfuerzo mínimo: en el sistema de certificación finalmente acordado con los sindicatos, los maestros tenían que entregar un expediente con sus materiales didácticos y logros, algo que no suponía grandes dificultades. Esto lleva de nuevo al equilibrio entre exigencia y reconocimiento: demasiada exigencia puede generar desafección, como en Estados Unidos, o directamente rechazo (sea o no razonable), como en México. Y demasiado reconocimiento a cambio de ninguna exigencia puede ser, como en el caso de Indonesia, una muy mala inversión que acabe generando escepticismo y bajas expectativas. Todavía se recuerda en Reino Unido que la política educativa del Nuevo Laborismo liderado por Tony Blair era en esencia una adaptación del programa neoliberal de reformas promovido por Margaret Thatcher la década anterior. Es cierto que la exigencia y expectativas sobre docentes y escuelas crecieron, pero lo hicieron acompañados de un aumento sin precedentes del gasto público en educación, del 3,9 al 5,2 por ciento del PIB entre 1998 y 2008.[32] Esta sólida agenda de reformas e inversiones permitió que Reino Unido obtuviera buenos resultados de aprendizaje en la década siguiente.

El equilibrio entre la exigencia y las condiciones de trabajo de los profesores es un objetivo central de los sistemas escolares para los próximos años: conforme los salarios suben, la responsabilidad también debe hacerlo y viceversa. Sin perder esto de vista, es preciso tomar conciencia de la necesidad ineludible de elevar los salarios a corto y medio plazo. En muchos lugares, el estatus salarial del profesorado no está a la altura de las mejores profesiones: solo la mitad de los países del mundo paga a sus maestros más que la media de profesiones con los mismos niveles de cualificación, una cifra que baja a un decepcionante 30 por ciento en Europa y Norteamérica.[33] Se trata, pues, de lograr una «remuneración mayor, más justa, que les permitiese vivir con decoro», regresando a Zola. Si se quiere completar la universalización de la educación en primaria y secundaria, hay razones para seguir apostando por mejorar el salario de los docentes y situarlo por encima de la media del de los trabajadores con educación superior. Según datos de la Unesco de 2022, cumplir el ODS 4 de la Agenda 2030 requerirá contratar 44 millones de docentes adicionales, además de reemplazar a todos los que se van a jubilar en los próximos años. Es una cifra que ha mejorado respecto a los 69 millones de profesores extra que eran necesarios con datos de 2015 y que solo va a seguir reduciéndose si la remuneración aumenta. En los países en desarrollo y de renta más baja será necesario mejorar los salarios para lograr el acceso de los alumnos que todavía están fuera del sistema en primaria, mantener a todos aquellos que en el paso a secundaria abandonan la escuela y hacer frente a la explosión demográfica en África subsahariana. El otro nuevo gran desafío es la deserción docente, un fenómeno que pasó del 4,6 al 9 por ciento entre 2015 y 2022, debido a una combinación del impacto de la pandemia, bajos salarios, desafección, crisis de salud mental del alumnado e incremento de expectativas de las familias.

El riesgo de un gran éxodo docente afecta tanto a los países en desarrollo como a los desarrollados. Según los mismos datos de la Unesco, Europa y Norteamérica deben sumar a los reemplazos por jubilaciones casi cinco millones más de nuevos docentes con el objetivo de afrontar este fenómeno. Por no hablar de la crisis endémica de profesores de secundaria en disciplinas científicas, muy demandadas y mejor pagadas en el sector privado en el marco de lo que hemos llamado la carrera educativa global. Es probable que en pocos años veamos sueldos más altos para los profesionales de esas materias, algo que no será fácil de manejar en las negociaciones sindicales ni con el conjunto de la profesión. Aunque duplicar los salarios de un día para otro no parece la mejor idea tras la experiencia de Indonesia, continuar mejorándolos puede ser la vacuna más efectiva contra una huida de la profesión que ya está ocurriendo.

Por último, muchos sistemas escolares van a tener que tomar decisiones difíciles sobre los requisitos de acceso que van a exigir a sus futuros docentes. En España, por ejemplo, en un proceso gradual de repliegue nacionalista, el País Vasco y Cataluña exigen a todo su profesorado el dominio de las lenguas locales (euskera y catalán), menos utilizadas que el español en la calle y el hogar, pero mayoritarias y prácticamente únicas en la escuela. La base o fondo de docentes potenciales es, en especial en el País Vasco, muy reducido. En un contexto de carrera educativa global, tal escasez acabará reduciendo la calidad docente y empobreciendo el sistema educativo. Aumentar el calibre del profesorado pasa por multiplicar el número de candidatos potenciales para que cada vez más graduados cualificados puedan entrar en el concurso, lo que permitirá a su vez elevar los requisitos de entrada. Además de seguir mejorando los salarios, hoy más que nunca hace falta diseñar con sumo cuidado los filtros de entrada para que el sector siga siendo atractivo para muchos y buenos candidatos.

REFORMAS EDUCATIVAS: ¿UNA INDUSTRIA TAMBIÉN EN CRISIS?

A pesar de los increíbles avances del proyecto ilustrado, la sensación de crisis permanente está más presente que nunca. Por un lado, se da cada vez más por hecho que la expansión del sector educativo está intrínsecamente asociada a su declive: a mayor igualdad de oportunidades, mayor desigualdad dentro de los sistemas escolares e incluso caída paulatina de la media de los resultados. Mientras escribimos estas páginas, en febrero de 2024, muchos países desarrollados están movilizando inversiones para responder a lo que se percibe como una bajada generalizada del rendimiento estudiantil en matemáticas y lectura en PISA 2022. Finlandia ha anunciado un presupuesto millonario para afrontar su estrepitosa caída desde el pedestal de la carrera educativa de las naciones. El Gobierno de Estados Unidos ha presentado un plan de trece mil millones de dólares en refuerzo escolar y apoyo al alumnado con mayores dificultades. En Francia el ministro de Educación de la coalición de centro liberal, Gabriel Attal, anunció, al conocerse los resultados de PISA, y días antes de ser nombrado primer ministro, un programa de reformas en sintonía con los que llamamos descontentos: vuelta a un modelo selectivo, repetición de curso o separación temprana de alumnos por nivel académico fueron algunas de ellas. Por su parte, los desencantados también siguen en auge y piden echar más madera a la maquinaria avisando que, de lo contrario, el ascensor social se romperá definitivamente. La confusión sobre el camino a seguir es considerable y contagiosa.

Si los resultados educativos no están acompañando, tampoco lo hace un contexto político en plena recesión democrática. La fragmentación y el deterioro que azota a muchas democracias lleva a que las ya de por sí complejas reformas educativas se vuelvan todavía más complicadas. Muchos regímenes autoritarios parecen también más preocupados por el control de la ciudadanía que por elevar su conocimiento. Las reformas orientadas a mejorar los resultados de aprendizaje requieren consensos y liderazgos nacionales cada vez más difíciles de encontrar. En el caso de México, el impulso reformista chocó con el poder sindical. En Estados Unidos, sumido en una crisis política que amenaza con llevar al conflicto civil, la docencia está más expuesta que nunca al enfrentamiento y la desafección, además de sufrir salarios bajos en los estados sureños. Los efectos de las reformas e inversiones públicas de comienzos de siglo en Indonesia siguen sin reflejarse en los resultados de aprendizaje, mientras el acceso a la secundaria ha seguido creciendo con fuerza. En diciembre de 2023 Andreas Schleicher, director de PISA, dejaba más dudas que certezas al conocerse la caída de Finlandia en la prueba de 2022: «Pensábamos que Finlandia era la receta del éxito, pero veinte años después ya no sabemos si esas recetas fueron parte de la solución o parte del problema».[34] El gran programa de reformas educativas que promueven los organismos internacionales —Unesco, Unicef, OCDE, bancos multilaterales— y las agencias bilaterales de cooperación sigue disfrutando de un consenso sólido, pero sometido a cada vez más presión desde los ecosistemas políticos nacionales. Que PISA haya llegado a ser el árbitro de la carrera educativa entre países ha globalizado la industria de las reformas y disparado las expectativas de mejora como si de la bolsa se tratara, hasta hacerlas poco realistas y simplificar la percepción política y pública de un sector que es mucho más complejo de lo que aparenta.

Quizá el problema radique en esa obsesión por las reformas que ha caracterizado a la educación en las últimas décadas. Quizá sean los grandes cambios, las ambiciones desmesuradas o las reacciones desproporcionadas a los malos resultados, esa suerte de pensamiento mágico que hay que desterrar en favor de visiones más modestas. Se trataría de encontrar una perspectiva más creíble y compartida, en la que la capacidad real de cambio vendría siempre gracias a los docentes y no a pesar de ellos. Tal vez sea también cuestión de dar más tiempo al tiempo, trabajando en periodos de más de un mandato electoral y aceptando que los procesos de maduración de estos cambios llevan décadas, no legislaturas. En todo caso, no se trata de que la sociedad y el Estado desaparezcan del diálogo ni del liderazgo político en torno a la educación: como ya hemos dicho, hay cosas demasiado importantes como para dejarlas solo en manos de los sindicatos docentes, especialmente si pudiera darse un conflicto de prioridades entre lo que es bueno para el profesorado y lo que necesitan los alumnos. En los estudios en la materia se muestra desde hace décadas que un grupo de buenos docentes en una escuela hace que el todo sea más que la suma de sus partes y que un buen maestro puede mejorar la vida no solo de sus estudiantes, sino también de los profesores que están en la clase de al lado.[35] Se trata pues de apoyar, estimular e incentivar que sea el propio profesorado quien eleve las expectativas del sector y se implique en ellas con su propio liderazgo profesional. Ganará en esa misión quien sepa encontrar y premiar a los innovadores locales que actúan en la periferia política, pero que a diario realizan hazañas prácticas en los centros escolares; quien ofrezca recursos a cambio de objetivos medibles, públicos y compartidos; quien sepa integrar al profesorado en todos los procesos de cambio; quien identifique a esos maestros que uno recuerda toda la vida, no mediante *concursos de belleza* organizados por empresas, sino gracias al rigor de un buen sistema público de evaluación; quien logre, en suma, que los ciudadanos conozcan y reconozcan a los buenos profesores; quien construya una relación de confianza entre la sociedad y el profesorado basada en la transparencia. Esta es probablemente la mejor forma de reconocimiento que la profesión docente necesitará en los próximos años.

10

¿Sobrevivirá el proyecto de la educación universal?

> Todos tienen derecho a la educación. La educación
> debe ser gratuita, al menos en lo concerniente a la ins-
> trucción elemental y fundamental. La instrucción ele-
> mental será obligatoria. La formación técnica y profe-
> sional habrá de ser generalizada; el acceso a los estudios
> superiores será igual para todos, en función de los mé-
> ritos respectivos.
>
> Declaración Universal de los Derechos Humanos,
> artículo 26

> Tener una ciudadanía bien educada es un fin noble que
> trae muchos beneficios a la sociedad. Pero, una vez que un
> país ha conseguido el acceso universal a la escolariza-
> ción, la educación hará poco por reducir la desigualdad
> si todos los determinantes de esa desigualdad permane-
> cen en su sitio. Esperar otra cosa de la educación nos
> impide reconocer lo que realmente tiene que cambiar.
>
> SAM FREEMAN

¿QUÉ SE ROMPIÓ EN LA RELACIÓN ENTRE EDUCACIÓN UNIVERSAL Y DEMOCRACIA?

Es obligado intentar responder a una cuestión que habíamos dejado
abierta: qué es lo que puede explicar el giro —tal vez sería mejor lla-

marle ruptura— entre la expansión de la educación y la de la democracia desde finales del siglo XX. ¿Por qué, justo cuando la primera se afianzaba como agenda global, la segunda entró en recesión? Hasta ahora hemos hablado de descontentos, desencantados y enemigos de haber elevado a derecho humano el acceso universal a la educación, cuyos ataques, no necesariamente concertados, sí tienen un efecto conjunto y tal vez multiplicador sobre la confianza pública en el gran proyecto de la Ilustración. Hay, sin embargo, otra hipótesis que es necesario formular y considerar: la rápida y exitosa expansión educativa en las últimas décadas del siglo pasado creó burbujas de varios tipos que si no están a punto de estallar es porque ya lo han hecho. Su crecimiento en las últimas décadas podría explicar, al menos en parte, que lo que hasta los años ochenta favorecía el desarrollo de la democracia comenzara a tener el efecto contrario a finales de siglo. Se trata de burbujas más relacionadas con la democratización de la secundaria y, sobre todo, de la superior que con la escolarización básica.

En primer lugar, está la burbuja de la inflación de los certificados y diplomas, conocida como credencialismo, que comenzó a inquietar y ser objeto de análisis en la década de 1980.[1] Esa brecha creciente entre aprendizaje y credenciales ha ido cambiando las reglas de juego del paso de la educación al empleo, con el resultado de que el estallido de aspiraciones generada por la educación universal se ha visto en buena medida frustrada. El contrato educativo se ve entonces erosionado porque certificados y diplomas han pasado de ser condición suficiente para un buen futuro personal a ser solo necesaria. Dicho de otro modo, la crisis del empleo, que es mucho más aguda y profunda entre los jóvenes graduados y en los países en desarrollo, afecta de modo negativo al valor que la sociedad atribuye a la educación. Además, como señala Turchin en su ensayo sobre las «contraélites», la frustración de las nuevas oleadas de licenciados que no consiguen un empleo acorde con sus expectativas podría ser la razón que hay detrás del deterioro de la democracia y del «camino hacia la desintegración política».[2]

Está, en segundo lugar, la burbuja del mercado de clases particulares —la educación en la sombra— en China, India y muchos otros países de Asia y de África, que amenaza con parasitar los sistemas formales de educación[3] y crea desigualdades que minan de modo perverso la confianza en los sistemas educativos, en parte justamente porque no se perciben como desigualdades. Está además la burbuja de los préstamos estudiantiles en Estados Unidos,[4] que aparte de ser financiera en sentido estricto, y estar a punto de estallar, revela también otra de aspiraciones y expectativas que parece haber explotado ya. A finales de 2023, el monto de esa deuda ascendía a 1,6 billones de dólares, equivalente al PIB de España en ese mismo año, lo que da idea de las dimensiones de este riesgo. Por último, se podría considerar también una burbuja el proceso por el que las llamadas nuevas pedagogías se autoconsumen cuando llevan al exceso los principios de su propia ortodoxia respecto a que, por ejemplo, cada alumno ha de crear «su propio conocimiento», que cada persona tiene «su verdad» y que, en las escuelas, hace falta más terapia individual que instrucción y aprendizaje colectivos.

Todas estas burbujas tienen algo en común: se deben a la preeminencia de la educación como bien posicional, esto es, como herramienta para generar diferencia y distinción, y no para construir igualdad. Distinguirse prima sobre igualarse y eso hace que las burbujas crezcan. El proyecto fundacional de la educación para todos perseguía el objetivo de desmantelar una sociedad basada en el privilegio. Dos siglos después, sin perjuicio del éxito logrado en ese frente, la principal agenda que mueve el sector es la de distinguirse precisamente para conseguir, justificar y mantener privilegios. El hardware del sistema es el mismo: escuelas, institutos, universidades, libros de texto, exámenes externos y profesores formados y especializados. Pero el propio éxito de su crecimiento ha cambiado el software.

¿Exuberancia racional o irracional?

La expansión de los sistemas educativos formales en los últimos cien años es quizá el más egregio ejemplo de la globalización. El modelo occidental, basado en un periodo obligatorio y gratuito de escolarización cada vez más largo, financiado por el Estado, y seguido por el acceso competitivo a una educación secundaria y luego superior, se extendió por todas las regiones del mundo, con independencia de las formas de gobierno, niveles de desarrollo, confesionalidad religiosa de los estados, tradiciones filosóficas y educativas o evolución de la demanda de los empleadores en el mercado laboral. Es cierto que la tradición de los exámenes competitivos de acceso a la función pública, que sirvieron de inspiración para las pruebas externas con las que se regula el paso entre niveles educativos, tienen su origen en China y los «importaron» quienes, hasta la llegada de la Ilustración, fueron los ideólogos de la educación en Occidente: los jesuitas. Hay pues un componente globalizante desde el origen, pero se trata, en definitiva, de un modelo institucional y político occidental. Este proceso globalizador se concreta en el artículo 26 de la Declaración Universal de los Derechos Humanos firmada en 1948, que eleva a rango de derecho humano la obligatoriedad de la educación primaria, y, aunque no menciona a la secundaria, se refiere a la profesional (que implícitamente se asociaría a ese nivel) y a la superior, cuyo acceso ha de ser equitativo «en función del mérito», reza el artículo.

En la figura 6 se cuenta la historia de la expansión educativa global entre 1980 y 2019 mostrando la evolución del nivel educativo conseguido por la población en edad de trabajar. Puede verse que se ha triplicado el porcentaje de los trabajadores con estudios superiores y más que doblado el de quienes tienen al menos estudios secundarios. En paralelo, caen en picado la proporción de quienes solo tienen estudios primarios y también la de aquellos que ni siquiera han completado ese nivel. Lo más llamativo de la figura es el despegue y la rapidez de la expansión de la secundaria, un nivel «bisagra», históricamente preterido e infrafinanciado, que nació como meramente preparatorio para que las élites accedieran a la universidad. En efecto, la educación secundaria moderna se creó en Francia a comienzos del siglo XIX. Napoleón fue conservador en cuanto a la primaria, pues consintió en que siguiera en manos de la Iglesia, pero revolucionario con la secundaria, porque la concibió como un proyecto de Estado, orientado a identificar y nutrir el talento necesario para una Administración pública moderna.[5] Este modelo influyó en mayor o menor medida en el de los demás países europeos y, en consecuencia, en los del resto del mundo. En las últimas cuatro décadas ese nivel educativo que se concibió minoritario se ha convertido, con gran diferencia, en el más compartido por la población mundial en edad de trabajar. Para la mayoría, la secundaria no es un nivel preparatorio, sino terminal. Sin embargo, como consecuencia, la presión sobre el acceso a la educación superior se ha incrementado de manera descomunal y ha creado una importante serie de problemas (y de burbujas).

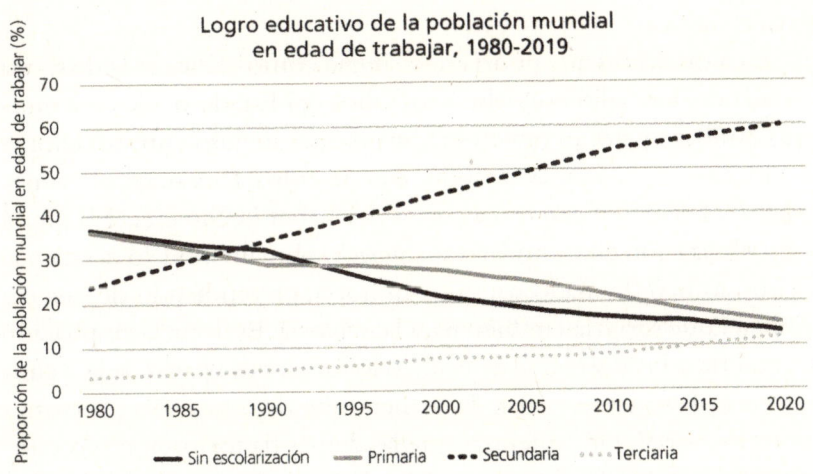

FIGURA 6. Logro educativo de la población mundial en edad de trabajar, 1980-2019

Fuente: Gethin (2023).[6]

Surge entonces la pregunta de si esta exuberancia educativa es más racional que irracional, esto es, si se trata de una democratización de las oportunidades de aprendizaje o más bien de una burbuja credencialista. La respuesta es que han estado ocurriendo ambas cosas a la vez. Por eso hoy coexisten dos relatos contradictorios que aspiran a convertirse en la crónica dominante de la educación contemporánea: el de la competitividad desatada por las calificaciones, diplomas y credenciales educativas, y el de la inflación y consiguiente devaluación de esas mismas calificaciones y credenciales. A un lado están, por ejemplo, los suicidios de estudiantes que no alcanzan la nota esperada en los exámenes competitivos, lo cual vendría a ser la punta del iceberg de un generalizado malestar educativo, y, al otro, el supuesto descenso de la exigencia académica, que devalúa la escolarización, desprecia el *esfuerzo* y produce una brecha creciente entre aprendizaje «real» y diplomas. Es obvio que cuanto mayor sea tal brecha, habrá menos democratización de oportunidades y mayor credencialismo. Y ambas narrativas, la de la competitividad y la de la devaluación, seguirán haciéndose fuertes. La exuberancia educativa racional albergaba en su interior el nido de la burbuja credencialista y del descontento irracional.

Una discusión que podría describirse como clásica es la de si esta burbuja credencialista se debe a los fallos del Estado o a los del mercado. Ambas opciones tienen sus partidarios, incluso con variaciones dentro de cada una de las atribuciones de culpa. Para unos, el primero habría fallado en casi todas partes por haber hecho crecer la oferta de escolarización en secundaria y superior sobre un modelo occidental decimonónico diseñado para una minoría, pretendiendo de manera implícita que serviría también para la mayoría. Es decir, la ampliación de la oferta educativa no se diversificó lo suficiente a partir de la secundaria o lo hizo tarde y mal, de manera que dejó una sola alternativa prestigiosa y valorada mientras que las demás (la formación profesional, pero no solo) llevaban la etiqueta de segunda o tercera clase, o incluso el estigma del fracaso. Los exámenes competitivos completan esta fórmula, como tótems reguladores de oportunidades, del éxito y el fracaso, de la salvación y la condena, el epítome de la suma justicia que se convierte en la suma injusticia. Este retrato describe con bastante fidelidad los sistemas educativos de los países en desarrollo todavía a estas alturas del siglo XXI. Para otros, los fallos han sido claramente del mercado, que ha comercializado la educación convirtiéndola *de facto* en un bien privado y posicional, además de crear una demanda alimentada de falsas expectativas e ingenuas aspiraciones. En este sentido, la burbuja de la expansión estalló cuando se rompió la alianza entre empleadores e instituciones educativas, debido, por una parte, al efecto inflacionario de diplomas y credenciales, así como a la resultante sobreoferta de graduados de secundaria y superior cuyas capacidades no podían ya darse por supuestas solo a la vista de las certificaciones académicas; por otra parte, a la crisis de empleo juvenil que azota a muchos países desde, al menos, la Gran Recesión de 2008.

Este retrato alternativo resultaría más apropiado para comprender la historia reciente de los países desarrollados.

Los argumentos a favor de los fallos del Estado y los del mercado podrían, de hecho, ser compatibles y, en conjunto, proporcionar una explicación más acertada y potente de la burbuja credencialista. ¿Qué llevó pues a la progresiva transformación de la educación —en especial la secundaria y la superior— de ser sobre todo un bien público a uno privado? ¿Ha sido el foco del Estado en la escolarización básica y el consiguiente abandono, o al menos desatención, de la postobligaria? ¿Han sido la transformación económica que se ha producido en las últimas décadas a escala global, la competitividad rampante que ha provocado en el mercado de trabajo y los efectos de todo ello sobre la oferta y, sobre todo, la demanda de educación? ¿O ha sido más bien el efecto combinado de la emergencia de una gigantesca oferta educativa privada —formal y en la sombra— al tiempo que crecía ese desentendimiento educativo del Estado?

Las que hemos llamado nuevas formas de desigualdad educativa, creadas por la deriva identitaria, conducen a renovadas segregaciones y autosegregaciones. El desprecio de las diferencias individuales y la hegemonía de las propias entre colectivos identitarios está suponiendo varias vueltas de tuerca más a la desigualdad en educación. Se crea con ello otra burbuja, la de la diversidad, con mil y una identidades nuevas demandando atención y «tratamientos» específicos, lo que también tiene el efecto de reducir —o de consumir— el margen de maniobra de los políticos del sector, primero, y el espacio de autonomía de los profesores, después. Los centros escolares se van viendo arrastrados a prescindir de «menús» colectivos y a buscar otros a la carta para cada uno de los múltiples colectivos identitarios que surgen, proliferan y pueblan sus aulas. Hay toda suerte de alergias, intolerancias alimentarias, necesidades artificiales y tabús ideológicos o religiosos que van reduciendo cada vez más el tamaño y espacio del currículo común. La digitalización contribuye a limitar aún más el espacio físico de interacción humana cotidiana y sostenida. Y quien puede pagar por las formas más sofisticadas de educación en la sombra, que se perciben como la atención a la diversidad más individualizada y perfecta, no tiene dudas en hacerlo.

Narcisismo y victimismo, que se alimentan uno al otro en la construcción de identidades en conflicto, suponen tal vez el reto de mayor alcance y profundidad que afronta nuestro siglo. ¿Es posible —y deseable— educar para construir identidades múltiples articuladas sobre el principio de la ciudadanía global? ¿Cabe pues una ciudadanía sin apellidos y con derechos individuales o estamos más bien dispuestos a asumir un cierto volumen de desigualdad a cambio del mayor reconocimiento de las diferencias y de los *derechos* colectivos? ¿Cómo debe organizarse la escuela para reagrupar a su público en un proyecto común y a la vez dar respuestas diferenciadas para seguir ampliando oportunidades y evitar la escalada credencialista?

LA METAMORFOSIS DE LA MERITOCRACIA

Aunque la educación universal fue concebida, entre otros propósitos, para alimentar la democracia, terminó creando una meritocracia, especialmente desde los años ochenta. La meritocracia es un régimen basado en las credenciales educativas y promueve una carrera hacia la cumbre por el talento que se suponía iba a engendrar más democracia y evocar así lo que escribiera Aristóteles. Pero la utopía se fue transformando en distopía —así la presentó Michael Moore, que acuñó el término en 1958— y, en el alumbramiento de una élite global, las prebendas heredadas siguieron contando y pesando en el «nuevo» régimen. Ya no se trata de privilegios de cuna en sentido estricto, ni siquiera de supuestas ventajas genéticas, sino de cómo el dinero ganado gracias al mérito puede comprar más mérito y traspasarlo a las siguientes generaciones como un bien de consumo más. Desde la década de 1980, el mérito adquirido «empezó a ganar dinero y la revolución meritocrática se empezó a consumir a sí misma»,[7] como reconoce Wooldrige, a la sazón un decidido defensor de la meritocracia.

En cuanto que utopía, la meritocracia empezó siendo el remedio al nepotismo y el desmantelamiento de los privilegios de cuna. En estos últimos cuarenta años, no obstante, la meritocracia «real» habría sido capturada por los nuevos ricos y poderosos, de modo que se cumplía así la distopía que anticipara Moore. Si su buen funcionamiento y legitimidad dependen de la salud del sistema educativo, este se convierte en la clave para valorar el mérito y en la institucionalización de la igualdad de oportunidades. Sin embargo, puesto que dicha igualdad comienza a medirse cada vez más en términos de igualdad de resultados, y dado que ambas no van de la mano, sino que, por definición, tienden a ser inversamente proporcionales, la expansión educativa podría aparecer como la gran culpable del aumento de la desigualdad de resultados. En tales circunstancias, sería como mínimo cuestionable que el sistema escolar mantuviera el monopolio de la evaluación del mérito y eso sin tener en cuenta siquiera la corrupción reinante en ese ámbito. Cabe preguntarse además hasta dónde puede conducir la pérdida de confianza en la educación, sobre todo en la pública. Una vez más, el caso es que no hay un paraíso premeritocrático al que regresar. Otras alternativas a la herencia de los privilegios de cuna, a saber, la redistribución de resultados por colectivos identitarios o un sistema de asignación aleatoria de oportunidades y de resultados (una lotería), acabarían generando más desigualdad y a la vez más desafección y desconfianza en la educación pública. Siendo esto así, lo que se impone es reformar, mejorar y fortalecer el régimen meritocrático, pero de ningún modo desecharlo por completo.[8]

Se trata de conseguir más y mejor meritocracia y de no conformarse con que la educación solo pueda aspirar a no incrementar la desigualdad, pero nunca a reducirla. Es un anhelo realizable, del que hay pruebas más que suficientes desde la perspectiva del último siglo: aunque no pueda lograrlo por sí misma y menos aún para todos y en todas partes, la escolarización tiene la capacidad de reducir y compensar las desigualdades de partida. Una secuencia de buenos profesores un curso tras otro en una escuela primaria puede obrar ese milagro. La expansión de la educación preescolar entre cero y seis años es la política de igualdad con más potencia demostrada y contrastada en todo el mundo. Además, resulta crucial continuar ampliando la concepción y la definición práctica de «mérito» (así como la manera en que se evalúa), que no es otra cosa que la del talento o los talentos, empezando por el académico, para que quepan también ahí capacidades y habilidades que no habían estado y que, sin embargo, son cada vez más reconocidas en la sociedad global: desde los deportes y otras competencias no estrictamente cognitivas hasta las nuevas capacidades digitales, pasando por las artísticas. Para ello, los instrumentos con los que se identifica el talento están evolucionando con rapidez y haciéndose muy sofisticados. Cada vez más instituciones del sector público y del privado han dejado de fijarse en las credenciales educativas tradicionales; al contrario, buscan el «mérito» o el talento de otra manera y mediante indicadores poco académicos, pero que la propia academia ha contrastado como valiosos. No preconizamos con esto que deban desaparecer los exámenes académicos tradicionales; al contrario, lo que defendemos es que se aproveche su enorme capacidad de influencia y la confianza pública de la que todavía disfrutan para articular formas de evaluación y reconocimiento más transparentes, fiables y equitativas, que pongan el énfasis sobre lo que merece la pena «medir» y evaluar.

Más y mejor meritocracia implica también la necesidad de subir el listón en las condiciones y requisitos para acceder a la profesión docente. No se trata simplemente de elevar el nivel de las cualificaciones académicas requeridas, de alargar los años de formación inicial o de endurecer los concursos de acceso; se trata más bien de apuntalar una conciencia pública de largo alcance de que de los profesores dependen todas las demás profesiones y que, en el siglo XXI, esto debe traducirse en atraer y seleccionar a los mejores para enseñar. Los sistemas escolares que más éxito han logrado para sus alumnos en las últimas décadas tienen en común políticas docentes de atracción y selección, así como una buena valoración económica y social de la carrera profesional docente. El gran desafío futuro estará en cómo hacer compatible este principio de mayor selectividad y exigencia para convertirse en docente con el déficit endémico de profesorado en muchos países, en niveles como la secundaria, y en áreas curriculares concretas como las denominadas STEM. Ante esta carencia y frente a los retos demográficos a los que se enfrentan tanto los países que pierden población escolar como los que necesitan más escuelas para alumnos aún sin escolarizar, una mayor exigencia y selectividad deberían ir acompañadas de mejores salarios, condiciones de trabajo y desarrollo profesional para los profesores.[9] La mezcla de los tres ingredientes —exigencia, selectividad y reconocimiento—

podría tener el efecto de elevar el estatus de la profesión hasta la altura de los retos que estamos afrontando.

Más y mejor meritocracia requiere, sin duda, más y mejor inversión pública. Aunque se haya extendido la idea de que, a partir de cierto nivel de gasto por estudiante, cualquier aporte adicional ya no marca ninguna diferencia, la evidencia aplastante de cómo se ha disparado el desembolso privado de las familias tendría que hacer reflexionar con calma a los gobiernos de todo el mundo. Si el gasto educativo que más crece es el de las clases particulares para preparar exámenes competitivos, es que el régimen meritocrático está muriendo de éxito y, por tanto, fracasando. Los estados no pueden desentenderse ni confundirse pensando que es un buen momento para invertir en otras prioridades. Al mismo tiempo, la meritocracia como régimen, aun girando alrededor de la educación, ha de ir más allá del sector si quiere funcionar correctamente: políticas de vivienda, de salud pública, de protección social, de medioambiente y de reforma de la Administración pública son algunos de los ejemplos de áreas en las que tiene que plasmarse y crecer el ideal meritocrático.

Por último, la meritocracia es un régimen que, como todos los demás, genera una élite, en este caso legitimada por los méritos adquiridos. Dado que se consiguen en una «carrera abierta hacia el talento», la meritocracia que funciona sería aquella en la que la composición de esas minorías selectas puede variar y, de hecho, lo hace entre generaciones. Para que esa cúspide de la pirámide pueda renovarse y no sea un sistema cerrado y hereditario, la propia educación de los hijos de los ganadores se convierte en algo crítico. Cobra, pues, una importancia capital el cómo se forman los líderes y de qué grupos se nutren para renovarse (o, en su defecto, para reproducirse): ¿solo de los que heredan capital financiero o capital social, de los que heredan capital cultural y aspiran a convertirse en «élite cognitiva» o incluso también de los desheredados? La meritocracia solo puede regenerarse si es posible —o vuelve a serlo— que los desheredados entren en el juego de las élites renovables. Y, tal vez, eso solo puede ocurrir si estas se educan en el convencimiento de que esa dinámica les beneficia. En nuestro siglo, las nuevas élites podrían estar distinguiéndose de sus antecesoras por haberse convencido de que la desigualdad rampante no es buena para los «negocios»; que lo que es malo para la cohesión social, el medioambiente o el bienestar público podría ser a corto plazo bueno para ellas, pero desde luego no para sus hijos. En consecuencia, políticas de becas y otras transferencias de efectivo, sistemas educativos versátiles y flexibles que proporcionen segundas y terceras oportunidades, información pública transparente sobre los costes de la educación y sus retornos, amén de agresivas políticas fiscales y de rentas, es el programa que se debe seguir financiando y ejecutando.[10] Y esto de forma simultánea y coordinada por parte tanto de los estados como del sector privado.

EL PROYECTO ILUSTRADO ESTÁ BAJO ASEDIO

A pesar de que se siga expandiendo en términos globales, el espacio público de socialización de la escuela es cada vez menos público: privatización creciente, cierres de colegios por conflictos bélicos, epidemias y desastres climáticos, reducción de la jornada escolar, segregación, oferta digital fuera de las aulas, politización y deserción docente, enemigos políticos y religiosos de la escolarización y corrupción en la educación funcionan como una tormenta perfecta. Además, los efectos de la pandemia de 2020 sobre este escenario parecen devastadores. En muchos países, empezando por Estados Unidos, el sentido mismo de obligatoriedad de la escolarización se está cuestionando por la vía de los hechos. No es tanto que se reniegue de ella por razones de militancia religiosa o ideológica, que también, como que se instala culturalmente la idea de que es ya algo opcional.[11] Las guerras escolares, las guerras curriculares y las guerras culturales en educación se acentúan con una política polarizada, una democracia en retroceso y una desafección ciudadana por las instituciones, lo cual pone en riesgo y en buena medida deslegitima el proyecto de escolarización universal y de calidad para todos. He aquí los motivos que justificarían un punto de vista no ya pesimista, sino apocalíptico sobre el futuro inmediato.

Las burbujas que se han venido creando en el sector en estas últimas décadas tienen en común una concepción de la educación como instrumento para generar diferencia y distinción y no para construir igualdad. En consecuencia, se tiende a dar por supuesto —y se asume de manera acrítica— que la calidad educativa ha de ser un bien escaso. Sigue vigente una lógica de la selección y promoción que se impone sobre la del aprendizaje. Se entiende además que es lo justo porque el objeto del sistema educativo no es asegurar aprendizaje de calidad para todo el mundo, sino el de impartir justicia premiando a los buenos y expulsando a los malos. La calidad educativa también se presenta entonces como un juego de suma cero, como piensan los descontentos: si alguien gana es porque otro tiene que perder.[12] La buena educación no podría ser un bien público común ni tampoco un objetivo compartido: todos pueden aspirar a él, pero el hecho de conseguirlo no puede compartirse. Este supuesto carácter de bien privado (exclusivo y rival) de la «buena» educación explica —y para más de uno hasta justifica— que la privatización creciente del sector siga avanzando. Entretanto, las expectativas y las aspiraciones no dejan de aumentar; y la confianza pública en la educación no deja de hacerse cada día más frágil.

También es relevante la pregunta de si cabe una educación para una ciudadanía global o de si las nuevas desigualdades surgidas a causa de la globalización, unidas a las nuevas formas de distinguirse, harán de tal objetivo una utopía ingenua. La duda programática, valga decir, es si se trata de educar a las masas como si fueran élites o a las élites como si fueran masas. Está claro que el legendario «enseñar todo a todos», el sueño educativo que formulara Comenio, no es realizable. Enseñar algo a todos sí lo es, aunque está más encarnizado que nunca el debate sobre cómo trazar el mapa de ese algo y más aún sobre cómo definir el carácter de su materia prima: saberes, actitudes, habilidades, información, ideología, identidad o identidades, espíritu.

La apuesta más reciente de la educación universal, su planteamiento más actualizado, puede encontrarse en el cuarto objetivo de desarrollo sostenible de la Agenda 2030 de Naciones Unidas.[13] Su principal valor está en que refleja un consenso global a largo plazo, sucesor de los que se alcanzaron en 1990 y en 2000; contiene una visión política compartida por los miembros de Naciones Unidas, una definición de indicadores de seguimiento y un acuerdo sobre cómo medirlos. En estos tiempos de desconfianza creciente en las instituciones, y más aún en las de gobernanza global, un acuerdo tan preciso y detallado como este supone un logro más que notable. Podrá decirse que concita más declaraciones de intención y más voluntarismo que auténtica voluntad política y desembolso de recursos económicos por parte de los países capaces de hacerlo realidad, pero es evidente que jamás en la historia ha existido un compromiso mundial por la educación universal con este grado de ambición y con este nivel de detalle en cuanto a su implantación y seguimiento. Dicho esto, cuando se analizan las metas que lo componen, la mayor parte de ellas tienen que ver con la agenda de la expansión del acceso y la cobertura, destacando como especialmente ambiciosa la universalización de la secundaria y de la preescolar. Tres de las diez metas y todos los indicadores (que son once) se refieren a la cantidad, calidad y relevancia de los aprendizajes esperados y son, en comparación, menos ambiciosos y también más imprecisos y etéreos.

Esté la botella medio llena o medio vacía, seamos más escépticos que confiados o se esté descontento o desencantado, lo cierto es que el éxito del proyecto ilustrado, los enormes logros conseguidos y su globalización hasta convertirse en una agenda común para todos los países del mundo nos han llevado a la situación actual, que puede contemplarse como una crisis existencial y de fin de ciclo o más bien como una de crecimiento. La lectura pesimista sería que el proyecto tocó techo y comenzó a declinar: que se ha agotado después de dos siglos largos de éxitos, pero también de muchos fracasos. Lo mejor que se puede hacer con él es asegurarnos de que no se tira el bebé con el agua sucia del baño o, dicho de otro modo, administrar la bancarrota y cierre. A partir de ahí habrá que empezar casi desde cero y concebir un nuevo imaginario para los sistemas educativos en nuestro mundo. La lectura optimista sería la de enfatizar el progreso realizado y asumir que no es lineal, es decir, que puede haber retrocesos o dilatados estancamientos y que en este momento atravesamos uno de ellos. Sería entonces una crisis de crecimiento típica: la expansión de la educación crea nuevos problemas y desafíos que hay que afrontar justo porque se ha conseguido el éxito suficiente como para llegar hasta aquí. Se cometen más faltas de ortografía no porque la educación sea peor o porque los estudiantes sean más tontos, sino por la simple razón de que ahora todo el mundo escribe, aunque sean tuits. Cuando la mitad de la ciudadanía no sabía escribir, se cometían muchas menos faltas de ortografía, sobra decirlo, pero no por la mayor calidad de la enseñanza, sino por razones estrictamente demográficas y estadísticas. En consecuencia, desde esta perspectiva, se trataría de reformular los principios, regenerar los procesos y redefinir los objetivos del proyecto de la educación universal para que siga siendo relevante y viable. El ODS4 no es mal comienzo para esa tarea.

La vía de progreso empieza por la despolitización y eso consiste en profundizar en la profesionalización del profesorado. Después hay que asegurar las bases elevando a asunto de Estado —donde todavía no lo es— la universalización de la educación infantil y preescolar, la nutrición y salud escolares, y el aprendizaje de la lectura y escritura. Y, por último, es preciso multiplicar las avenidas de éxito para los estudiantes, lo cual requiere redefinir —y extender— el concepto mismo de éxito académico y el escolar en general.[14] Tiene que haber distintas alternativas de éxito, mucho más en los niveles de secundaria y superior, razón por la cual el papel de la formación profesional es fundamental en la democratización de lo que hemos denominado la última frontera de la educación contemporánea. Una novedad y un giro revelador en el pensamiento actual sobre la agenda de la igualdad es que los niveles o subsectores educativos que tienen más potencial para hacer progresar esa agenda son los de preescolar e infantil, y, en segundo término, la formación profesional de calidad. Como herramientas para equilibrar el juego y crear oportunidades, estos niveles son hoy más potentes que la propia expansión de la secundaria académica y de la superior.

La educación ha de ser una carrera, sí, pero una en la que todo el mundo pueda ganar. Convertir un bien escaso en un bien libre o un bien público es el resumen del tipo de regeneración educativa que urge llevar a cabo. El reto es convertir un juego de suma cero en otro de suma positiva ilimitada. Ahí reside la única vía de supervivencia para el proyecto de la educación universal.

Epílogo

Leer sin leer y pensar sin pensar

*Civilization advances by extending the number of operations
we can perform without thinking about them.*

Alfred N. Whitehead

«La civilización avanza al aumentar el número de cosas que podemos
hacer sin pensar», escribió el célebre matemático y filósofo británico
Whitehead. Alcanzamos ahora la última frontera de ese proceso. No
solo es posible leer y escribir sin tener que hacerlo nosotros mismos.
Ya podemos pensar sin tener que pensar. Se podrá argüir que es preciso decirles a las aplicaciones de inteligencia artificial generativa en
qué queremos pensar para que *nos* piense; pero también se puede, téc-
nicamente, dejar que piensen sobre en qué queremos pensar y nos lo
presenten. Nuestro único reto cognitivo podría ser el de asegurar un
mínimo de umbral de atención para poder consumir el pensamiento
que ya podemos hacer sin pensar. Las implicaciones sobre la educación son enormes, hasta el punto de que solo estamos empezando a
intuirlas y a elaborarlas. Con todo, cada vez que se ha producido un
salto tecnológico de esta naturaleza se asume que va a revolucionar la
educación, que va a «cambiar el juego», como suele decirse en inglés.
Desde la llegada de la televisión, pasando por las calculadoras, los ordenadores y los videojuegos, la experiencia, sin embargo, demuestra
que tales cambios, en caso de que de verdad ocurrieran, han estado
muy lejos de producir grandes transformaciones en la escuela.

La nueva frontera es, pues, la inteligencia artificial, que va a permitir que ya no tengamos que leer ni escribir conscientemente, digámoslo así. Puede llevar nuestras redes sociales, gestionar cuestiones administrativas, escribir a la familia y producir textos para ser publicados. Esto nos hace más listos casi por definición y, sobre todo, libera mucho tiempo y energía. Ya no es preciso buscar información en las fuentes adecuadas, discriminar entre esas fuentes, identificar lo que es relevante, sintetizarlo, relacionarlo con lo que ya sabíamos y tomar una decisión o asumir una posición crítica al respecto para formular nuevas preguntas y continuar la búsqueda. Todo eso no solo puede hacerse ahora en un abrir y cerrar de ojos, sino que ya no lo tenemos que hacer nosotros. El tiempo liberado ¿nos da la oportunidad de ser más listos o nos enfrenta a un riesgo creciente de volvernos más estúpidos? Tal vez las dos cosas sean ciertas y, como siempre, dependa del usuario. Aprender aritmética y cálculo sigue siendo importante, aunque haya calculadoras en los teléfonos móviles que realizan esas operaciones en centésimas de segundo. «Sin pensar en ellas», en palabras de Whitehead. Pero aprender a leer entendiendo lo que lees y a escribir con corrección en tu idioma materno seguirá siendo la clave del aprendizaje y del desarrollo cognitivo por mucho que surjan aplicaciones que también lo puedan hacer por ti. La inteligencia artificial tendrá protagonismo, sí, pero hay cosas que ni la mejor tecnología puede comprar: el espacio público de la escuela y la socialización que construye, el aprendizaje de la lectoescritura, las matemáticas y otras formas de lenguaje. Seguirán todos siendo esenciales.

Mientras la inteligencia artificial experimenta, coge carrerilla y se despliega, la gran revolución tecnológica de nuestro tiempo, la de las pantallas, aplicaciones y dispositivos portátiles, parece tener ya consecuencias que se aprecian con mucha más nitidez. Desde la década de 2010, el acceso a dispositivos digitales inteligentes (teléfonos y tabletas, fundamentalmente) se ha disparado en todo el mundo y ha llegado a manos de una nueva generación de estudiantes, que los usan tanto en la escuela como en su casa.

La tecnología de los nuevos dispositivos digitales puede ejercer una influencia decisiva a la hora de ayudar a conciliar el proyecto de la educación universal con la necesidad de crear vías de aprendizaje individualizadas para todos los estudiantes en todas las etapas. La pandemia no ha hecho sino multiplicar las alternativas pedagógicas y aplicaciones digitales que proveen contenido adaptado para un aprendizaje autodirigido de los alumnos y, a la vez, de herramientas de enseñanza para que los docentes puedan hacer mejor su trabajo. La investigación educativa hace patente que muchas de estas herramientas pueden ser eficaces y baratas, y mejorar tanto el aprendizaje como la enseñanza.[1] Pero también sabemos que el auge en el uso de las pantallas está teniendo consecuencias negativas en varios frentes. El primero es que la lectura profunda y reposada, que demanda una elevada atención, está cayendo y siendo sustituida por la lectura en diagonal y escaneada, o por otras formas de ocio y aprendizaje. Esto tiene un impacto en la capacidad de comprender textos cortos, pero también en la lectura literaria o narrativa, lo que estaría dañando procesos cognitivos como la imaginación o la reflexión profunda.[2] Las pantallas son también un aventajado competidor de los libros por la atención de los estudiantes. El descenso de la lectura por placer en lo que va de siglo entre alumnos de quince años es un hecho[3] y los resultados de aprendizaje van en la misma línea: las pruebas de Lectura en PISA 2022, marcadas por el impacto de la pandemia, alcanzaron el nivel más bajo desde la primera edición.

El segundo frente es la constatación de un rápido deterioro de la salud mental de los jóvenes, que parece no ser ajeno a las pantallas. Empezamos ya a conocer el alcance de la irrupción de los smartphones en toda una generación de adolescentes a partir de 2010: los alumnos que al comienzo de la secundaria tienen uno son ya mayoría en casi todos los países desarrollados.[4] La combinación de pantallas con el uso de redes sociales y, en general, aplicaciones basadas en algoritmos cuyo objetivo central es mantener la atención, está siendo literalmente letal para los niños: su abuso[5] se considera la causa principal del estallido en la prevalencia de problemas de salud mental de la adolescencia, iniciado a partir de 2011 y que se ceba en especial con las adolescentes. La investigación experimental al respecto es concluyente y evidencia que lo que marca la diferencia en cuanto al impacto no es solo la intensidad en el uso, sino sobre todo el efecto red, es decir, si los compañeros de escuela y amigos también utilizan estas redes sociales. El aislamiento de la infancia forma parte de las consecuencias de una cierta devaluación de la escuela como espacio público de socialización y el surgimiento de los dispositivos podría estar siendo un aliado importante de este fenómeno. Por último, la exposición a las pantallas y redes sociales fuera de las aulas empieza a notarse en los resultados escolares, por ejemplo, en la reducción de las horas de sueño de los adolescentes, un fenómeno que sabemos que sí que influye de manera muy negativa en el rendimiento escolar.[6]

El tercer frente está en los riesgos inherentes al poder excesivo que las empresas tecnológicas pueden acabar acumulando, tanto mediante sus plataformas digitales y aplicaciones en la escuela como por el uso de los dispositivos fuera de ella. Si acaban capturando, gracias a la demanda de sus servicios, parte del funcionamiento y la gobernanza de las escuelas, existen riesgos evidentes de que avance la privatización de la educación, que aumente la desigualdad, en especial la de la calidad educativa, y que la educación universal sea cada vez menos educación y menos universal. Hay muchos análisis y muy buenos sobre estos peligros de la digitalización educativa; sin embargo, resulta llamativo que no haya habido especial atención investigadora sobre el papel prescriptor curricular global, durante décadas, de empresas como Pearson, en cuanto a materiales de enseñanza, o como la hoy conocida como Cambridge Assessment International Education (CAIE), una auténtica autoridad global que, a través de sus exámenes y cualificaciones, gobierna *de facto* el currículo escolar de muchos países. En el sur global es frecuente oír hablar de una dualidad curricular, sobre todo en secundaria, con un currículo «doméstico», en manos de las autoridades educativas nacionales, y el *examination curriculum*, controlado por la CAIE y por el que los países «clientes» tienen que pagar la cuota correspondiente.[7]

Así pues, tras décadas de éxitos, el proyecto de la educación universal acumula un número no menor de desencantados, descontentos y enemigos. También se enfrenta a riesgos sistémicos y a la explosión de burbujas como la del credencialismo, los préstamos estudiantiles o el supuesto fracaso de las llamadas «nuevas pedagogías». Con respecto al potencial de la tecnología, a pesar de los riesgos que lleva asociados, nos decantamos por una visión más bien optimista. En el último siglo la educación siempre fue capaz de incorporar lo mejor de los cambios tecnológicos del momento y de aislarse de los que suponían un riesgo. La razón de por qué logró esto es sencilla: la obligatoriedad de la escolarización y el hecho de que su público esté cautivo le otorgan un enorme poder para regular y, si procede, excluir lo que considera una amenaza. En un contexto de pánico moral con la tecnología por parte de muchas familias, la escuela podría incluso llegar a convertirse en una especie de refugio ante los riesgos y situaciones más extremas que aquella pueda provocar.[8]

La tecnología ya está en la escuela y conforme vamos aprendiendo sobre ella vamos tomando decisiones en consecuencia. Si empezar con las pantallas pronto parece distraer al alumnado, se retrasa al final de la primaria. Si la tecnología facilita el trabajo de los docentes con instrumentos de evaluación o enseñanza a un coste bajo y con pocos riesgos, es probable que se quede. Y aunque, retomando a Whitehead, puedan aparecer otros riesgos mientras seguimos automatizando tareas, si vemos que los alumnos retroceden en lectura, matemáticas o pensamiento, es probable que actuemos y aprovechemos el protagonismo que tiene y seguirá teniendo la escuela como la gran institución de nuestro tiempo.

Querido lector: si ha llegado usted hasta aquí, seguramente lo haya hecho leyendo sin la ayuda de un teléfono o una tableta y pensando sin la ayuda de un algoritmo. Si la lectura es una actividad habitual para usted, se debe a una mezcla de haber tenido suerte con su familia y de haberse tomado en serio el asunto de los libros. Y, por supuesto, de haber tenido buenos maestros (en la escuela y fuera de ella), que supieron convencerle de que leer y escribir le iba a traer grandes momentos de disfrute y quizá también un buen empleo. Por si acaso, no dé por sentado esto último. Piense que es usted parte del proyecto de la educación universal, la mayor empresa de expansión del conocimiento de la historia de la humanidad. Si puede hacer algo por este proyecto, no lo dude. Hará libre y feliz a mucha gente.

Bilbao, primavera de 2024

Agradecimientos

Entre los educadores es dicho común el proverbio africano de que «Hace falta todo un pueblo para educar a un niño». No está de más reconocer que para escribir este libro sobre la educación universal también ha hecho falta todo un pueblo. En este caso, se trata de un pueblo con sucursales y antenas en los cinco continentes, en el que muchas personas se pusieron de acuerdo, sin pensárselo demasiado ni discutirlo entre ellas, en ayudarnos a escribir este ensayo. No sería justo decir tan solo que su tiempo, su conocimiento y su buena voluntad contribuyeron a mejorar el texto y evitaron errores de bulto que hubieran hecho enrojecer a los autores. Lo cierto es, simplemente, que este libro no hubiera sido posible sin el concurso de esa aldea global. Sus habitantes son de todo tipo: académicos de las más variadas disciplinas, políticos de la educación, estudiantes y, sobre todo, protagonistas directos e indirectos de las historias que aquí se cuentan y de los temas que se analizan. Gracias de corazón, por tanto, a Luis Guirola, Matthew Kraft, Sunny Sharma, Roshan Swamy, Javier Suárez-Álvarez, Lluís Gascón, Rafael de Hoyos, Consuelo Vélaz de Medrano, Alejandro Tiana, Maciej Jakubowski, Jerzy Wiśniewski y Omer Nasir Elseed.

Por otro lado, todos los capítulos han sido examinados con detalle por al menos dos revisores, a la vez amables e implacables, cuyo trabajo ha permitido matizar, aclarar y, en definitiva, mejorar el texto: Lucía Cobreros, Jamil Salmi, Manolo Hidalgo, Jorge Celis, Fernando Monge, Alejandro Tiana y Antonio Bolívar. Junto con ellos, nuestra mayor y más sincera gratitud va dirigida a Luis Crouch, quien ha revisado la mayor parte del manuscrito añadiendo ideas brillantes, sugerencias prácticas, alertas importantes y muy buen humor. La fórmula habitual aquí es decir que los errores que hayan permanecido son solo responsabilidad de los autores. Sin embargo, la complicidad de nuestros revisores, con Luis a la cabeza, ha sido tal que también les corresponde algo de responsabilidad.

Queremos agradecer a nuestro editor, Miguel Aguilar, su total confianza en el proyecto. Miguel nos animó a contar una historia global saliendo de los particularismos que tanto acechan a los trabajos sobre educación que se escriben en España. Tenemos que reconocerle también haber sido muy paciente con nuestro ritmo de trabajo, que no ha sido precisamente expeditivo. No menos fortuna hemos tenido con Paloma Abad y todo el equipo editorial, que nos ha acompañado con lucidez, sentido del humor y generosidad en todo el proceso de edición; su contribución mejoró notablemente el manuscrito original y se convirtió en el *ensayo narrativo* que queríamos escribir.

Por último, hay una larga lista de personas que también forman parte del pueblo global y que han marcado la diferencia creando el espacio y el tiempo que necesitábamos para trabajar, supliendo nuestras ausencias de buen grado y manteniendo el nivel de entusiasmo y motivación cuando los nuestros de serie flaqueaban, cosa que ha ocurrido con frecuencia. Gracias, pues, a Miriam Arriola, Toni Roldán, Blanca Arteaga, Jorge Galindo y Carmen Llorente.

Notas

1. LA EDUCACIÓN UNIVERSAL: SUS DESCONTENTOS Y DESENCANTADOS

1. D. Filmer, M. Langthaler, R. Stehrer T. y Vogel, *Learning to Realize Education's Promise. World Development Report*, The World Bank, 2018, <https://www.worldbank.org/en/publication/wdr2018>.

2. La tasa de matrícula neta en primaria aumentó del 83 por ciento en 2000 al 91 por ciento en 2015 y el número de niños sin escolarizar se redujo casi a la mitad, pasando de alrededor de 100 millones a 57 millones durante el mismo periodo. Sin embargo, la mayoría de estos avances se lograron antes de 2010 y desde entonces apenas ha habido progreso. La Unesco calcula que 59 millones de niños en edad de cursar primaria estaban sin escolarizar a finales de 2018, de los cuales 32 millones son niñas y 32 millones se encuentran en África subsahariana. Véase L. Deloumeaux, *New Methodology Shows that 258 Million Children, Adolescents and Youth Are Out of School*, Unesco, 2019, <https://uis.unesco.org/sites/default/files/documents/new-methodology-shows-258-million-children-adolescents-and-youth-are-out-school.pdf>.

3. L. Crawfurd y S. Hares, *Review of the Decade: Ten Trends in Global Education*, Center for Global Development, 2020, <https://www.cgdev.org/blog/review-decade-ten-trends-global-education>.

4. M. Fernández Enguita, «El anti-Cándido: todo va mal, pero irá a peor. Alcance y funciones de la visión apocalíptica de la enseñanza por el profesorado», *Papeles de Economía Española*, 119, pp. 59-68, 2009.

5. National Assessment of Educational Progress. Véase K. Mahnken, «"Nation's Report Card": Two Decades of Growth Wiped Out by Two Years of Pandemic», *The 74 Million*, 2022, <https://www.the74million.org/arti

cle/nations-report-card-two-decades-of-growth-wiped-out-by-two-years-of-pandemic/>.

6. R. Ram, «Educational Expansion and Schooling Inequality: International Evidence and Some Implications», *The Review of Economics and Statistics*, 1990, pp. 266-274.

7. Véase, por ejemplo: ADE-KAPE, «Cambodia Secondary Education Study», 2003, documento base para World Bank, *Expanding Opportunities and Building Competencies for Young People: A New Agenda for Secondary Education*, World Bank, 2005, en el que se señala que los costes directos y de oportunidad son un mayor obstáculo para la participación en la escuela secundaria que en la primaria. Se estima que estos costes son diez veces más elevados en la enseñanza secundaria que en la primaria.

8. J. S. Martínez García, «La expansión de la educación no ha supuesto su devaluación», *FuncasBlog*, 2016.

9. J. Calero, I. Murillo Huertas y J. L. Raymond Bara, «Education, Age, and Skills: An Analysis Using PIAAC Data», *European Journal of Education*, 54(1), 2019, pp. 72-92.

10. Véase J. P. Azevedo, *Learning Poverty: Measures and Simulations*, World Bank, 2020, <https://elibrary.worldbank.org/doi/abs/10.1596/1813-9450-9446>. Las cifras de las estimaciones de este indicador en la pospandemia son todavía peores y dan cuenta tanto del efecto devastador de la pandemia como de la enorme capacidad de empeorar que tiene la llamada crisis del aprendizaje.

11. Audrey Watters escribió un contundente e informado artículo con las «cien peores debacles de la década» en tecnología educativa. Véase A. Watters, «The 100 Worst Ed-Tech Debacles of the Decade», 2019, <http://hackeducation.com/2019/12/31/what-a-shitshow>.

12. M. Ames, *The Charisma Machine: The Life, Death, and Legacy of the One-Laptop-per-Child*, MIT Press, 2019.

13. Véase, por ejemplo, el caso de Bjørn Lomborg (del Copenhagen Consensus Center) y el psicólogo canadiense Jordan Peterson: NP Comment, «Jordan Peterson and Bjørn Lomborg: Hunger is more pressing than climate change, elites have it backwards», *National Post*, 2022, <https://nationalpost.com/opinion/jordan-peterson-and-bjorn-lomborg-hunger-is-more-pressing-than-climate-change-elites-have-it-backwards>.

14. C. Baudelot y R. Establet, *El nivel educativo sube*, Morata, 1990. [La edición original en francés es de 1989].

15. Véase G. Brunello, M. Fort y G. Weber, «Changes in Compulsory

Schooling, Education and the Distribution of Wages in Europe», *The Economic Journal*, 119(536), 2009, pp. 516-539. Véase también Our World in Data. Los años de escolarización de la población entre quince y sesenta y cuatro años se doblaron en Europa entre 1950 y 2000, pasando de 5,3 a 10,6 años de media. A nivel mundial, los años de escolarización pasaron de 3,1 a 7,3 años.

16. R. Lynn, «Comprehensives and Equality: The Quest for the Unattainable», *Critical Survey*, 4(3), 1969, pp. 26-33; H. J. Eysenck, «The Rise of the Mediocracy», *Critical Survey*, 4(3), 1969, pp. 34-40; R. Boyson, «The Essential Conditions for the Success of a Comprehensive School», *Critical Survey*, 4(3), 1969, pp. 57-62.

17. Citado en M. de Puelles Benítez, «La influencia de la nueva derecha inglesa en la política educativa española (1996-2004)», *Historia de la Educación*, 24, 2005, pp. 229-253.

18. A. Le Nestour, L. Moscoviz y J. Sandefur, *The Long-Run Decline of Education Quality in the Developing World*, Center for Global Development, 2022, <https://www.cgdev.org/publication/long-run-decline-education-quality-developing-world>.

19. La Unesco estima que en el mundo se necesitarán 44 millones de profesores adicionales antes de 2030 para hacer frente a jubilaciones, deserción docente y necesidades de profesorado para la escolarización universal de primaria y secundaria en varias regiones en desarrollo. En África subsahariana, el número requerido para alcanzar el ODS 4 es de 15 millones de profesores. Véase Unesco, *The Teachers We Need for the Education We Want. The Global Imperative to Reverse the Teacher Shortage*, Unesco, 2023.

20. OCDE, *PISA 2015 Results (Volume I). Excellence and Equity in Education*, OECD Publishing, 2016, <http://dx.doi.org/10.1787/97892642 66490-en>.

21. Según la OCDE: «Gran parte de la caída (no significativa) en el rendimiento medio de la OCDE entre 2009 y 2018 (4 puntos de media) puede relacionarse, por tanto, con la evolución cambiante de la composición demográfica de la población estudiantil y, en particular, con el aumento del porcentaje de estudiantes inmigrantes de primera generación en países donde estos estudiantes tienden a puntuar por debajo de los estudiantes no inmigrantes» (OECD, *PISA 2018 Results [Volume I]: What Students Know and Can Do*, OECD Publishing, 2019, <https://doi.org/10.1787/5f07c754-en>).

22. La hipótesis de que se necesitan más recursos es tentadora y probablemente se confirmaría en más de un caso nacional (sobre todo en la pospandemia), pero no parece tan relevante como otras, pues sigue habiendo potencias educativas que logran mucho con poca inversión.

23. Véase G. Zamarro, C. Hitt e I. Méndez, «When Students Don't Care: Reexamining International Differences in Achievement and Student Effort», *Journal of Human Capital*, 13(4), 2019, pp. 519-552. Los autores concluyen que cerca de un tercio de las diferencias de resultados entre países en PISA se debe a diferencias en el esfuerzo real de los alumnos en la prueba.

24. R. Feito, «Sube el nivel, aumenta la calidad», *Cuadernos de Pedagogía*, 361, 2006, pp. 58-61.

25. R. Feito, *Rendimiento escolar. ¿Baja el nivel?*, 2010, <https://es.sli deshare.net/guest127bf7f/baja-el-nivel>.

2. La ansiedad de estatus como pandemia

1. El caso de Egipto es bien conocido en este sentido. *The New York Times* cita una fuente que afirma que las familias estarían gastando en clases particulares el 150 por ciento de lo que gasta el Estado en la educación primaria y secundaria. Véase *The New York Times*, «In Egypt, Public Classrooms are Empty as Private Tutors Get Rich», 2023, <https://www.nytimes. com/2023/08/06/world/middleeast/egypt-public-schools-tutoring.html>.

2. Véase C. Feijóo, J. Fernández, A. Arenal, C. Armuña, S. Ramos, *Educational Technologies in China*, Publications Office of the European Union, n. de la p. 13, 2021.

3. Véase, por ejemplo: *Oddity Central,* «"Career Exam Takers" Repeatedly Ace University Entrance Exam for Profit», 2022, <https://www.oddi tycentral.com/news/career-exam-takers-repeatedly-ace-university-en trance-exam-for-profit.html>.

4. Véase, por ejemplo: L. V. Azarnert, «Integrated Public Education, Fertility and Human Capital», *Education Economics*, 22(2), 2014, pp. 166-180, <https://doi.org/10.1080/09645292.2011.601931>; C. S. Fan y J. Zhang, «Differential Fertility and Intergenerational Mobility under Private versus Public Education», *Journal of Population Economics*, 26, 2013, pp. 907-941, <https://doi.org/10.1007/s00148-012-0445-5>.

5. M. Bray, «Shadow Education in Europe: Growing Prevalence, Underlying Forces, and Policy Implications», *ECNU Review of Education*, 2020,

pp. 1–34; J. M. Moreno y A. Martínez, *La educación en la sombra en España: una radiografía del mercado de clases particulares por etapa escolar, capacidad económica de los hogares, titularidad del centro y comunidad autónoma*, ESADE Policy Brief, 2023, <https://www.esade.edu/ecpol/en/publications/educacion-en-la-sombra-en-espana-una-radiografia-del-mercado-de-clases-particulares-por-etapa-escolar-capacidad-economica-de-los-hogares-titularidad-del-centro-y-comunidad-autonoma/>.

6. Y. Zhang, «Time Spent on Private Tutoring and Sleep Patterns of Chinese Adolescents: Evidence from a National Panel Survey», *Children*, 10(7), p. 1231, 2023, <https://doi.org/10.3390/children10071231>.

7. En el año 2023, solo hasta finales de agosto, se habían registrado veintitrés suicidios entre los estudiantes de las academias de preparación en Kota. El tono de los medios de comunicación es poco menos que de emergencia nacional. Véanse algunas muestras: <https://frontline.thehindu.com/the-nation/education/spotlight-tragedy-in-kota-india-coaching-capital-rising-student-suicides-points-to-exam-stress-parental-pressure/article67259247.ece>; <https://timesofindia.indiatimes.com/education/news/parents-tell-children-theres-no-going-back-police-coaching-insti tutes-on-student-suicides-in-kota-factory/articleshow/103631421.cms>; *India Today*, «Kota, Coaching Capital or Suicide Capital?» [vídeo], YouTube, <https://www.youtube.com/watch?v=zwuYZC2exCs>.

8. *The Economic Times*, «Coaching Centers New Rules: Age Restriction, Fees, Study Hours. What Parents and Students Should Know», 2024, <https://economictimes.indiatimes.com/industry/services/education/new-rules-for-coaching-centres-here-is-what-parents-and-students-should-know-about-fees-study-hours-penalties-minimum-area/articles how/106950384.cms?from=mdr>.

9. P. Agwu, T. Orjiakor, A. Odii *et al.*, «Corruption during Final External Examinations in Private Secondary Schools in Nigeria: Qualitative Insights into Operations and Solutions to "Miracle Examination Centres"» [documento de trabajo], SOAS Consortium, 2022, <https://eprints.soas.ac.uk/36674/7/ACE-WorkingPaper040-BMMEC.pdf>.

10. Véase, por ejemplo: R. Assaad y C. Krafft, «Is Free Basic Education in Egypt a Reality or a Myth?», *International Journal of Educational Development*, 45, 2015, pp. 16–30; H. Sobhy, «The de-Facto Privatization of Secondary Education in Egypt: A Study of Private Tutoring in Technical and General Schools», *Compare: A Journal of Comparative and International Education*, 42(1), 2012, pp. 47–67.

11. Report Linker, *Global Private Tutoring Industry*, 2023, <https://www.reportlinker.com/p0552740/Private-Tutoring-Industry.html>. La tasa de crecimiento anual compuesta será del 8,7 por ciento durante ese periodo de ocho años. Las modalidades híbridas dentro de ese mercado, esto es, las que se desarrollan online y/o con materiales digitales, ascenderían a 108.000 millones de dólares, con un crecimiento del 6,9 por ciento anual. En Estados Unidos, todavía la primera economía mundial, este mercado de tutorías privadas se situaría en 2022 en 35.200 millones de dólares, mientras que en China la estimación es que alcance los 66.000 millones en 2030, con una tasa de crecimiento anual compuesta de nada menos que del 11,8 por ciento en estos ocho años. En Japón o Canadá, la proyección es que el mercado crezca el 5,3 y el 7,1 por ciento respectivamente. Otros *think-tanks* dedicados a este tipo de análisis estiman el volumen del mercado de la educación en la sombra con cifras más conservadoras, probablemente debido a razones metodológicas, al identificar como tutorías privadas solo aquellas que se ofertan online o las que específicamente se dedican a preparar exámenes externos (la *test-prep industry*). Por ejemplo, Fortune Business Insights estima que este mercado movió 58.000 millones en 2023 y predice que alcance 106.000 millones en 2030, eso sí, también con una tasa de incremento anual compuesta por encima del 9 por ciento. Fortune Business Insights, *Market Research Report*, 2023, <https://www.fortunebusinessinsights.com/private-tutoring-market-104753>.

12. A. de Botton, *Status Anxiety*, Hamish Hamilton, 2004. [Hay trad. cast.: *Ansiedad por el estatus*, trad. de Jesús Cuéllar, Madrid, Suma de Letras, 2005].

13. Los principales medios de comunicación de Estados Unidos, desde *The New York Times* hasta *The Wall Street Journal*, se han hecho eco estos últimos años de encuestas de opinión según las cuales los estadounidenses habrían comenzado a dar la espalda a sus universidades. Más allá del efecto inmediato de la pandemia sobre la demanda de educación superior, el crecimiento de la burbuja de la deuda de los préstamos estudiantiles —y el aumento imparable del precio de las matrículas, sobre todo en las universidades privadas— subyace tras ese cambio en la opinión pública y en la demanda de educación superior. Véase D. Deming, «The College Backlash is Going Too Far», *The Atlantic*, 2023, <https://www.theatlantic.com/ideas/archive/2023/10/college-degree-economic-mobility-average-lifetime-income/675525/>. A esta desconfianza de carácter económico habría que sumar también la estrictamente política, en el actual contexto de fuerte po-

larización en el país, por parte de las familias conservadoras que desconfían de un sistema universitario al que perciben como radicalizado hacia la izquierda y sometido a las nuevas políticas identitarias, que les resultan alienantes. Así se explica probablemente el auge de las universidades evangélicas.

14. Moreno y Martínez, *La educación en la sombra en España, op. cit.*

3. El apogeo de la nueva élite educativa global

1. Véase *Financial Times*, «Teacher Spurs $11m Offer in Hong Kong Tutor Wars», <https://www.ft.com/content/ab819890-7232-11e5-a129-3fcc4f641d98#axzz3oid3CWY7>. Véase Wikipedia, «Cram Schools in Hong Kong», <https://en.wikipedia.org/wiki/Cram_schools_in_Hong_Kong#cite_note-AP-4>.

2. M. Bray y P. Kwok, «Demand for Private Supplementary Tutoring: Conceptual Considerations, and Socio-economic Patterns in Hong Kong», *Economics of Education Review*, 22(6), 2003, pp. 611-620.

3. J. de Loecker, J. Eeckhout y G. Unger, «The Rise of Market Power and the Macroeconomic Implications», *The Quarterly Journal of Economics*, 135(2), 2020, pp. 561-644; D. Autor *et al.*, «The Fall of the Labor Share and the Rise of Superstar Firms», *The Quarterly Journal of Economics*, 135(2), 2020, pp. 645-709.

4. *The Guardian*, «"Some Families are Too Shady to Work with": Meet the Tutors of the Ultra-rich», <https://www.theguardian.com/education/2018/mar/13/some-families-too-shady-tutors-of-ultra-rich>.

5. *Business Insider*, «I've Spent the Past Decade Tutoring Old-Money Families in Hong Kong. There Are 3 Things I've Learned about the World of Big Money in Asia», 2023, <https://www.businessinsider.com/private-tutor-hong-kong-richest-elite-families-big-money-secrets-2023-12>.

6. M. Trow, «The Second Transformation of American Secondary Education», *International Journal of Comparative Sociology*, 2(2), 1961, pp. 144-166.

7. C. Goldin y L. F. Katz, *The Race Between Education and Technology*, Harvard University Press, 2009.

8. Para el caso de Estados Unidos, véase D. Autor, F. Levy y R. J. Murnane, «The Skill Content of Recent Technological Change: An Empirical Exploration», *The Quarterly Journal of Economics*, 118(4), 2003, pp. 1279-

1333. Para el caso de Europa, véase M. Goos, A. Manning y A. Salomons, «Explaining Job Polarization: Routine-Biased Technological Change and Offshoring», *American Economic Review*, 104(8), pp. 2509-2526, 2014.

9. B. Milanović, *Capitalism, Alone: The Future of the System that Rules the World*, Harvard University Press, 2019; F. Alvaredo, A. B. Atkinson, T. Piketty y E. Saez, «The Top 1 Percent in International and Historical Perspective», *Journal of Economic Perspectives*, 27(3), 2013, pp. 3-20.

10. B. Milanović, *Global Inequality: A New Approach for the Age of Globalization*, Harvard University Press, 2016. [Hay trad. cast.: *Desigualdad mundial. Un enfoque para la era de la globalización*, México, Fondo de Cultura Económica, 2017].

11. Véase C. Freeland, *Plutocrats: The Rise of the New Global Super-Rich and the Fall of Everyone Else*, Penguin, 2012, a partir de los datos del estudio de T. Piketty y E. Saez, «The Evolution of Top Incomes: A Historical and International Perspective», *American Economic Review*, 96(2), pp. 200-205, 2006.

12. H.G. Ginott, *Between Parent and Child: New Solutions to Old Problems*, Harmony, 1965.

13. M. Doepke y F. Zilibotti, *Love, Money, and Parenting: How Economics Explains the Way We Raise Our Kids*, Princeton University Press, 2019.

14. G. M. Dotti Sani y J. Treas, «Educational Gradients in Parents' Child-Care Time across Countries, 1965-2012», *Journal of Marriage and Family*, 78(4), 2016, pp. 1083-1096.

15. Véase K. Howard y R.V. Reeves, «The Marriage Effect: Money or Parenting?», The Brookings Institution, 2014, <https://www.brookings.edu/articles/the-marriage-effect-money-or-parenting/>. Véase también el estupendo ensayo de M. S. Kearney, *The Two-Parent Privilege: How Americans Stopped Getting Married and Started Falling Behind*, University of Chicago Press, 2023.

16. E. Currid-Halkett, «The New, Subtle Ways the Rich Signal their Wealth», *BBC*, 2017, <https://www.bbc.com/worklife/article/20170614-the-new-subtle-ways-the-rich-signal-their-wealth>.

17. D. Markovits, *The Meritocracy Trap: How America's Foundational Myth Feeds Inequality, Dismantles the Middle Class, and Devours the Elite*, Penguin Books, 2019.

18. R. D. Putnam, C. B. Frederick y K. Snellman, «Growing Class Gaps in Social Connectedness among American Youth», en *Harvard Kennedy School of Government Saguaro Seminar: Civic Engagement in America*, 2012.

19. T. Bunnell, «The Global Growth of the International Baccalaureate Diploma Programme over the First 40 Years: A Critical Assessment», *Comparative Education*, 44(4), 2008, pp. 409-424.

20. La empresa de estudios de mercado ISC Research, especializada en escuelas internacionales, publica un informe anual. Los datos utilizados pueden verse en <https://iscresearch.com/data/> y <https://debakeyinternational.com/wp-content/uploads/2019/09/International-School-Data-January-2020.pdf>.

21. M. Hayden, «Transnational Spaces of Education: The Growth of the International School Sector», *Globalisation, Societies and Education*, 9(2), 2011, pp. 211-224.

22. ISC Research <https://iscresearch.com/data/> y <https://debakeyinternational.com/wp-content/uploads/2019/09/International-School-Data-January-2020.pdf>.

23. A. Verger, C. Fontdevila y A. Zancajo, *The Privatization of Education: A Political Economy of Global Education Reform*, Teachers College Press, 2016.

24. P. D. Johnson, *Global Philanthropy Report: Perspectives on the Global Foundation Sector*, Harvard Kennedy School, 2018.

25. Organización para la Cooperación y el Desarrollo Económicos, *Private Philanthropy for Development*, The Development Dimension, OECD Publishing, 2018; Organización para la Cooperación y el Desarrollo Económicos, *Private Philanthropy for Development – Second Edition: Data for Action, The Development Dimension*, OECD Publishing, 2021.

26. Para un resumen del programa y los resultados, véase T. J. Kane, D. F. McCaffrey, T. Miller y D. O. Staiger, «Have We Identified Effective Teachers? Validating Measures of Effective Teaching using Random Assignment» [documento de investigación], Bill & Melinda Gates Foundation, 2013.

27. M. D. Baird *et al.*, *Improving Teaching Effectiveness: Final Report. The Intensive Partnerships for Effective Teaching Through 2015-2016*, RAND Corporation, 2018.

28. Un ejemplo reciente es la entrevista de Tucker-Carlson a Vladímir Putin organizada y activamente publicitada por Elon Musk a través de la red X (antes llamada Twitter).

29. D. de la Croix y M. Doepke, «To Segregate or to Integrate: Education Politics and Democracy», *The Review of Economic Studies*, 76(2), pp. 597-628, 2009.

30. Véase la carta «Proud to Pay More» presentada en la cumbre de Davos de 2024, <https://proudtopaymore.org/>.

31. A finales de enero de 2024, Mark Zuckerberg compareció en el Senado de Estados Unidos en una sesión sobre bienestar y seguridad infantil en la que acabó disculpándose ante las familias de las víctimas de abusos sexuales por medio de las redes sociales. En esa misma comparecencia, Zuckerberg negó una relación causal entre el uso de redes sociales y el deterioro de la salud mental de los adolescentes y jóvenes.

4. EL MISTERIO DE LOS NIÑOS QUE NO AMABAN LA LECTURA

1. Destatis, «Education Finance, Promotion of Education and Training. Expenditure on Education», 2023, <https://www.destatis.de/EN/Themes/Society-Environment/Education-Research-Culture/Educatio nal-Finance-Promotion-Education-Training/Tables/expenditure-public-budgets-education.html>. Véanse también F. Waldow, «What PISA Did and Did Not Do: Germany after the "PISA-shock"», *European Educational Research Journal*, 8(3), pp. 476-483, 2009; K. H. Gruber, «The German "PISA-Shock": Some Aspects of the Extraordinary Impact of the OECD's PISA Study on the German Education System», en H. Ertl (ed.), *Cross-national Attraction in Education: Accounts from England and Germany*, Symposium Books, 2006, pp. 195-208.

2. A. Cabrales, «NeG Visual y Básico: buenas/muchas noticias en educación», *Nada es Gratis*, 2013, <https://nadaesgratis.es/cabrales/neg-visual-y-basico-buenasmuchas-noticias-en-educacion>.

3. Véase O. Sanmartín, «El informe PISA congela los datos de España sobre Lectura porque al menos el 5% de los alumnos no respondió con rigor», *El Mundo*, 2019, <https://www.elmundo.es/espana/2019/11/15/5dce88c7fc6c8321578b456f.html>.

4. Véase S. Ayuso y E. Silió, «La OCDE aplaza los resultados de las pruebas de lectura de España para el estudio PISA por "anomalías"», *El País*, 2019, <https://elpais.com/sociedad/2019/11/15/actualidad/1573814398_949630.html>.

5. OECD, *Informe PISA 2009: Tendencias de aprendizaje. Cambios en el rendimiento de los estudiantes desde 2000* (vol. V), Santillana, 2012.

6. Véase M. Fernández Vallejo, «El sindicato mayoritario entre los profesores vascos promueve un boicot al examen PISA», *El Correo*, 2018, <https://www.elcorreo.com/sociedad/educacion/sindicato-mayoritario-profesores-20180118223357-nt.html>.

7. Véase E. Silió, «Boicots, escuelas fantasma y errores informáticos: las "anomalías" que encontró PISA en otros países», *El País*, 2019, <https://elpais.com/sociedad/2019/11/28/actualidad/1574972885_994228.html>.

8. Véase O. Sanmartín, «Las sombras de PISA: ¿hay que creerse el informe tras los errores detectados?», *El Mundo*, 2019, <https://www.elmundo.es/espana/2019/12/02/5de25413fdddffbb848b468f.html>.

9. Véase E. Silió, «Madrid pide que no se publique ningún dato de PISA porque "todo está contaminado"», *El País*, 2019, <https://elpais.com/sociedad/2019/11/28/actualidad/1574976906_857649.html>. En cada edición de PISA la OCDE escoge centrarse de manera específica en una de las tres pruebas habituales (Lectura, Matemáticas y Ciencias) para todos los alumnos, dejando las otras dos para una muestra más pequeña de estudiantes, debido a la falta de tiempo y para prevenir el cansancio del alumnado tras varias horas de examen. La muestra de los que sí participan en las otras dos pruebas permite calcular el nivel de aprendizaje y otros datos estadísticos de toda la población, pero a esos alumnos que no participaron en la prueba de matemáticas y ciencias se les estima una puntuación mediante un modelo estadístico utilizando información del alumno, así como su desempeño en la prueba que sí realiza.

10. Véase O. Sanmartín, «Cataluña y Madrid achacan a los errores del informe su mala nota en PISA», *El Mundo*, 2019, <https://www.elmundo.es/espana/2019/12/04/5de6c6cc21efa0e1438b461b.html>.

11. Se trata de Iñaki Gabilondo, sin duda uno de los periodistas y comunicadores más influyentes de los últimos cincuenta años en España. Véase I. Gabilondo, «El informe PISA: La mala Educación | La voz de Iñaki» [vídeo], YouTube, <https://www.youtube.com/watch?v=G4L0TybvWMY>.

12. Véase P. Rovira, «España suspende en PISA: ¿Trampa, Boicot o Dejadez?», *Las Provincias*, 2019, <https://www.lasprovincias.es/comunitat/opinion/espana-suspende-pisa-20191119003210-ntvo.html?ref=https%3A%2F%2Fwww.google.com%2F>.

13. [Una nota sobre España en PISA 2018: un análisis detallado de los datos de España por fecha de aplicación de la prueba]. Véase OCDE, *Annex A9. A Note about Spain in PISA 2018: Further Analysis of Spain's Data by Testing Date (updated on 23 July 2020)*, 2020, <https://www.oecd.org/pisa/PISA2018-AnnexA9-Spain.pdf>.

14. Al final del documento, la OCDE afirmó que «la caída de los resultados en lectura no se debió a los ítems de Fluidez Lectora, sino a una razón

más amplia que afectó el desempeño de los alumnos en Matemáticas y Fluidez Lectora».

15. Véase G. Zamarro, C. Hitt e I. Méndez, «When Students Don't Care: Reexamining International Differences in Achievement and Student Effort», *Journal of Human Capital*, 13(4), 2019, pp. 519-552. Los autores concluyen que cerca de un tercio de las diferencias de resultados entre países en PISA se deben a diferencias en el esfuerzo real de los alumnos en la prueba.

16. Véase J. A. Aunión, «Falta de interés y cansancio en mitad de los exámenes finales: así explica la OCDE las "anomalías" del informe Pisa en España», *El País*, 2020, <https://elpais.com/educacion/2020-07-23/falta-de-interes-y-cansancio-en-mitad-de-los-examenes-finales-asi-explica-la-ocde-las-anomalias-del-informe-pisa-en-espana.html>.

5. LAS GUERRAS CURRICULARES

1. La carta de dimisión se publicó en un medio local y es ya un documento histórico para la educación sudanesa, como lo es también para la historia de las guerras curriculares. Hemos traducido uno de sus párrafos, que no tiene desperdicio:

> Al saltar el último escándalo sobre la inclusión de la pintura de Miguel Ángel en un libro de texto de historia, visité a su asesor de medios Fayez al-Silaik en su oficina y le di un ejemplar del libro de texto en cuestión para presentárselo y explicarle mi punto de vista. Pero usted no me convocó para escuchar mis razones ni siquiera cuando la campaña se intensificó hasta el punto de que algunos imanes autorizaron el derramamiento de mi sangre. También mencionó que ha mantenido usted reuniones sobre el currículo escolar con líderes de las órdenes sufíes, las sectas *Jatmiya* y Ansar, Ansar al-Sunna, y los Hermanos Musulmanes. ¿No cree que hubiera sido profesional y moralmente más adecuado consultar a la persona que usted nombró director del Centro Nacional de Currículo e Investigación Educativa? Y si su consulta con las sectas antes mencionadas, que de ninguna manera son expertas en currículo, se centró en el impacto político y social de los cambios propuestos, ¿no se siente usted moralmente obligado a consultar también a los comunistas, a los republicanos, a los baazistas y a los nasseristas?

2. J. Núñez Villaverde, «As the World Turns its Back, War Rages on in Sudan», *Equal Times*, 2023, <https://www.equaltimes.org/as-the-world-

turns-its-back-war>. A finales de 2023, las dimensiones de la catástrofe son de 1,3 millones de personas refugiadas (principalmente en Chad), más de 5 millones desplazadas forzosamente y 25 millones que dependen de la ayuda humanitaria para sobrevivir (de los 45,6 millones de habitantes).

3. El concepto de «guerra cultural» es uno más de los importados desde Estados Unidos. La traducción de *culture wars* por «guerras culturales» es inexacta, a pesar de ser eficaz desde el punto de vista de la comunicación. Sería tal vez más correcto decir «guerra de valores» o incluso «guerra ideológica». No obstante, usaremos aquí la expresión que está ya muy asentada en castellano.

4. Uno de los fenómenos más sorprendentes acerca de las guerras sobre el currículo escrito es esta concentración de la pugna en documentos administrativos y libros de texto dejando al margen los «textos» que más poder de influencia tienen sobre la configuración del currículo que más importa, el que llamamos currículo en la acción. Hablamos de los exámenes externos, en concreto de los de graduación de la secundaria y acceso a la universidad. Son, *de facto*, los prescriptores, o con el feo barbarismo que vamos a utilizar alguna vez en este capítulo, los *influencers* más potentes sobre el currículo y también se ponen en papel, aunque no sean libros de texto ni tampoco textos legales.

5. D. Tanner y L. Tanner, *Curriculum Development*, McMillan, 1980, p. 218.

6. A. Soto, «El "insuperable" desencuentro entre China y Japón», *ARI*, (65), 2005, <https://www.realinstitutoelcano.org/analisis/el-insuperable-desencuentro-entre-china-y-japon/>.

7. Dado que en España «manual escolar» equivale a libro de texto, es importante aclarar que en Colombia estos «manuales» de convivencia no son, estrictamente, libros de texto, sino guías para regular la vida escolar en sus diferentes escenarios: el aula, el patio de recreo, el comedor, los baños, etc. Aun así, es indudable que forman parte del currículo escolar oficial en ese país.

8. Ley 1620 de 2013 y ley 1732 de 2014 respectivamente.

9. Merece la pena escuchar la comparecencia de la ministra Parody ante el Congreso colombiano a raíz de la polémica que terminó forzando su dimisión semanas después. La ministra se había convertido en la bestia negra de los conservadores, por su estilo personal y por su condición de homosexual, que fue utilizada sin escrúpulos para acusarla de tratar de «imponer su condición» a todos los estudiantes.

10. Infobae, «Protestas contra los libros de texto "comunistas": padres de familia en diversos estados se niegan a utilizarlos», 2023, <https://www.infobae.com/mexico/2023/08/27/protestas-contra-los-libros-de-texto-padres-de-familia-en-diversos-estados-se-niegan-a-utilizarlos/>.

11. Cecilia Greaves sitúa el punto álgido de este pulso en 1962, cuando «el 2 de febrero, la Unión Neoleonesa de Padres de Familia convocó a una manifestación para protestar en contra de la imposición de los textos gratuitos. A este llamado acudieron grupos por demás heterogéneos: miembros de organizaciones católicas, del PAN, de la banca y la industria, trabajadores y obreros, todos ellos bajo la consigna "¡México sí! ¡Comunismo no!". La magnitud de esta concentración, que congregó alrededor de cien mil personas, hizo que las autoridades educativas abandonaran su postura indiferente. Prevalecía el temor de que este tipo de protestas se extendiera hacia otras regiones de la república». Véase C. Greaves Laine, «Política educativa y libros de texto gratuitos: la polémica por el control de la educación», *Revista Mexicana de Educación*, 6(12), 2001, pp. 205-221, <https://comie.org.mx/revista/v2018/rmie/index.php/nrmie/article/view/977/977>.

12. Este porcentaje se calculó sobre la opinión de los directores escolares acerca de si los profesores tenían una «responsabilidad significativa» en al menos cuatro de las siguientes seis tareas: «establecer orientaciones y procedimientos para la disciplina estudiantil en el centro», «decidir sobre la admisión de los alumnos al centro», «establecer la política de evaluación del rendimiento de los estudiantes», «elegir qué materiales de aprendizaje se van a usar», «decidir qué cursos se van a ofrecer» y «determinar el contenido de las materias»: OCDE, *TALIS 2018 Results (Volume II). Teachers and School Leaders as Valued Professionals*, 2020, <https://dx.doi.org/10.1787/19cf08df-en>.

13. Hay una cuarta nueva alfabetización, la financiera, que también es controvertida y cuenta con muchos defensores y otros tantos aguerridos detractores. Entendemos, sin embargo, que no está al mismo nivel de prominencia en el debate político actual sobre la educación y por eso no la incluimos en la lista.

14. G. Packer, «The Grown-Ups Are Losing It: We Have Turned Schools into Battlefields and Our Kids Are the Casualties», *The Atlantic*, 2022, <https://www.theatlantic.com/magazine/archive/2022/04/pandemic-politics-public-schools/622824/>. Los nombres de Lincoln y Washington fueron retirados de esas escuelas por considerar a ambas figuras históricas como «esclavistas», <https://es.finance.yahoo.com/noticias/san-

francisco-renombrar%C3%A1-escuelas-cuesti%C3%B3n-195745832.
html>.

15. La traducción sería «identidad de identidades y todo identidad», que parafrasea el famoso *dictum*: *vanitas vanitatis et omnia vanitas*.

16. *Fortune*, «Parents Launch a Legal War on Woke at Elite Schools for "Indoctrinating" Their Kids with Their "Preferred Political Fad of the Moment"», 2023, <https://fortune.com/2023/05/22/school-war-on-woke-parents-lawsuit/>. Véase también este artículo de Y. Monge, «Prohibido hablar en clase de racismo, género o comunismo: una oleada de leyes limita la libertad de enseñanza de los profesores», *El País*, 2022, <https://elpais.com/educacion/2022-02-18/prohibido-hablar-en-clase-de-racismo-genero-o-comunismo-una-oleada-de-leyes-limitan-en-eeuu-la-libertad-de-ensenanza-de-los-profesores.html>.

17. Packer, *The Grown-Ups Are Losing It*, *op. cit.*

18. E. Harbatkin y T. Nguyen, «The Relationship Between Teacher Intentions, Turnover Behavior, and School Conditions», *Brookings*, 2023. <https://www.brookings.edu/articles/the-relationship-between-teacher-intentions-turnover-behavior-and-school-conditions/>.

19. F. O. Ramírez y J. Boli, «The Political Construction of Mass Schooling: European Origins and Worldwide Institutionalization», *Sociology of Education*, 60(1), 1987, pp. 2-17. Véase también J. Boli, F. O. Ramírez y J. W. Meyer, «Explaining the Origins and Expansion of Mass Education», *Comparative Education Review*, 29(2), 1985, pp. 145-170.

20. Véase, por ejemplo: <https://eachother.org.uk/decolonising-the-curriculum-what-it-really-means/>. Las materias centrales del currículo, sobre todo las matemáticas, serían especialmente rechazables por estos motivos. El rigor del método científico, la racionalidad, la puntualidad, la proscripción del sentimiento, serían valores asociados al varón blanco heterosexual y patriarcal, y, en consecuencia, material a extirpar de los nuevos currículos locales.

21. Tal vez el análisis más completo de los principios pedagógicos del movimiento de Escuela Nueva pueda encontrarse en un libro ya clásico de R. Marín Ibáñez, *Principios de la educación contemporánea*, Rialp, 1982. Véase también, por el lado de la historia de la educación estadounidense, J. González Monteagudo, «John Dewey y la pedagogía progresista», en J. Trilla (coord.), *El legado pedagógico del siglo XX para la escuela del siglo XXI*, Graó, 2001, pp. 15-39; T. Popkewitz, «La historia del currículum: La educación en los Estados Unidos a principios del siglo XX, como tesis cultural acerca de lo

que el niño es y debe ser», *Revista Profesorado*, 11(3), 2007, <https://www.ugr.es/~recfpro/rev113ART1.pdf>.

22. Por ejemplo, en Francia está el libro de S. Coignard, *Le Pacte Immoral: comment ils sacrifient l'éducation de nos enfants*, Albin Michel, 2010; en Estados Unidos, el de P. Hegseth, *Battle for the American Mind: Uprooting A Century of Miseducation*, Harper Collins, 2022. Del mismo modo que triunfó hace unas décadas la «antipsiquiatría», triunfa ahora la antipedagogía.

23. L. Weelahan, «How Competency-Based Training Locks the Working Class out of Powerful Knowledge: A Modified Bernsteinian Analysis», *British Journal of Sociology of Education*, 28(5), 2007, pp. 637-651, <https://www.jstor.org/stable/30036240>.

6. El secreto del éxito es empezar desde arriba o la muerte de la meritocracia

1. M. Sandel, *La tiranía del mérito. ¿Qué ha sido del bien común?*, Debate, 2020.

2. Un estudio de 2019 sobre la admisión a la Universidad de Harvard concluía que el 43 por ciento de los estudiantes blancos admitidos se habían beneficiado de «políticas» preferenciales como la del «*legacy*» —ser hijos de familias que hacen donaciones importantes a la universidad—, las becas para atletas o, simplemente, formar parte de la lista de «interés especial» del decano al ser, por ejemplo, hijos de profesores. Curiosamente, este tipo de prácticas, con una larga tradición en la Ivy League, no ha provocado mayores controversias públicas, y menos aún procesos judiciales, al menos en comparación con la cuestión de los estudiantes asiáticos. Véase P. Arcidiacono, J. Kinsler y T. Ransom, «Legacy and Athlete Preferences at Harvard» [documento de trabajo 26316], NBER, 2019, <https://www.nber.org/papers/w26316>.

3. Heather MacDonald escribió en 2018 *The Diversity Delusion* (St. Martin Press) que causó una fuerte polémica entre las universidades estadounidenses y, desde luego, entre los defensores y detractores de la *affirmative action*. En el libro da pruebas de que muchos de los beneficiados por las cuotas de acceso preferencial terminan fracasando porque «no están a la altura» de sus compañeros de clase en esas universidades. Sin embargo, omite mencionar si ese sería el caso de la proporción nada despreciable de estudiantes blancos en esos mismos centros que son admitidos también

con mecanismos que tampoco dejan de ser discriminación positiva (véase la nota anterior) y, si en este caso no lo es, como así parece, cuál sería la razón.

4. Hasta que entró en vigor la última ley de universidades (LOSU) en 2023, solo los catedráticos eran elegibles como rectores, así que en muy buena medida la brecha de género dentro de esa categoría de funcionarios es responsable directa del bajísimo número de rectoras en las universidades españolas.

5. En todas las universidades públicas españolas, hombres y mujeres cobran lo mismo (salvo los trienios de antigüedad y otros incentivos por productividad investigadora en el caso del profesorado), desde los auxiliares administrativos hasta el rector. Pero, según se sube en la jerarquía, hay cada vez menos mujeres y ello a pesar de que hace ya muchos años que acceden a la universidad más estudiantes mujeres que hombres.

6. Mención aparte requeriría el caso de las políticas de acción afirmativa con las castas en India. Desde la independencia del país y la Constitución de 1950, se han mantenido medidas de acceso preferente —también a la universidad— para los llamados *intocables* y aun después para las llamadas *other backward classes* (OBC). En estos casos las variables étnicas (de tribu, para ser precisos) y de clase social van aparejadas en la política de cuotas.

7. De acuerdo con los datos de la OCDE (*PISA 2018*, volumen II), una proporción importante de la segregación social en la educación secundaria se debe a la que hay entre escuelas públicas y privadas.

8. El País, «Educación indagará por qué hay tantos niños enfermos admitidos en un colegio», <https://elpais.com/diario/2004/05/16/madrid/1084706662_850215.html>.

9. A. Wooldridge, *The Aristocracy of Talent: How Meritocracy Made the Modern World,* Penguin Random House, 2021, p. 381.

7. DE NIÑOS SIN ESCUELA A ESCUELAS SIN NIÑOS

1. Una breve biografía de Maia Sandu se encuentra en <https://maiasandu2020-md.translate.goog/biografie/?_x_tr_sl=ro&_x_tr_tl=en&_x_tr_hl=es&_x_tr_pto=wapp>.

2. World Bank, *Moldova: Education Sector Public Expenditure Review Selected Issues*, World Bank, 2019.

3. Ministerio de Educación, Cultura, Deportes, Ciencia y Tecnología

de Japón, <https://www.mext.go.jp/en/publication/statistics/title01/detail01/1373636.htm#01>.

4. OECD, «Enrolment Rate in Secondary and Tertiary Education (Indicator)», 2024, <doi: 10.1787/1d7e7216-en>.

5. Unesco, Institute for Statistics (UIS), «UIS.Stat Bulk Data Download Service», 2022, <apiportal.uis.unesco.org/bdds>.

6. Véase Q. Brummet, «The Effect of School Closings on Student Achievement», *Journal of Public Economics*, 119, 2014, pp. 108-124. Un mayor gasto por alumno en esas escuelas rurales que hemos llamado zombis, además de una ratio profesor/alumno que a cualquier observador le parecería ideal (en muchas de ellas podía estar por debajo de cinco alumnos por profesor), no conducía necesariamente a resultados espectaculares en términos de aprendizaje. Al contrario, se trataba de escuelas con un profesorado envejecido, sin especialistas de idiomas o de educación física, entre otros, sin apoyo de orientadores ni logopedas y, por supuesto, sin biblioteca escolar actualizada, conexión a internet, instalaciones deportivas modernas, etc. El cambio a un centro más grande y mejor dotado, junto con la subvención para el transporte escolar, implicaba menos gasto por alumno y peor ratio, pero más oportunidades de aprendizaje y, por tanto, mejor educación.

7. Véanse N. Grau, D. Hojman y A. Mizala, «School Closure and Educational Attainment: Evidence from a Market-based System», *Economics of Education Review*, 65, 2018, pp. 1-17; M. de la Torre y J. Gwynne, «When Schools Close: Effects on Displaced Students in Chicago Public Schools» [informe de investigación], Consortium on Chicago School Research, University of Chicago, 2009; J. Engberg, B. Gill G. Zamarro y R. Zimmer, «Closing Schools in a Shrinking District: Do Student Outcomes Depend on Which Schools are Closed?», *Journal of Urban Economics*, 71(2), 2012, pp. 189-203; E. Hannum, X. Liu y F. Wang, «Estimating the Effects of Educational System Consolidation: The Case of China's Rural School Closure Initiative», *Economic Development and Cultural Change*, 70(1), 2021, pp. 485-528.

8. J. F. L. Sørensen, G. L. H. Svendsen, P. S. Jensen y T. D. Schmidt, «Do Rural School Closures Lead to Local Population Decline?», *Journal of Rural Studies*, 87, 2021, pp. 226-235.

9. En realidad, Moldavia participó en la prueba de 2010, una edición específica para un puñado de países no miembros de la OCDE, y, por tanto, de renta media-baja y baja.

8. Recesión democrática. ¿Es necesaria y suficiente la educación universal para asegurar una democracia liberal?

1. Aristóteles, *Política. Libro VIII*, trad. de Manuela García Valdés, Biblioteca Clásica Gredos, 1988, p. 455.

2. NCCE, «How Poland Moved into the Top Ranks of International Performance», 2014, <https://ncee.org/quick-read/global-perspectives-how-poland-moved-into-the-top-ranks-of-international-performance/>.

3. M. Jakubowski, H. A. Patrinos, E. E. Porta y J. Wiśniewski, «The Effects of Delaying Tracking in Secondary School: Evidence from the 1999 Education Reform in Poland», *Education Economics*, 24(6), 2016, pp. 557-572.

4. *Ibid.*

5. En el curso 2021-2022 el número de estudiantes en escuelas privadas eran un 20 por ciento más que en 2018 y un 37 por ciento más que en 2016, según el propio ayuntamiento de la ciudad. En cuanto al éxodo docente, en el curso 2020-2021, según la misma fuente, abandonaron el ejercicio de su vocación el 7 por ciento de los profesores de la ciudad. Véase A. Wadolowska, «Private Education Booms in Poland Amid Impact of Politics and Pandemic on Public Schools. Notes from Poland», 2022, <https://notesfrompoland.com/2022/06/06/private-education-booms-in-poland-amid-impact-of-politics-and-pandemic-on-public-schools/>.

6. A. Gethin, «Distributional Growth Accounting: Education and the Reduction of Global Poverty, 1980-2022» [Job Market Paper], 2023, <https://amory-gethin.fr/files/pdf/Gethin2023JMP.pdf>.

7. Benavot identifica educación universitaria con educación de élites. En efecto, en 1996, además de Estados Unidos, eran todavía pocos los países en los que la tasa de matrícula universitaria alcanzaba el porcentaje del grupo de edad que se consideraba en los estudios —véase la siguiente nota sobre el trabajo de Martin Trow— el umbral de la educación superior de masas. En 2024, y para los países de la OCDE, no cabe ya identificar educación universitaria, o terciaria, con educación de élites. Otra cosa es que subsista un subsector de élite —e incluso refuerce su carácter elitista— dentro de la educación superior a medida que esta se masifica o universaliza. Véase A. Benavot, «Education and Political Democratization: Cross-national and Longitudinal Findings», *Comparative Education Review*, 40(4), 1996, pp. 377-403.

8. M. Trow, *Problems in the Transition from Elite to Mass Higher Education*, Carnegie Commission for Higher Education, Berkeley, California, 1973. Y lo que sería la continuación de ese trabajo, en M. Trow, «From Mass Higher Education to Universal Access: The American Advantage», *Minerva*, 37(4), 1999, pp. 303-328, <https://www.jstor.org/stable/41827257>. Estos dos trabajos son referencias clásicas en política de la educación superior (tal vez las primeras en ese ranking, si existiera). En el primero, el autor acuñó el término de «educación superior de masas» y sugirió la tasa de matrícula que podía considerarse el umbral de ese carácter masivo: más del 15 por ciento y hasta el 50 por ciento del grupo de edad. A partir del 50 por ciento de matrícula se considera «educación superior de acceso universal» y se entiende que es necesario llegar a ella para «el pleno ejercicio de la ciudadanía». También señalaba que este patrón global de desarrollo de la educación superior lo lideraba Estados Unidos y se habían ido sumando después la mayor parte de los países que hoy están en la OCDE.

9. T. Garton Ash, «The Future of Liberalism», *Prospect*, 2021, <https://www.prospectmagazine.co.uk/magazine/the-future-of-liberalism-brexit-trump-philosophy>.

10. Véanse los detalles en <https://freedomhouse.org/countries/freedom-world/scores>. En estos últimos años la literatura sobre la recesión democrática está adquiriendo dimensiones de un género aparte. Destaca entre otros muchos el excelente trabajo con el que Anne Applebaum ganó el premio Pulitzer: *El ocaso de la democracia. La seducción del autoritarismo*, trad. de Francisco José Ramos Mena, Debate, 2021 (la edición original en inglés es de 2020).

11. En un estudio experimental en escuelas de secundaria en España, Francia y Grecia se han obtenido resultados muy positivos de un programa que desarrolló valores como el altruismo, las relaciones entre alumnos y la convivencia escolar. Véase S. Briole M. Gurgand, É. Maurin S. McNally, J. Ruiz-Valenzuela y D. Santín, «The Making of Civic Virtues: A School-Based Experiment in Three Countries», CEP Discussion Paper 1830, *Centre for Economic Performance*, 2022.

12. HBSC, *Spotlight on Adolescent Health and Well-being: Findings from the 2017/2018 Health Behaviour in School-Aged Children (HBSC) Survey in Europe and Canada*, WHO Regional Office for Europe, 2020.

13. *Así empieza lo malo* es el título de una de las novelas de Javier Marías, uno de los grandes escritores españoles del último siglo.

14. OCDE, «21st-Century Readers: Developing Literacy Skills in a

Digital World», OECD Publishing, 2021, <https://doi.org/10.1787/a83d-84cb-en>. Es interesante ver las variaciones entre países respecto a ambos datos. Incluso la oportunidad de aprender reflejada en el acceso a formación sobre cómo detectar información sesgada tenía efectos diferentes sobre la capacidad de distinguir entre hechos y opiniones dependiendo del país.

15. Un visionario ensayo de Alain Minc, *La nueva Edad Media*, publicado en 1993 en francés y en 1994 en español (Temas de Hoy), adelantaba hace ya treinta años el regreso a la Edad Media «por el hundimiento de la razón como principio motor, en provecho de ideologías primarias y de supersticiones que habían desaparecido durante tanto tiempo» (p. 11).

16. B.-C. Han, *Infocracia. La digitalización y la crisis de la democracia*, trad. de Joaquín Chamorro Mielke, Taurus, 2022, p. 74.

17. F. Fukuyama, *El liberalismo y sus desencantados: cómo defender y salvaguardar nuestras democracias liberales*, trad. de Jorge Paredes, Deusto, 2022. «En ámbitos como el universitario y el artístico ha habido una enorme expansión de la interpretación de lo que constituye un perjuicio para los demás. En algunos casos, la simple articulación de determinadas palabras proscritas se considera algo equivalente a la violencia, de modo que su prohibición está justificada en aras de la seguridad física» (p. 125). En la actualidad de Estados Unidos, la cuestión política más candente tiene que ver con el uso de pronombres personales.

18. M. Scheffer, I. van de Leemput, E. Weinans y J. Bollen, «The Rise and Fall of Rationality in Language», *PNAS*, 118(51), 2021, <https://www.pnas.org/doi/10.1073/pnas.2107848118>. La tendencia en los libros se corresponde además con la más reciente en las búsquedas en Google, lo que confirma la hipótesis de que los cambios en el lenguaje empleado en los libros reflejan cambios en los intereses de las personas. Los autores señalan que la posverdad «ha cogido a muchos por sorpresa» y que, sin embargo, el análisis masivo de textos escritos permite ver que la tendencia se inició hace cuatro décadas.

19. La foto con la pintada puede verse en J. Rodríguez, *Lectocracia*, Gedisa, 2023, p. 25.

20. Financial Times, «Skimming, Scanning, Scrolling – The Age of Deep Reading is Over», 2023, <https://www.ft.com/content/421210aa-8a29-416a-8f52-f5510c30582f>.

21. E. Klein, *Why We Are Polarized*, Avid Reader Press, 2020. [Hay trad. cast.: *Por qué estamos polarizados*, trad. de Antonio M. Jaime, Capitán Swing, 2021]. Véase también esta breve pieza, muy anterior, de 2014, de

donde procede la afirmación que citamos: <https://www.vox.com/2014/4/6/5556462/brain-dead-how-politics-makes-us-stupid>.

22. D. M. Kahan, «Misconceptions, Misinformation, and the Logic of Identity-Protective Cognition», *Cultural Cognition Project Working Paper Series*, 164, Yale Law School, Public Law Research Paper, 605, Yale Law & Economics Research Paper, 575, 2017, <https://ssrn.com/abstract=2973067> o <http://dx.doi.org/10.2139/ssrn.2973067>. Mason acuñó el concepto de «megaidentidad» para ilustrar esta omnipresencia de la política: L. Mason, *Uncivil Agreement: How Politics Became Our Identity*, University of Chicago Press, 2021, <https://press.uchicago.edu/dam/ucp/books/pdf/course_intro/978-0-226-52454-2_course_intro.pdf>.

23. A. Gethin, C. Martínez-Toledano, T. Piketty, «Brahmin Left Versus Merchant Right: Changing Political Cleavages in 21 Western Democracies, 1948-2020», *The Quarterly Journal of Economics*, 137(1), pp. 1-48, 2022, <https://doi.org/10.1093/qje/qjab036>. Los autores muestran con evidencia empírica que la nueva escisión —«clivaje»— entre quienes tienen estudios universitarios y quienes no han cursado la educación superior se refleja en una inversión radical del comportamiento electoral entre unos y otros, de manera que los primeros son cada vez más votantes de izquierda y los segundos cada vez más votantes de derecha. Así, los universitarios tienden a posiciones «progresistas» que hacen reaccionar, *sensu stricto*, a los no universitarios con tomas de posición más conservadoras, de modo tal que, en el mundo cultural y educativo, se produce una guerra entre los universitarios y los no universitarios de la que no hay precedentes cuando la educación superior era puramente elitista. Si bien este fenómeno explicaría en parte el mayor grado de polarización en Estados Unidos, no es así, por ejemplo, en el caso de Corea, que tiene una proporción parecida de población con estudios superiores y donde no ocurre nada ni de lejos parecido en términos de polarización.

9. *Schola semper reformanda est*

1. *Milenio*, «Cronología del plantón de la CNTE en el DF», 2015, <https://www.milenio.com/estados/cronologia-del-planton-de-la-cnte-en-el-df>.

2. *El País*, «Radiografía de la violencia homicida en la era López Obrador», <https://elpais.com/mexico/2022-08-28/radiografia-de-la-violencia-homicida-en-la-era-lopez-obrador.html>.

3. Un buen resumen del contexto previo a la reforma se encuentra en L. Santibáñez, «Reforma educativa: el papel del SNTE», *Revista Mexicana de Investigación Educativa*, 13(37), 2008, pp. 419-443.

4. En el caso del tiempo efectivo de instrucción, los datos de Ciudad de México eran los más bajos de la comparativa con otros países. Véase B. Bruns y J. Luque, *Great Teachers: How to Raise Student Learning in Latin America and the Caribbean*, World Bank, 2014.

5. R. Estrada, «Rules *versus* Discretion in Public Service: Teacher Hiring in Mexico», *Journal of Labor Economics*, 37(2), 2019, pp. 545-579. En su estudio, Estrada muestra de manera causal el impacto de la reforma de 2008. Observa un efecto de 0,52 y 0,32 desviaciones estándar para matemáticas y lectura, respectivamente. Por lo general, se considera que un curso de aprendizaje equivale a 0,20 o 0,25 desviaciones estándar. Por ejemplo, véase el caso para la prueba PISA en <https://www.oecd-ilibrary.org/sites/35665b60-en/index.html?itemId=/content/component/35665b60-en>.

6. A. Ahmed y K. Semple, «Por qué la reforma educativa en México ha desatado oposición y violencia», *The New York Times*, 2016, <https://www.nytimes.com/es/2016/06/30/espanol/america-latina/porque-la-reforma-educativa-en-mexico-ha-desatado-oposicion-y-violencia.html>.

7. J. Martínez, «La batalla educativa se recrudece en México con detenciones», *El País*, 2015, <https://elpais.com/internacional/2015/10/31/mexico/1446305937_414960.html>.

8. O. Granados, «Dos de cada tres mexicanos apoyaban la reforma educativa a los cinco años de su aprobación», *El País*, 2018, <https://elpais.com/internacional/2018/01/20/mexico/1516403582_958621.html>.

9. A. Hargreaves, «Change from Without: Lessons from Other Countries, Systems, and Sectors», *Second International Handbook of Educational Change*, 2009, pp. 105-117.

10. P. Sahlberg, *Finnish lessons 2.0. What Can the World Learn from Educational Change in Finland*, Teachers College Press, 2011. Este libro sobre Finlandia es tal vez el representante más exitoso de todo este conjunto de «lecciones». Al menos desde finales del siglo XVIII, el nacimiento mismo de la educación comparada se explica por este juego de influencias y de «pedir prestado» *(policy borrowing)* de los sistemas y prácticas escolares de otros países.

11. S. Breakspear, «The Policy Impact of PISA: An Exploration of the Normative Effects of International Benchmarking in School System Performance», *OECD Education Working Papers*, 71, OECD Publishing, 2012, <http://dx.doi.org/10.1787/5k9fdfqffr28-en>.

12. *El Mercurio*, «Nobel de Economía ve riesgos en la reforma educacional chilena».

13. J. Perlman Robinson, R. Winthrop y E. McGivney, *Millions Learning: Scaling up Quality Education in Developing Countries*, The Brookings Institution, 2016, <https://papers.ssrn.com/sol3/papers.cfm?abstract_id=3956210>.

14. El programa que sucedió a las Escuelas a Tiempo Completo, la Escuela es Nuestra, desdibujaba y dificultaba los objetivos del primero al dar autonomía plena a los centros educativos para gastar los recursos del programa y abría la puerta al clientelismo y la corrupción. Sobre el impacto del mismo, véanse: M. Kozhaya y F. Flores, «School Attendance and Child Labor: Evidence from Mexico's Full-Time School Program», *Economics of Education Review*, 90, 102294, 2022; M. Padilla-Romo, «Full-time Schools, Policy-induced School Switching, and Academic Performance», *Journal of Economic Behavior & Organization*, 196, 2022, pp. 79-103; M. Padilla-Romo y F. Cabrera-Hernández, «Easing the Constraints of Motherhood: The Effects of All-day Schools on Mothers' Labor Supply», *Economic Inquiry*, 57(2), 2019, pp. 890-909; F. Cabrera-Hernández, M. Padilla-Romo y C. Peluffo, «Full-time Schools and Educational Trajectories: Evidence from High-stakes Exams», *Economics of Education Review*, 96, 102443, 2023.

15. La investigación educativa cuantitativa y cualitativa muestra efectos positivos en el rendimiento académico de las jornadas escolares amplias. Véase A. Gromada y C. Shewbridge, *Student Learning Time: A Literature Review*, OECD Publishing, 2016.

16. Véase No Child Left Behind Act (2001) de la Administración Bush y el programa de la Administración Obama Race to the Top (2009), así como la Every Student Succeeds Act (2015).

17. Sobre el impacto de las reformas, véase, por ejemplo: J. Bleiberg, E. Brunner, E. Harbatkin, M. A. Kraft y M. G. Springer, *Taking Teacher Evaluation to Scale: The Effect of State Reforms on Achievement and Attainment*, National Bureau of Economic Research, 2023. Sobre satisfacción docente y oferta laboral de los docentes en la educación, véase M. A. Kraft, E. J. Brunner, S. M. Dougherty y D. J. Schwegman, «Teacher Accountability Reforms and the Supply and Quality of New Teachers», *Journal of Public Economics*, 188, 104212, 2020.

18. Una amplia bibliografía de los orígenes ideológicos y económicos de la reforma educativa de México de 2013 señala la visión neoliberal de empresas y organismos internacionales como responsables de su concepción.

19. En la edición de 2006 Cuba ocupó la primera plaza en todas las pruebas con gran ventaja sobre los demás países. Véase E. Treviño, D. Bogo-

ya, D. Glejberman, M. Castro, G. Espinosa, C. Tamassia y C. Pardo, *SERCE: Segundo Estudio Regional Comparativo y Explicativo: los aprendizajes de los estudiantes de América Latina y el Caribe* [informe técnico], 2009. En la edición de 2019 Cuba obtuvo resultados ligeramente peores, pero se mantuvo entre los países con mejores cifras. Véase Unicef, *Los aprendizajes fundamentales en América Latina y el Caribe. Evaluación de logros de los estudiantes. Estudio Regional Comparativo y Explicativo (ERCE 2019)*, 2021.

20. El libro de Carnoy, Gove y Marshall da buena cuenta de las razones de la «ventaja académica» de Cuba: M. Carnoy, A. Gove y J. H. Marshall, *Cuba's Academic Advantage: Why Students in Cuba Do Better in School*, Stanford University Press, 2007.

21. Véase, por ejemplo, E. A. Hanushek, M. Piopiunik y S. Wiederhold, «The Value of Smarter Teachers: International Evidence on Teacher Cognitive Skills and Student Performance», *Journal of Human Resources*, 54(4), 2019, pp. 857-899.

22. B. Bruns y J. Luque, *Great Teachers: How to Raise Student Learning in Latin America and the Caribbean*, World Bank Publications, 2014.

23. Sobre la caída de la calidad docente y su relación con la expansión de alternativas en el mercado laboral, véanse M. P. Bacolod, «Do Alternative Opportunities Matter? The Role of Female Labor Markets in the Decline of Teacher Quality», *The Review of Economics and Statistics*, 89(4), 2007, pp. 737-751; S. P. Corcoran, W. N. Evans y R. M. Schwab, «Women, the Labor Market, and the Declining Relative Quality of Teachers», *Journal of Policy Analysis and Management*, 23(3), 2004, pp. 449-470. Sobre el aumento de la calidad docente entre 1998 y 2008, véase D. Goldhaber y J. Walch, «Gains in Teacher Quality. Academic Capabilities of the U.S. Teaching Force are on the Rise», *Education Next*, 14(1), 2014, pp. 38-45, <https://www.educationnext.org/gains-in-teacher-quality>. Sobre la caída del prestigio de la profesión a partir de 2010, véase M. A. Kraft y M. A. Lyon, *The Rise and Fall of the Teaching Profession: Prestige, Interest, Preparation, and Satisfaction over the Last Half Century*, National Bureau of Economic Research, 2024.

24. Véanse los dos informes de la consultora McKinsey sobre la cuestión, muy populares entonces, en 2007 y 2010.

25. La reforma produjo un aumento de los docentes completamente cualificados del 54 al 92 por ciento entre 2011 y 2018. Véase A. Burke, E. Cuadra, T. Mahon, J. M. Moreno y S. Thacker, *Transforming Teacher Education in the West Bank and Gaza: Policy Implications for Developing Countries*, World Bank, 2020.

26. H. Abdul Hamid, H. Patrinos, J. E. Reyes, J. Kelcey, A. Diaz-Varela, «Learning in the Face of Adversity: The UNRWA Education Program for Palestine Refugees», World Bank, 2015.

27. Unesco-UIS, «Meeting Commitments: Are We on Track to Achieve SDG4?», Global Education Monitoring Team, 2023.

28. Se creó una agencia asociada al Ministerio de Hacienda (Indonesia Endowment Fund for Education) para lograr tal objetivo. Según el Banco Mundial, la inversión en educación sobre el gasto público es habitualmente inferior al 20 por ciento: en los países desarrollados representa el 11 por ciento y es algo superior en los países de renta media (14,7 por ciento) y baja (14,5 por ciento).

29. J. de Ree, K. Muralidharan, M. Pradhan y H. Rogers, «Double for Nothing? Experimental Evidence on An Unconditional Teacher Salary Increase in Indonesia», *The Quarterly Journal of Economics*, 133(2), 2018, pp. 993-1039.

30. P. N. Kusumawardhani, «Does Teacher Certification Program Lead to Better Quality Teachers? Evidence from Indonesia», *Education Economics*, 25(6), 2017, pp. 590-618.

31. Véase, por ejemplo, H. M. Gjefsen, «Wages, Teacher Recruitment, and Student Achievement», *Labour Economics*, 65, 101848, 2020.

32. House of Commons Library, *Education Spending in the UK* [research briefing], 2021, <https://commonslibrary.parliament.uk/research-briefings/sn01078/>.

33. Unesco, *The Teachers We Need for the Education We Want. The Global Imperative to Reverse the Teacher Shortage*, Unesco, 2023.

34. Financial Times, «The True Extent of Damage to Schools from COVID-19», <https://www.ft.com/content/a6577905-19a6-4825-a0f4-b49843a6d75c>.

35. Véase, por ejemplo: A. Hargreaves y M. Fullan, *Professional Capital: Transforming Teaching in Every School*, Teachers College Press, 2015. Los estudios causales de referencia en la materia son C.K. Jackson y E. Bruegmann, «Teaching Students and Teaching Each Other: The Importance of Peer Learning for Teachers», *American Economic Journal: Applied Economics*, 1(4), 2009, pp. 85-108 y J.P. Papay, E.S. Taylor, J.H. Tyler y M. E. Laski, «Learning Job Skills from Colleagues at Work: Evidence from a Field Experiment Using Teacher Performance Data», *American Economic Journal: Economic Policy*, 12(1), 2020, pp. 359-388.

10. ¿Sobrevivirá el proyecto de la educación universal?

1. El libro pionero al respecto lo·publicó R. Dore en 1976 con el título *The Diploma Disease* (Unwin Education Books), si bien la edición definitiva es de 1997 (Institute of Education, University of London). También ha sido influyente el trabajo de M. Archer sobre las fases de la expansión de la educación, quien ya planteó a comienzos de los ochenta que los sistemas educativos habían entrado en una fase inflacionaria, caracterizada por una autonomía desregulada cuyas consecuencias serían imprevisibles y llevar incluso a que haya muchos perdedores y pocos beneficiarios. Véase M. Archer (ed.), *The Sociology of Educational Expansion: Take-off, Growth and Inflation in Educational Systems*, SAGE, 1982.

2. P. Turchin, *Final de partida. Élites, contraélites y el camino a la desintegración política*, trad. de Jordi Ainaud i Escudero, Debate, 2024. La edición original en inglés es de 2023 (Allen Lane). La tesis de Turchin viene a sugerir que la expansión de la educación superior ha puesto a demasiada gente a competir por el mismo número de empleos y puestos de prestigio, poder y alta remuneración. Parece más que discutible dar por bueno que la mera graduación en la universidad ya da entrada a la élite o que ese sea el criterio que define la pertenencia a esta última. Y más problemática todavía es la implicación inevitable de que la única solución viable a la formación de contraélites sería limitar mucho más el acceso a la universidad con el argumento, también dudoso, de que el mercado laboral no tendría capacidad de generar más empleo de alta cualificación, remuneración, influencia y poder. Una vez más, descontento y desencanto con la «carrera abierta hacia el talento» van de la mano.

3. J. H. Lee, «Making Education Reform Happen: Removal of Education Bubble through Education Diversification», *SSRN Electronic Journal*, 2014, <https://www.researchgate.net/publication/267329170/Making_Education_Reform_Happen_Removal_of_Education_Bubble_through_Education_Diversification>. Lee se refiere a una «burbuja educativa» en Corea del Sur para describir la subida libre del gasto en clases particulares en la primera década de este siglo como resultado de la competición por el acceso a la universidad. Esta burbuja sería responsable de que se hiciera habitual que los graduados universitarios padezcan mayores tasas de desempleo y subempleo que los graduados de la secundaria, un fenómeno que ya ha dejado de ser excepcional también en otros países.

4. T. Parker, «Is Student Loan Debt the Next Financial Crisis?», *Investo-*

pedia, 2023, <https://www.investopedia.com/financial-edge/0212/is-student-loan-debt-the-next-financial-crisis.aspx>.

5. La monumental biografía de Napoleón firmada por Andrew Roberts se detiene en contar cómo el Emperador fue quien forjó la educación secundaria francesa, no solo en lo que se refiere a su concepción política, sino también con la creación de la primera red de liceos, algunos de los cuales todavía existen y siguen siendo una referencia de calidad. Además, Napoleón instauró, en 1808, el examen conocido como *baccalauréat*, que hasta nuestros días continúa siendo al mismo tiempo el sancionador de la graduación en secundaria y el primer grado de la educación superior. Véase A. Roberts, *Napoleon: A Life*, Viking Books, 2014. [Hay trad. cast.: *Napoleón. Una vida*, trad. de Diego Pereda Sancho, Madrid, Palabra, 2016].

6. A. Gethin, «Distributional Growth Accounting: Education and the Reduction of Global Poverty, 1980-2022» [Job Market Paper], 2023, <https://amory-gethin.fr/files/pdf/Gethin2023JMP.pdf>.

7. A. Wooldridge, *The Aristocracy of Talent. How Meritocracy Made the Western World*, Penguin Random House, 2021, p. 375.

8. *Ibid.*

9. Podría estar creciendo, en ciertos países e incluso regiones, la brecha entre las cualificaciones que se requieren al profesorado y su desempeño docente «real». Las cualificaciones, esto es, el nivel académico de los títulos, diplomas y en muchos casos licencias profesionales, están subiendo, pero la capacidad y el desempeño no se estarían incrementando al mismo tiempo. A medida que se democratizan y universalizan los niveles superiores de educación, la definición misma de docente cualificado está siendo cada vez más complicada de formular.

10. La cita de Sam Freeman que encabeza este capítulo es una buena introducción a lo que decimos aquí. Más recientemente, A. Viñao ha sistematizado los argumentos históricos, sociológicos y económicos que demuestran el carácter incluso contraproducente de las reformas educativas supuestamente a favor de la equidad si no van acompañadas o tienen lugar como parte de otras políticas económicas y transformaciones sociales. Véase A. Viñao, *Meritocracia, igualdad, educación*, Diego Marín, 2023.

11. C. Finn, «When School Becomes Optional», Fordham Institute Blog, 2024, <https://fordhaminstitute.org/national/commentary/when-school-becomes-optional>.

12. J. Burn-Murdoch, «Are We Destined to A Zero-sum Future?»,

Financial Times, 2023, <https://www.ft.com/content/980cbbe2-0f5d-4330-872d-c7a9d6a97bf6>.

13. <https://sdgs.un.org/goals/goal4>. Todos los detalles acerca del progreso conseguido en cada uno de los indicadores del ODS4 puede consultarse en Unesco-UIS (2023), «Meeting Commitments: Are We on Track to Achieve SDG4?», Global Education Monitoring Team.

14. La «doctrina» meritocrática tradicional asume que la educación ha venido contribuyendo a que las oportunidades de educación secundaria y superior, así como las laborales, se asignen cada vez más sobre la base del mérito académico individual y no en función de la procedencia social, económica y cultural. Además, el propio éxito académico, es decir, las calificaciones y la probabilidad de graduarse en secundaria y superior, también tendrían que correlacionar cada vez con más fuerza con las capacidades cognitivas de los estudiantes. En un estudio longitudinal que cubre más de cuatro décadas, llevado a cabo en Noruega y publicado en la prestigiosa *Nature*, se ha explorado esta relación entre habilidades cognitivas y logros escolares y se ha concluido que la relación entre ambos se ha ido debilitando a lo largo de ese periodo. Para los autores, este hallazgo es prueba de que la meritocracia es como los trajes del emperador que estaba desnudo y que «la relación entre habilidades cognitivas y resultados educativos es más compleja de lo que se creía». En nuestra opinión, siendo cierto esto último, las conclusiones del estudio que, no lo olvidemos, ha tenido lugar en Noruega, autorizarían la hipótesis alternativa —como así apuntan los propios autores— de que, durante ese periodo, el sistema escolar del país escandinavo ha ido incorporando otros talentos, otras capacidades y habilidades no pura o estrictamente cognitivas al *pool* del éxito escolar, y ello hace que la relación entre habilidades cognitivas y éxito escolar haya disminuido. Por otro lado, las habilidades cognitivas siguen prediciendo eficazmente la inserción laboral y los ingresos salariales, lo que significa que la llamada «élite cognitiva» sigue presente, pero el sistema escolar noruego no condena a la exclusión escolar a quienes no alcanzan dicha categoría. Véase A. van Hootegem, O. Røgeberg, B. Bratsberg y T. Hovde Lyngstad, «Correlation Between Cognitive Ability and Educational Attainment Weakens over Birth Cohorts, *Sci Rep*, 13, 17747, 2023, <https://www.nature.com/articles/s41598-023-44605-6>.

Epílogo. Leer sin leer y pensar sin pensar

1. Véase, por ejemplo, M. Escueta, A. J. Nickow, P. Oreopoulos y V. Quan, «Upgrading Education with Technology: Insights from Experimental Research», *Journal of Economic Literature*, 58(4), 2020, pp. 897-996.

2. F. Hakemulder y A. Mangen, «Literary Reading on Paper and Screens: Associations Between Reading Habits and Preferences and Meaningfulness», *Reading Research Quarterly*, 59(1), 2024.

3. *Financial Times*, «Skimming, Scanning, Scrolling – The Age of Deep Reading is Over», <https://www.ft.com/content/421210aa-8a29-416a-8f52-f5510c30582f>.

4. En España, la proporción de niños de doce años (al comienzo de la secundaria) con acceso a un teléfono móvil en los últimos tres meses es del 72 por ciento, <https://www.ine.es/prensa/tich_2023.pdf>. En Estados Unidos, la proporción de alumnos de la misma edad que tiene su propio teléfono inteligente creció del 41 al 71 por ciento entre 2015 y 2021, <https://www.statista.com/statistics/1324262/children-owning-a-smartphone-by-age-us/>.

5. El ensayo de Jonathan Haidt resume extraordinariamente toda la investigación al respecto de los últimos quince años. Véase J.Haidt, *The Anxious Generation. How the Great Rewiring of Childhood Is Causing and Epidemic of Mental Illness*, 2024. [Hay trad. cast.: *La generación ansiosa. Por qué las redes sociales están causando una epidemia de enfermedades mentales entre nuestros jóvenes*, trad. de Verónica Puertollano López, Barcelona, Deusto, 2024].

6. Sobre la reducción de las horas de sueño de los adolescentes en el periodo de explosión de las pantallas en Estados Unidos, véase <https://fordhaminstitute.org/national/commentary/smartphones-and-social-media-are-leading-depression-and-anxiety-our-students>. Sobre la privación de sueño y resultados de aprendizaje, véase S. E. Carrell, T. Maghakian y J. E. West, «A's from Zzzz's? The Causal Effect of School Start Time on the Academic Achievement of Adolescents», *American Economic Journal: Economic Policy*, 3(3), 2011, pp. 62-81; G. Curcio, M. Ferrara y L. de Gennaro, «Sleep Loss, Learning Capacity and Academic Performance», *Sleep Medicine Reviews*, 10(5), 2006, pp. 323-337.

7. Afortunadamente, hay ya algún trabajo serio al respecto. Véase D. Golding y K. Kopsick, «The Colonial Governmentality of Cambridge Assessment International Education», *European Education Research Journal*, 2022, pp. 1-26.

8. Sobre el concepto de pánico moral con las pantallas por parte de las familias con hijos adolescentes, véase J. S. Martínez, «PISA: Una mirada socrática», *Agenda Pública*, 2024,<https://agendapublica.elpais.com/noticia/18984/pisa-mirada-socratica>.

Bibliografía

Abdul-Hamid, H., Patrinos, H., Reyes, J., Kelcey J. y Varela, A., *Learning in the Face of Adversity: The UNRWA Education Program for Palestine Refugees*, Banco Mundial, 2015.

Archer, M. (ed.), *The Sociology of Educational Expansion: Take-off, Growth and Inflation in Educational Systems*, SAGE, 1982.

Assad, R., y Krafft, C., «Is Free Basic Education in Egypt a Reality or a Myth?», *International Journal of Educational Development*, 45, pp. 16-30, 2015.

Autor, D. H., Levy, F., y Murnane, R. J., «The Skill Content of Recent Technological Change: An Empirical Exploration», *The Quarterly Journal of Economics*, 118(4), pp. 1279-1333, 2003.

Azarnert, L.V., «Integrated Public Education, Fertility and Human Capital», *Education Economics*, 22(2), pp. 166-180, 2014.

Banco Mundial, *Moldova: Education Sector Public Expenditure Review Selected Issues*, Banco Mundial, 2019.

Baudelot, C., y Establet, R., *El nivel educativo sube*, Morata, 1990.

Benavot, A., «Education and Political Democratization: Cross-national and Longitudinal Findings», *Comparative Education Review*, 40(4), pp. 377-403, 1996.

Bleiberg, J., Brunner, E., Harbatkin, E., Kraft, M. A., y Springer, M. G., *Taking Teacher Evaluation to Scale: The Effect of State Reforms on Achievement and Attainment* (w30995), National Bureau of Economic Research, 2023.

Boli, J. Ramírez, F. O., y Meyer, J.W., «Explaining the Origins and Expansion of Mass Education», *Comparative Education Review*, 29(2), pp. 145-170, 1985.

Boyson, R., «The Essential Conditions for the Success of a Comprehensive School», *The Critical Survey*, 4(3), pp. 57-62, 1969.

Bray, M., «Shadow Education in Europe: Growing Prevalence, Underlying Forces, and Policy Implications», *ECNU Review of Education*, pp. 1-34, 2020. Brummet, Q., «The Effect of School Closings on Student Achievement», *Journal of Public Economics*, 119, pp. 108-124, 2014.

Bruns, B., y Luque, J., *Great Teachers: How to Raise Student Learning in Latin America and the Caribbean*, World Bank, 2014.

A. Burke, E. Cuadra, T. Mahon, J. M. Moreno y S. Thacker, *Transforming Teacher Education in the West Bank and Gaza: Policy Implications for Developing Countries*, World Bank, 2020.

Carnoy, M., Gove, A. K., y Marshall, J. H., *Cuba's Academic Advantage: Why Students in Cuba do Better in School*, Stanford University Press, 2007.

Coignard, S., *Le Pacte Immoral: comment ils sacrifient l'éducation de nos enfants*, Albin Michel, 2010.

Crawfurd, L. y Hares, S., *Review of the Decade: Ten Trends in Global Education*, Center for Global Development, 2020.

Cuadra, E., y Moreno, J. M., *Expanding Opportunities and Building Competencies for Young People: A New Agenda for Secondary Education*, World Bank, 2005.

De Botton, A., *Status Anxiety*, Hamish Hamilton, 2004. [Hay trad. cast.: *Ansiedad por el estatus*, trad. de Jesús Cuéllar, Madrid, Suma de Letras, 2005].

De Ree, J., Muralidharan, K., Pradhan, M., y Rogers, H., «Double for Nothing? Experimental Evidence on an Unconditional Teacher Salary Increase in Indonesia», *The Quarterly Journal of Economics*, 133(2), pp. 993-1039, 2018.

Doepke, M., y Zilibotti, F., *Love, Money, and Parenting: How Economics Explains the Way We Raise our Kids*, Princeton University Press, 2019.

Dore, R., *The Diploma Disease*, Unwin Education Books, 1976.

Escueta, M., Nickow, A. J., Oreopoulos, P., y Quan, V., «Upgrading Education with Technology: Insights from Experimental Research», *Journal of Economic Literature*, 58(4), pp. 897-996, 2020.

Estrada, R., «Rules *versus* Discretion in Public Service: Teacher Hiring in Mexico», *Journal of Labor Economics*, 37(2), pp. 545-579, 2019.

Eysenck, H. J., «The Rise of the Mediocracy», *The Critical Survey*, 4(3), pp. 34-40, 1969.

Fan, C. S., y Zhang, J., «Differential Fertility and Intergenerational Mobility under Private versus Public Education», *Journal of Population Economics* *26*, pp. 907-941, 2013. <https://doi.org/10.1007/s00148-012-0445-5>.

Feijóo, C., Fernández, J., Arenal, A., Armuña, C., Ramos, S., *Educational Technologies in China*, Publications Office of the European Union, 2021.

Freeland, C., *Plutocrats: The Rise of the New Global Super-Rich and the Fall of Everyone Else*, Penguin Random House, 2012.

Fukuyama, F., *El liberalismo y sus desencantados: cómo defender y salvaguardar nuestras democracias liberales*, trad. de Jorge Paredes, Deusto, 2022.

Gethin, A., Distributional Growth Accounting: Education and the Reduction of Global Poverty, 1980-2022 [Job Market Paper], 2023 <https://amory-gethin.fr/files/pdf/Gethin2023JMP.pdf>.

—, Martínez-Toledano, A. y T. Piketty, «Brahmin Left Versus Merchant Right: Changing Political Cleavages in 21 Western Democracies, 1948–2020», *The Quarterly Journal of Economics*, 137(1), pp. 1-48, 2022. <https://doi.org/10.1093/qje/qjab036>.

Goldin, C., y Katz, L. F., *The Race between Education and Technology*, Harvard University Press, 2009.

Golding, D. y Kopsick, K., «The Colonial Governmentality of Cambridge Assessment International Education», *European Education Research Journal*, pp. 1-26, 2022.

González Monteagudo, J., «John Dewey y la pedagogía progresista». En J. Trilla (coord.), *El legado pedagógico del siglo XX para la escuela del siglo XXI* (pp. 15-39). Graò, 2001.

Goos, M., Manning, A., y Salomons, A., «Explaining Job Polarization: Routine-biased Technological Change and Offshoring», *American Economic Review*, 104(8), pp. 2509-2526, 2014.

Grau, N., Hojman, D., y Mizala, A., «School Closure and Educational Attainment: Evidence from a Market-based System», *Economics of Education Review*, 65, pp. 1-17, 2018.

Greaves Laine, C., «Política educativa y libros de texto gratuitos: la polémica por el control de la educación», *Revista Mexicana de Educación*, 6(12), pp. 205-221, 2001.

Gromada, A., y Shewbridge, C., *Student Learning Time: A Literature Review*, OECD Publishing, 2016.

Haidt, J., *The Anxious Generation: How the Great Rewiring of Childhood is Causing an Epidemic of Mental Illness*, Penguin Random House, 2024. [Hay trad. cast.: *La generación ansiosa. Por qué las redes sociales están causan-*

do una epidemia de enfermedades mentales entre nuestros jóvenes, trad. de Verónica Puertollano López, Barcelona, Deusto, 2024].

Hakemulder, F., y Mangen, A., «Literary Reading on Paper and Screens: Associations Between Reading Habits and Preferences and Experiencing Meaningfulness», *Reading Research Quarterly*, 59(1), 2024.

Han, B.-C., *Infocracia. La digitalización y la crisis de la democracia*, trad. de Joaquín Chamorro Mielke, Taurus, 2022.

Hanushek, E. A., Piopiunik, M., y Wiederhold, S., «The Value of Smarter Teachers: International Evidence on Teacher Cognitive Skills and Student Performance», *Journal of Human Resources*, 54(4), pp. 857-899, 2019.

Hargreaves, A., «Change from Without: Lessons from Other Countries, Systems, and Sectors», *Second International Handbook of Educational Change*, pp. 105-117, 2009.

Hargreaves, A., & Fullan, M., *Professional Capital: Transforming Teaching in Every School*, Teachers College Press, 2015.

Hayden, M., «Transnational Spaces of Education: The Growth of the International School Sector», *Globalisation, Societies and Education*, 9(2), pp. 211-224, 2011.

Hegseth, P., *Battle for the American Mind: Uprooting a Century of Miseducation*, Harper Collins, 2022.

Jackson, C. K. y Bruegmann, E., Teaching Students and Teaching Each Other: The Importance of Peer Learning for Teachers. *American Economic Journal: Applied Economics*, 1(4), pp. 85-108, 2009.

Jakubowski, M., Patrinos, H. A., Porta, E. E., y Wiśniewski, J., The Effects of Delaying Tracking in Secondary School: Evidence from the 1999 Education Reform in Poland, *Education Economics*, 24(6), pp. 557-572, 2016.

Kahan, D. M., «Misconceptions, Misinformation, and the Logic of Identity-Protective Cognition», *Cultural Cognition Project Working Paper Series* 164, Yale Law School, Public Law Research Paper 605, Yale Law & Economics Research, 2017.

Kane, T. J., McCaffrey, D. F., Miller, T., y Staiger, D. O., Have We Identified Effective Teachers? Validating Measures of Effective Teaching using Random Assignment. [Documento de investigación]. Bill & Melinda Gates Foundation, 2013.

Kearney, M. S., *The Two-parent Privilege: How Americans Stopped Getting Married and Started Falling Behind*, University of Chicago Press, 2023.

Klein, E., *Why We Are Polarized*. Avid Reader Press, 2020. [Hay trad. cast.: *Por qué estamos polarizados*, trad. de Antonio M. Jaime, Madrid, Capitán Swing, 2021].

Kozhaya, M., y Flores, F. M., «School Attendance and Child Labor: Evidence from Mexico's Full-Time School Program», *Economics of Education Review*, 90, 102294, 2022.

Kraft, M. A., y Lyon, M. A., *The Rise and Fall of the Teaching Profession: Prestige, Interest, Preparation, and Satisfaction over the Last Half Century*, Annenberg Institute at Brown University, 2024.

Le Nestour, A., Moscoviz, L., y Sandefur, J., *The Long-Run Decline of Education Quality in the Developing World*, Center for Global Development, 2022. <https://www.cgdev.org/publication/long-run-decline-education-quality-developing-world>.

Lynn, R., «Comprehensives and Equality: The Quest for the Unattainable», *The Critical Survey*, 4(3), pp. 26-33, 1969.

Markovits, D., *The Meritocracy Trap: How America's Foundational Myth Feeds Inequality, Dismantles the Middle Class, and Devours the Elite*, Penguin Random House, 2019.

Mason, L., *Uncivil Agreement: How Politics Became Our Identity*, University of Chicago Press, 2021.

Milanović, B., *Capitalism, Alone: The Future of the System that Rules the World*, Harvard University Press, 2019.

—, *Global Inequality: A New Approach for the Age of Globalization*, Harvard University Press, 2016. [Hay trad. cast.: *Desigualdad mundial. Un enfoque para la era de la globalización*, México, Fondo de Cultura Económica, 2017].

Moreno, J. M. y Martínez, A., *La educación en la sombra en España: una radiografía del mercado de clases particulares por etapa escolar, capacidad económica de los hogares, titularidad del centro y comunidad autónoma*. ESADE Policy Brief, 2023. <https://www.esade.edu/ecpol/en/publications/educacion-en-la-sombra-en-espana-una-radiografia-del-mercado-de-clases-particulares-por-etapa-escolar-capacidad-economica-de-los-hogares-titularidad-del-centro-y-comunidad-autonoma/>.

OCDE, *21st-Century Readers. Developing Literacy Skills in a Digital World*, OECD Publishing, 2021. <https://doi.org/10.1787/a83d84cb-en>.

Padilla-Romo, M., «Full-time Schools, Policy-induced School Switching, and Academic Performance», *Journal of Economic Behavior & Organization*, 196, pp. 79-103, 2022.

Papay, J. P., Taylor, E. S., Tyler, J. H. y Laski, M. E., «Learning Job Skills from

Colleagues at Work: Evidence from a Field Experiment using Teacher Performance Data», *American Economic Journal: Economic Policy*, 12(1), pp. 359-388, 2020.

Perlman Robinson, J., Winthrop, R., y McGivney, E., *Millions Learning: Scaling Up Quality Education in Developing Countries*, The Brookings Institution, 2016. <https://papers.ssrn.com/sol3/papers.cfm?abstract_id=3956210>.

Pinker, S., *Enlightenment Now: The Case for Reason, Science, Humanism, and Progress*, Penguin UK, 2018. [Hay trad. cast.: *En defensa de la ilustración. Por la razón, la ciencia el humanismo y el progreso*, trad. de Pablo Hermida Lazcano, Barcelona, Paidós, 2018].

Popkewitz, T., «La historia del currículum: La educación en los Estados Unidos a principios del siglo xx, como tesis cultural acerca de lo que el niño es y debe ser», *Revista Profesorado*, 11(3), 2007. <https://www.ugr.es/~recfpro/rev113ART1.pdf>.

Putnam, R. D., Frederick, C. B., y Snellman, K., Growing Class Gaps in Social Connectedness among American Youth. En *Harvard Kennedy School of Government Saguaro Seminar: Civic Engagement in America*, 2012.

Ram, R., «Educational Expansion and schooling inequality: International evidence and some implications», *The Review of Economics and Statistics*, pp. 266-274, 1990.

Ramírez, F. O., y Boli, J., «The Political Construction of Mass Schooling: European Origins and Worldwide Institutionalization», *Sociology of Education*, 60(1), pp. 2-17.

Sahlberg, P., *Finnish Lessons*, Teachers College Press, 2011.

Sandel, M. J., *La tiranía del mérito. ¿Qué ha sido del bien común?*, trad. de Albino Santos Mosquera, Debate, 2020.

Scheffer, M., Van de Leemput, I., Weinans, E., y Bollen, J., «The Rise and Fall of Rationality in Language», *PNAS*, 118(51), 2021. <https://www.pnas.org/doi/10.1073/pnas.2107848118>.

Sobhy, H., «The de-Facto Privatization of Secondary Education in Egypt: A Study of Private Tutoring in Technical and General Schools», *Compare: A Journal of Comparative and International Education*, 42(1), pp. 47-67, 2012.

Tanner, D., y Tanner, L., *Curriculum Development*, McMillan, 1980.

Trow, M., *Problems in the Transition from Elite to Mass Higher Education*, Carnegie Commission for Higher Education, Berkeley, California, 1973.

—, «From Mass Higher Education to Universal Access: The American Advantage», *Minerva*, 37(4), pp. 303–328, 1999. <https://www.jstor.org/stable/41827257>.

Turchin, P., *Final de partida. Élites, contraélites y el camino a la desintegración política*, trad. de Jordi Ainaud i Escudero, Debate, 2024.

Unesco, *The Teachers We Need for the Education We Want. The Global Imperative to Reverse the Teacher Shortage*, Unesco, 2023.

Unesco-UIS, *Meeting Commitments: Are We on Track to Achieve SDG4?*, Global Education Monitoring Team, 2023.

Van Hootegem, A., Ole Røgeberg, Bernt Bratsberg & Torkild Hovde Lyngstad, «Correlation between Cognitive Ability and Educational Attainment Weakens over Birth Cohorts», *Nature, Sci Rep* 13, 17747, 2023. <https://www.nature.com/articles/s41598-023-44605-6>.

Verger, A., Fontdevila, C., y Zancajo, A., *The Privatization of Education: A Political Economy of Global Education Reform*, Teachers College Press, 2016.

Viñao, A., *Meritocracia, igualdad, educación*, Diego Marín, 2023.

Waldow, F., «What PISA Did and Did not Do: Germany after the "PISA-shock"», *European Educational Research Journal*, 8(3), pp. 476–483, 2009.

Watters, A., *The 100 Worst Ed-Tech Debacles of the Decade*, 2019. <http://hackeducation.com/2019/12/31/what-a-shitshow>.

Weelahan, L., How Competency-based Training Locks the Working Class out of Powerful Knowledge: A Modified Bernsteinian Analysis. *British Journal of Sociology of Education*, 28(5), pp. 637–651, 2007. <https://www.jstor.org/stable/30036240>.

Wooldridge, A., *The Aristocracy of Talent: How Meritocracy Made the Modern World*, Penguin Random House, 2021.

Zamarro, G., Hitt, C., y Méndez, I., «When Students Don't Dare: Reexamining International Differences in Achievement and Student Effort», *Journal of Human Capital*, 13(4), pp. 519-552, 2019.

Zhang, Y., «Time Spent on Private Tutoring and Sleep Patterns of Chinese Adolescents: Evidence from a National Panel Survey», *Children*, 10(7), p. 1231, 2023.

Índice analítico y onomástico

«Para viajar lejos no hay mejor nave que un libro».

EMILY DICKINSON

Gracias por tu lectura de este libro.

En **penguinlibros.club** encontrarás las mejores
recomendaciones de lectura.

Únete a nuestra comunidad y viaja con nosotros.

penguinlibros.club

Penguin
Random House
Grupo Editorial

penguinlibros